国家社科基金重大项目（11&ZD140）资助
北京市重点学科（管理科学与工程）资助

第七届中国技术未来分析论坛论文集

数据驱动的技术创新管理与产业发展

主　编　黄鲁成　吴菲菲
副主编　杨早立　苗　红　李　欣

中国财经出版传媒集团
中国财政经济出版社

图书在版编目（CIP）数据

数据驱动的技术创新管理与产业发展：第七届中国技术未来分析论坛论文集/黄鲁成，吴菲菲主编．—北京：中国财政经济出版社，2017.5

ISBN 978－7－5095－7508－6

Ⅰ.①数… Ⅱ.①黄… ②吴… Ⅲ.①技术发展－学术会议－文集 Ⅳ.①F062.4－53

中国版本图书馆 CIP 数据核字（2017）第 128032 号

责任编辑：周桂元 牛婧丽　　　　责任校对：李 丽

封面设计：孙俪铭

中国财政经济出版社 出版

URL：http：//www.cfeph.cn

E－mail：cfeph @ cfeph.cn

社址：北京市海淀区阜成路甲 28 号 邮政编码：100142

营销中心电话：88190406 北京财经书店电话：64033436 84041336

北京京华虎彩印刷有限公司印刷 各地新华书店经销

787×1092 毫米 16 开 17.75 印张 284 000 字

2017 年 7 月第 1 版 2017 年 7 月北京第 1 次印刷

定价：45.00 元

ISBN 978－7－5095－7508－6

（图书出现印装问题，本社负责调换）

本社质量投诉电话：010－88190744

打击盗版举报热线：010－88190414 QQ：447268889

目　录

大数据、社会超群博弈与国际政治经济学方法论创新*

摘 要

本文的主要贡献在于是学术界首先提出基于大数据的社会超群博弈概念及理论分析框架，据此系统研究大数据国际社会政治经济活动特征、规律及国际政治经济学方法创新问题。大数据与云计算技术发展推动了大数据国际社会的形成与演变，基于大数据的社会超群博弈特别是跨国社会超群动态博弈已经成为推动国际政治经济演变的关键因素。大数据国际政治经济学成为大数据时代新兴边缘交叉学科。从数据规模与数据技术差异角度可以把人类社会区分为三个历史阶段与三种不同类型。传统国际社会向大数据新开放社会演变过程中，主权国家内部社会超群博弈的国际化和国际社会超群博弈动态化必然引发新议题与新问题，推动着国际政治经济学学科演化与方法论创新。

关键词

大数据　社会超群博弈　国际政治经济学　方法论创新

* 中国人民大学“统筹推进世界一流大学和一流学科建设”重大规划项目“国际关系与政治学博弈论及大数据方法研究”（16XNLG11）。

一、引　言

随着互联网、云计算与大数据技术的发展，社会成员大规模参与的跨国政治经济博弈已经成为影响国际社会运行和演变的关键因素。海量数据生产、存储与大规模跨国流动推动着传统国际社会向现代大数据国际社会转型与演变，不仅扩大了当代国际政治经济学研究领域，而且为当代国际政治经济学的方法论创新提供了新的技术工具和数据平台，推动着新兴交叉学科大数据国际政治经济学的形成与发展。本文把基于大数据平台与云计算技术的社会成员大规模参与的各种政治、经济、军事、文化、社会等的博弈行为（Game Behavior）称为社会超群博弈（Social Super Games，SSG）。利用现代博弈论特别是大规模社会博弈分析工具与大数据技术相结合方法对当代国际关系与政治学的基础理论、核心议题与方法论进行系统研究，不仅能够推动国际政治经济学及相关领域的理论创新与方法论创新，而且能够推动该学科与相关学科的交叉创新和新兴交叉边缘学科的形成与发展。中国作为全球第二大经济体和新兴崛起大国，在现代国际经济与政治领域扮演着越来越重要的角色，中国的国际政治经济学研究也需要适应这一趋势和潮流，推动该学科的理论与方法论创新，不断提升在国际学术界的影响力和话语权。如何把大数据科学（Big Data Science）和现代博弈论（Game Theory）研究方法引入国际政治经济学研究领域，并对当代国际政治经济学的基本理论进行改进、完善与重构，对基本议题提供更为科学的解释，推进研究方法的科学化创新，已经成为学术界面临的重要课题，涌现了一系列有价值的研究文献。

其一，现代博弈论与大数据技术已经成为政治学与国际政治经济问题研究的重要工具。已有文献利用演化博弈论方法研究居民及其相关政治问题（Podimata 和 Yannopoulos，2015），也有文献利用案例和经验数据研究政治博弈论（Yazıcıa、Nartgün 和 Özhan，2015）。博弈论在经济学领域得到了较为广泛的应用并产生了一系列有价值的博弈模型，也被一些政治学家引入政治学领域。最为典型的便是 Downs（1957）把 Hotelling 的线形城市商业博弈模型引入政治学领域，并构建了线形城市政治竞选与政治博弈模型，已经有系统研究政治学博弈论的专著出版（Morrow，1994；McCarty 和 Meirowitz，

2007）。已经有多位研究政治博弈论相关议题的学者先后获得诺贝尔经济学奖（Schelling，1980；Shapley，1953；Tirole 和 Fudenberg，1991）。政治权利和政治谋略问题是政治学博弈论关注的重要议题（Chang，2012；Gallego、Fernάndez 和 Jiménez－Losada，et al.，2014），已有学者构建博弈论理论框架研究政治腐败与政治支持问题（Evrenk，2011），也有文献从博弈论角度分析政治权力类型与政治权利关系（Chang，2013），从博弈论角度研究约束条件下的政治竞争与政治职位问题（Abellanas、López 和 Rodrigo，2010）也是政治学博弈论研究的重要领域。现代博弈论工具的引入，不仅推动了西方国际关系与政治学研究工具的科学化与现代化，也成为理论与经验研究创新的重要凭借。

其二，以博弈论方法研究国际关系与政治学问题的中文文献不断涌现，我国一些高校开始开设政治学博弈论相关课程。已有文献关注政治学科中博弈论的应用及发展前景（黄正和赵玉民，2015），已经有从政治科学角度研究博弈论的专著出版（古洪能，2008）。早在 2005 年就有中文文献关注国际关系理论中的博弈论，并分析了现实主义者与新自由制度主义者利用博弈论方法对国际冲突与合作的研究（刘志云，2005）。有文献分析了 20 世纪 50 年代以来，国际关系博弈论研究的发展历程、自由主义者与现实主义者对大国冲突与国际合作的关注，以及国际关系博弈论研究取得的成就和存在的问题（胡宗山，2006）。已有学者对政治博弈论的相关研究文献进行梳理与评述、分析了政治博弈论在国内外的研究进展及存在的问题（黄正和唐晓嘉，2011）。有文献利用博弈论方法研究中国古代某些学者的政治思想及其相关制度安排的有效性问题（周四丁，2013），也有文献利用博弈论方法研究霍布斯政治哲学，并认为难以在自然状态与社会状态之间做出清晰区分并导致二难困境（陈江进，2013）。国家之间的策略互动是国际关系研究的重要方面，有文献从博弈论角度分析国家之间策略互动中的威慑策略问题（李湘黔和魏万强，2006），也有文献关注国际结构与策略互动问题（周方银，2007）。当代国际关系的一些重要议题也成为政治博弈论研究的重要内容，有文献利用博弈论方法研究国家利益与气候外交问题（高蕾、陈俊华和沈长成，2015）。随着政治学博弈论相关文献的不断出现和相关课程的开设①，现代博弈论在中国国际政治经济学研究文献中的应用不断扩大。

其三，随着互联网、云计算和大数据技术的发展，如何利用大数据技术及相关方法推动国际关系与政治学基础理论、核心议题与方法论研究已经成为学术界关注的一个重要领域，已经有综述文献发表（Jin、Waha、Cheng和Wang，2015；孙海华，2015）。大数据已经对人类社会活动产生重要影响和冲击（Lee和Kang，2015），大数据技术已经被引入社会科学研究领域（Ackermann和Angus，2014）。大数据对国际关系特别是大国关系的影响和挑战已经成为学术界关注的重要方面，已有文献研究大数据对中美关系的影响及带来的挑战（李文和邓淑娜，2015）。大数据已经影响到政府管理及相关治理问题（杨美沂和林勇，2015）。大数据不仅对经济学理论产生了深远影响（俞立平，2013），对政治学理论研究的影响也日益显著，已有文献提出大数据政治学概念（孟天广和郭凤林，2015）。大数据生态系统中的政府行为问题（万岩和潘煜，2015）、大数据在社会科学和商业研究中的议题和议程设置问题（Loebbecke和Picot，2015）、大数据社会信任问题（Wang和Yu，2015）等已经成为文献关注的焦点。有文献利用大数据方法研究公共政策（Cobb，2015），也有文献利用描述社会现象的大数据对人类行为进行模型化研究（Bravo－Marquez、Mendoza和Poblete，2014），还有文献利用大数据方法研究社会网络服务问题（Sun、Xu、Ma和Sun，2015），消费与市场行为问题（Erevelles、Fukawa和Swayne，2015）也是大数据研究文献关注的重要领域。无论是英文文献还是中文文献，用大数据方法研究国际关系与政治学的文献量增长呈加速特点。

目前利用大数据和博弈论方法研究国际政治经济问题的许多文献仍然存在五个方面的不足：一是无论是理论研究还是实证研究，仍然处于初始阶段，整体文献学术影响力仍然较弱；二是现有文献大多分散于不同的学科之

① 北美和欧洲高校中的政治科学系、政府系大都开设有社会科学定量方法及博弈论相关课程，中国人民大学的保建云从2011年开始为政治学与国际问题研究相关专业的博士生和硕士生开设《博弈论与国际政治经济学》、《政治学博弈论》、《数理分析方法》等课程，复旦大学的吴澄秋、周亦奇则翻译出版了詹姆斯·D. 莫罗的《政治学博弈论》（上海世纪出版集团，2014；Morrow J, Game theory for political scientists [M]. Princeton: Princeton University Press, 1994.），孙经伟、高晓晖则翻译出版了诺兰·麦卡尔、亚当·梅罗威茨所著的《政治博弈论》（格致出版社、上海三联书店、上海人民出版社，2009；McCarty N, Meirowitz A. Political game theory: introduction [M]. New York: Cambridge University Press, 2007.）.

中，缺乏系统性，碎片化特征明显；三是虽然影响日益扩大，但博弈论与大数据方法还没有成为本学科领域的主流研究方法，其边缘地位仍然没有改变；四是博弈论和大数据方法还没有完全被本研究领域的主流刊物和主流学者普遍接受，受过系统博弈论与大数据学术训练的学者数量较少；五是关于国际问题及政治学的大数据与博弈论方法研究的系统性、专门文献还没有出现。本文试图以现代大数据科学发展为背景，以国际社会演变的数据维度及相关定量化方法为基础，构建基于大数据平台和云计算工具的社会超群博弈（Social Super Games，SSG）理论分析框架，研究大数据背景下国际社会的演化特征和当代国际政治经济学的方法论创新问题，试图弥补现有研究文献的某些缺陷和不足。

二、大数据与国际社会演变的数据维度：类型、特征及定量解释

国际社会是由国家行为体与非国家社会行为体共同构成的人类命运与利益共同体，始终处于不断的变迁和动态演化之中，在不同的历史发展阶段或在不同的技术、政治与经济条件下表现出不同的变迁与动态演变特征。大数据时代的国际社会运行与演变显示出新的特征，社会行为体的行为方式发生急剧变化的同时，出现了新的行为方式。

可以用不同类型的大数据描述人类社会活动，本文中的大数据（Big Data）是指相对于人类社会的传统数据技术、抽样试验与样本数据（Sample Data）所显示的小数据（Small Data），基于现代数据与信息技术进步而产生的大规模、高速度、多元多维、立体异构、时空动态演变、多样类型与分布的人类数据集合所形成的数据集合体系（Data Set System）[①]。构成大数据的数据集合体系由不同类型、结构、维度的数据集合（Data Set）及其数据子集（Data Subset）按一定的规则或者机制组合而成。根据不同的标准和维度，可以把大数据区分为不同的类型，本文主要从空间、时间与人类社会活

① 目前，学术界还没有一个统一的大数据定义，不同学科根据自身学科研究特点，不同学者根据自身专业背景和研究需要给出不同的大数据定义。大多数文献把大数据定义为数据集合（Data Set），本文进行了扩展，把大数据定义为数据集合系统（Data Set System）。

动三个标准和维度分析大数据的不同类型。根据大数据分布的地理空间范围，可以把大数据区分为全球大数据（Global Big Data）、区域大数据（Regional Big Data）、国家大数据（National Big Data）与地方大数据（Local Big Data）。根据大数据分布的时间维度，可以把大数据区分为长期大数据（Long－Term Big Data）、中期大数据（Medium－Term Big Data）、短期大数据（Short－Term Big Data）和当期数据（Current－Period Big Data）。根据国际社会中的社会行为体的活动内容与方式差异，可以区分为经济大数据（Economic Big Data）、政治大数据（Political Big Data）、社会大数据（Social Big Data）、技术大数据（Technical Big Data）、文化大数据（Cultural Big Data）与军事大数据（Military Big Data），如表1所示。

表1　　大数据分类标准与大数据类型

划分标准	编号	类型	特征	例子
空间维度	1	全球大数据（Global Big Data）	数据集合系统分布于全球各地	a. 全球贸易大数据 b. 全球金融大数据 c. 全球政治大数据
	2	区域大数据（Regional Big Data）	数据集合系统分布于跨国区域	a. 区域贸易大数据 b. 区域金融大数据 c. 区域政治大数据
	3	国家大数据（National Big Data）	数据集合系统分布于主权国家各地	a. 国家价格大数据 b. 国家信贷大数据 c. 国家消费大数据
	4	地方大数据（Local Big Data）	数据集合系统分布于主权国家某些地方	a. 地方价格大数据 b. 地方信贷大数据 c. 地方消费大数据
时间维度	5	长期大数据（Long－Term Big Data）	数据集合系统跨越长周期	a. 长周期宏观大数据 b. 长周期微观大数据
	6	中期大数据（Medium－Term Big Data）	数据集合系统跨越中周期	a. 中周期宏观大数据 b. 中周期微观大数据
	7	短期大数据（Short－Term Big Data）	数据集合系统跨越短周期	a. 年度宏观大数据 b. 季度生产大数据 c. 月度价格大数据
	8	当期大数据（Current－Period Big Data）	当期实时数据集合系统	a. 证券交易大数据 b. 汇率市场大数据 c. 实时价格大数据

续表

划分标准	编号	类型	特征	例子
内容维度	9	经济大数据 (Economic Big Data)	人类社会经济活动数据集合系统	a. 宏观经济大数据 b. 微观企业大数据 c. 金融市场大数据
	10	政治大数据 (Political Big Data)	人类社会政治活动数据集合系统	a. 政治组织大数据 b. 政治活动大数据 c. 政治文本大数据
	11	社会大数据 (Social Big Data)	社会行为体社会活动数据集合系统	a. 社会调查大数据 b. 社会活动大数据
	12	文化大数据 (Cultural Big Data)	人类社会文化与宗教活动数据集合系统	a. 文化活动大数据 b. 宗教活动大数据
	13	技术大数据 (Technical Big Data)	人类社会科学技术活动数据集合系统	a. 自然科学大数据 b. 工程科学大数据 c. 社会科学大数据
	14	军事大数据 (Military Big Data)	人类社会军事活动数据集合系统	a. 军事活动大数据 b. 战争冲突大数据

从表 1 可以看出，不同类型的大数据虽然存在着显著的区别，但是彼此之间存在着复杂的互动影响关系，可以用不同类型的大数据从不同维度描述和分析人类社会活动及其演变的某些特征。

与传统数据比较，本文中的大数据具有六方面的显著特征：一是人类社会在现代互联网、超级计算与通信技术发展的基础上产生、传输、存储、处理与应用的系列数据集合，是人类社会借助现代数据与通信技术发展而生成的数据形态；二是数据容量与规模大且计算复杂，超出人类社会传统数据处理能力和技术极限，人类社会传统数量处理能力与技术难以处理海量的超大规模和容量的大数据，也就是大数据需要新兴数据处理技术才能够有效处理；三是增长与流动速度快，借助现代数据处理与通信技术发展，大数据的规模与容量快速扩张，大数据流动速度和规模也呈现不断加快态势，单位大数据的可信度和可利用价值呈现下降态势；四是多元、多维与立体异构，大数据来源超出小数据或者传统数据范围，多维度的差异性数据并存，数据结构具有显著的立体异构性；五是时空动态演变性，大数据具有实时性与空间演化性，随着时间与空间变化而动态产生、动态流动与动态演变，数据产生与数据获得的时间距离越来越短，实时数据规模和比重快速增长，数据的空间分布与空间范围日益广泛，数据全球性影响与全球性数据呈几何级数上升，大数据已经成为时间数据与空间数据共同构成的综合数据体系集合；六是多样类型与多样分布性，大数据作为各种类型的海量数据集合，可以同时包含确定性变量与随机变量，也可以同时涉及连续变量、离散变量与定性变量，数据类型复杂多样，数据内部差异显著与分布多样。

根据数据生成与数据处理能力差异和历史阶段性，可以把人类社会的演变区分为小数据社会（Small Data Society，SDS）、传统数据社会（Traditional Data Society，TDS）与大数据社会（Big Data Society，BDS）三种类型。小数据社会是指计算机和现代网络通信技术产生以前的人类社会（20 世纪 60 年代以前），大数据社会则是指伴随着现代超级计算和互联网技术大规模应用，而形成大规模数据集合系统的人类当代社会，传统数据社会则是小数据向大数据时代过渡的人类社会（出现在 20 世纪 60 年代至 21 世纪初），也就是从计算机和互联网开始出现到大规模数据集系统出现之前的人类社会。可以从数据处理技术进步与社会历史演变两个维度分析小数据社会、传统数据社会与大数据社会的区别与联系，如图 1 所示。

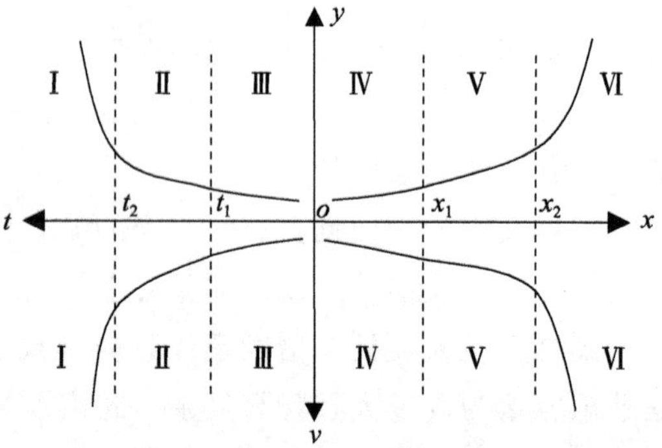

图 1　大数据社会的数据规模、数据流动速度与数据技术

在图 1 中，横轴 ox 表示一个社会的数据计量技术变化，横轴 ot 表示一个社会的历史演变，纵轴 oy 表示一个社会的数据规模，纵轴 ov 表示一个社会的数据增长与流动速度；x_1 表示人类社会从由手动数据技术向传统电子数据技术转换的临界值，x_2 表示人类社会从传统电子数据计算技术向大数据计算技术转换的临界值，t_1 表示人类社会从小数据社会向传统数据社会演变的临界值，t_2 表示人类社会从传统数据社会向大数据社会演变的临界值；存在 $o = x_0 = t_0$。xoy 象限中的曲线人类社会的数据规模随着数据计量技术的进步而递增，有 $y=y(x)$，且$\frac{dy}{dx}\geqslant 0$；xov 象限中的曲线表示数据数量增长与流动速度随数据计量技术进步而递增，有 $v=v(x)$，且$\frac{dv}{dx}\geqslant 0$；toy 象限中的曲线表示社会数据规模与容量随社会演变的历史时间与阶段而递增，有 $y=y(t)$，且$\frac{dy}{dt}\geqslant 0$；tov 象限中的曲线表示人类社会数据增长与流动速度随社会演变的历史阶段与时间而递增，有 $v=v(t)$，且$\frac{dv}{dt}\geqslant 0$。据此，本文根据数据技术变迁把人类社会区分为小数据社会、传统数据社会与大数据社会，根据数据规模、数据增长与数据流动速度的历史时间与阶段区分为手工数据时代、传统电子数据时代与超级计算大数据时代。图 1 中，根据数据规模、数据处理速度的历史演变与历史阶段性把人类社会区分为不同的时代；根据数据规模、数据技术与数据处理速度的差异把人类社会区分为不同类型，如表 2 所示。

表 2　　基于数据规模与数据技术差异的人类社会演变阶段与类型

维度	编号	名称	阶段与数据技术	数据特征
人类社会演变阶段	Ⅰ	手工数据时代（Manual Data Era，MDE）	$t_\alpha\in[t_0,\ t_1]$	$0\leqslant\frac{dy}{dt_\alpha}\leqslant\frac{dy}{dt_\beta}$，$0\leqslant\frac{dv}{dt_\alpha}\leqslant\frac{dv}{dt_\beta}$
	Ⅱ	传统电子数据时代（Traditional Electronic Data Era，TEDE）	$t_\beta\in[t_1,\ t_2]$	$\frac{dy}{dt_\alpha}\leqslant\frac{dy}{dt_\beta}\leqslant\frac{dy}{dt_\gamma}$，$\frac{dv}{dt_\alpha}\leqslant\frac{dv}{dt_\beta}\leqslant\frac{dv}{dt_\gamma}$
	Ⅲ	超级计算大数据时代（Big Data Era，BDE）	$t_\gamma\in[t_2,\ +\infty)$	$\frac{dy}{dt_\gamma}\geqslant\frac{dy}{dt_\beta}$，$\frac{dy}{dt_\gamma}\geqslant\frac{dy}{dt_\alpha}$，$\frac{d^2y}{dt_\gamma{}^2}\gg 0$，$\frac{dv}{dt_\gamma}\geqslant\frac{dv}{dt_\beta}$，$\frac{dv}{dt_\gamma}\geqslant\frac{dv}{dt_\alpha}$，$\frac{d^2v}{dt_\gamma{}^2}\gg 0$
人类社会演变类型	Ⅳ	小数据社会（Small Data Society，SDS）	$x_\delta\in[x_0,\ x_1]$	$0\leqslant\frac{dy}{dx_\delta}\leqslant\frac{dy}{dx_\varepsilon}$，$0\leqslant\frac{dv}{dx_\delta}\leqslant\frac{dv}{dx_\varepsilon}$
	Ⅴ	传统数据社会（Traditional Data Society，TDS）	$x_\varepsilon\in[x_1,\ x_2]$	$\frac{dy}{dx_\delta}\leqslant\frac{dy}{dx_\varepsilon}\leqslant\frac{dy}{dx_\varphi}$，$\frac{dv}{dx_\delta}\leqslant\frac{dv}{dx_\varepsilon}\leqslant\frac{dv}{dx_\varphi}$
	Ⅵ	大数据社会（Big Data Society，BDS）	$x_\varphi\in[x_2,\ +\infty)$	$\frac{dy}{dx_\varphi}\geqslant\frac{dy}{dx_\varepsilon}$，$\frac{dy}{dx_\varphi}\geqslant\frac{dy}{dx_\delta}$，$\frac{d^2y}{dx_\varphi{}^2}\gg 0$；$\frac{dv}{dx_\varphi}\geqslant\frac{dv}{dx_\varepsilon}$，$\frac{dv}{dx_\varphi}\geqslant\frac{dv}{dx_\delta}$，$\frac{d^2v}{dx_\varphi{}^2}\gg 0$

从表2可以看出，基于数据规模与数据技术差异角度分析人类社会的演变与类型，可以把人类社会区分为三个历史阶段与三种不同类型。人类社会处于手工数据时代的历史时间最为漫长，从传统电子数据时代到超级计算大数据时代之间的转换边界较为模糊，很难用一个统一标准进行精确测量。手工数据时代的人类社会表现为小数据社会特征，传统电子数据时代的人类社会表现为传统数据社会特征，超级计算大数据时代的人类社会表现出大数据社会特征。当然，既使在当今以超级计算为主要数据技术特点的大数据时代，在一个发展中地区或者国家，也存在着传统数据社会甚至小数据社会，但大多数国家与地区表现为大数据社会形态。也就是说，大数据时代的国际社会主流表现为大数据社会，但在某些地区、某些国家的某些发展阶段仍然存在着数量不一的传统数据社会与小数据社会类型。

三、基于大数据的社会超群博弈：一个理论框架

大数据时代的国际社会是一个不断演化的新型开放的社会，社会超群博弈（Social Super Games）成为影响国际社会运行与政治经济发展的关键因素，在某些条件下社会超群博弈已经成为影响某些政治经济进程或者政治经济事件的决定性因素。本文中的社会超群博弈是数量众多的社会成员共同参与的大规模社会博弈活动的简称，其具有六方面显著特点：一是参与博弈的社会成员数量众多，甚至出现全社会成员和社会行为体共同参与的社会博弈活动；二是参与博弈的社会行为体类型多样，不同类型的社会行为体例如个人、家庭、政府、企业、非政府组织、国家等都会参与其中；三是任意社会成员加入超群博弈与退出博弈都不会改变其他博弈参与人的策略选择，任意博弈参与人都是现存博弈策略均衡的适应者而不是改变者；四是博弈通过大规模的社会活动特别是社会政治、经济、文化、军事等活动表现出来；五是以大规模社会活动或者社会运动的形式表现出来，例如电子商务、互联网金融、网络政治、自媒体宣传等，甚至出现影响国际社会安全稳定的互联网恐怖主义行为等；六是需要借助群体信息传递工具，大数据时代的超群博弈往往借助现代信息、计算与互联网技术手段，形成地区性、区域性与全球性的大数据社会博弈网络平台。

据此，在一个由多人构成的国家或者社会中，根据参与博弈的社会成员

数量多少，可以把社会博弈区分为少数人博弈（Minority Game）、小群博弈（Small Group Game）、大群博弈（Big Group Game）和超群博弈（Super Group Game）。为了研究方便，本文中的少数人博弈是指参与社会成员不超出三人的社会博弈，又可以区分为单人博弈（Single Player Game）、双人博弈（Two – Player Game）和三人博弈（Three – Player Game）。小群博弈则是指参与社会成员数量多于三人且不少于整个社会成员数量三分之一的社会博弈，大群博弈则是指参与社会成员数量多于整个社会成员的三分之一，但不超过整个社会成员数量的三分之二。超群博弈是指三分之二以上社会成员参与的社会博弈，当所有社会成员都参与的博弈则可以称为全社会博弈（Total Society Game，TSG）。如果一个社会的所有社会成员数量为 N，参与社会博弈的社会成员数量为 n，则社会博弈类型可以用表 3 描述。

表 3　　社会博弈类型

序号	参与博弈社会成员数量范围	社会博弈名称	案例
1	$n=1$	单人博弈（Single Player Game）	单人购买彩票博弈
2	$n=2$	双人博弈（Two – Player Game）	双人囚徒博弈
3	$n=3$	三人博弈（Three – Player Game）	三人合纵连横博弈
4	$3<n\leqslant\frac{1}{3}N$	小群博弈（Small Group Game）	小范围社会运动
5	$\frac{1}{3}N<n\leqslant\frac{2}{3}N$	大群博弈（Big Group Game）	大范围的社会运动
6	$\frac{2}{3}N<n\leqslant N$	超群博弈（Super Group Game or Super Game）	极少数社会成员没有参与的投票选举活动
7	$n=N$	全社会博弈（Total Society Game）	所有社会成员参与的投票活动

表 3 所描述的社会博弈类型只是从参与博弈的社会成员数量占比进行的划分，具有相对性，同样数量社会成员参与的社会博弈在不同规模的国家或者地区可以划归不同的类型，在大国是小群社会博弈的社会运动，在小国则可能是大群社会博弈甚至是超群社会博弈。如果根据博弈参与人行动或者策略选择是否同时进行又可以区分为静态社会博弈（Static Social Game）和动态社会博弈（Dynamic Social Game）。前者指参与博弈的社会成员同时采取行动、或者任意一个社会成员选择行动、或者策略是不知道、或者观察不到

其他博弈参与人的行动或策略；后者指参与博弈的社会成员选择行动、或者策略有先后顺序，后选择行动、或者策略者能够观察到先行动的博弈参与人的行动或策略。如果根据参与博弈的社会成员是否知道其他社会成员的策略集（Strategy Set）和支付函数（Payoff Function），可以把社会博弈区分为完全信息社会博弈（Complete Information Society Game）与不完全信息社会博弈（Incomplete Information Society Game）。前者指所有社会成员都知道其他社会成员策略集与支付函数；后者也可以称为贝叶斯社会博弈（Bayesian Social Game），指任意社会成员不知道其他所有社会成员的策略集与支付函数。据此，本文把大数据社会中的超群社会博弈区分为四种类型：完全信息静态超群博弈（Static Super Group Game of Complete Information）、不完全信息静态超群博弈（Static Super Group Game of Incomplete Information）、完全信息动态超群博弈（Dynamic Super Group Game of Complete Information）、不完全信息动态超群博弈（Dynamic Super Group Game of Incomplete Information），彼此的关系可以用矩阵图说明，见表 4。

表 4　　社会超群博弈矩阵

		信息（Information）	
		完全信息（Complete Information）	不完全信息（Incomplete Information）
行动与策略时间顺序（Action & Strategy）	同时	完全信息静态超群博弈（Static Super Group Game of Complete Information）	不完全信息静态超群博弈（Static Super Group Game of Incomplete Information）
	先后	完全信息动态超群博弈（Dynamic Super Group Game of Complete Information）	不完全信息动态超群博弈（Dynamic Super Group Game of Incomplete Information）

从表 4 中的社会超群博弈矩阵可以看出，随着信息分布、行动与策略选择顺序的变化或者调整，不同类型的社会超群博弈可以相互转化。社会超群博弈往往表现为大规模社会活动，例如大规模市场交易与贸易活动、金融与证券交易、大规模社会运动与政治活动、群体冲突、军事活动与战争行为等。

事实上，大数据时代的国际社会中，超群社会博弈作为社会博弈的重要部分，已经成为影响国际社会运行与政治经济发展的关键驱动力量。主权国家或者地区在大数据技术推动下的对内与对外开放，进而从多领域、多层次把国际社会塑造成新的大数据开放社会，使得社会行为体间的政治经济博弈表现出新特征和新的演化趋势，大数据背景下的社会超群博弈具有六方面的显著特征：一是博弈主体数量增加且类型多样化，国际政治经济博弈的参与人数量不断增加、类型不断多样化，更多的社会行为体卷入国际政治经济博弈之中。大数据为传统技术条件下无法卷入跨国政治经济活动的社会行为体从事跨国政治经济活动，其社会活动也更容易产生跨国影响；二是博弈策略空间规模扩张，社会行为体政治经济活动的策略选择空间（Strategy Space）不断扩张，社会行为体可供选择的策略数量增长的同时，策略类型也不断增多，不同策略选择之间的数据联系密切程度不断上升；三是博弈支付函数自变量数量增加，影响社会行为体支付函数的自变量不仅类型增多且更多地受到外部环境变化的影响，变化速度加快；四是博弈主体信息分布与数据结构变化，互联网与云计算技术的发展不断改变社会行为体的信息分布与数据结构，推动整个社会的信息分布与数据结构调整；五是外生变量与内生变量相互转化迅速，社会行为体策略选择的外生变量概率分布调整速度加快，外生变量与内生变量的边界呈现出模糊化变化态势；六是博弈内容扩展与博弈结构演变，随着大数据与云计算技术的发展，更多国家或者地区的更多的社会行为体融入全球化政治经济体系之中，国际社会政治经济博弈的内容不断增多，博弈结构表现出扁平化与动态化演化趋势。现假设存在一个由 N 个社会成员构成的国家中，参与社会博弈的社会成员数为 n，当 $\frac{2}{3}N < n \leqslant N$ 时，在大数据背景下的贝叶斯超群动态博弈可以表述为：

$$G_n = G_n(1, 2, \cdots, n; a_1, a_2, \cdots, a_n; u_1, u_2, \cdots, u_n) \quad (1)$$

式中，a_i（其中 $i=1, 2, \cdots, n$）表示第 i 个社会成员的策略集，u_i（其中 $i=1, 2, \cdots, n$）表述第 i 个社会成员的支付函数，同时有 $u_i = u_i(a_1, a_2, \cdots, a_n)$。

如果该超群社会博弈分为 T 个不同的阶段，任意阶段为自然数 t，则有 $t=1, 2, \cdots, T$，该贝叶斯社会超群动态博弈可以用图 2 中的博弈树（Game Tree）描述。

在下面的贝叶斯社会超群动态博弈树中，PP 表示虚拟博弈参与人（Pseudo - Player, PP），表示影响社会超群博弈的外部不可抗力因素，也可称其为大自然因素（nature）。作为虚拟博弈参与人的大自然的策略集 Ω_{PP} =

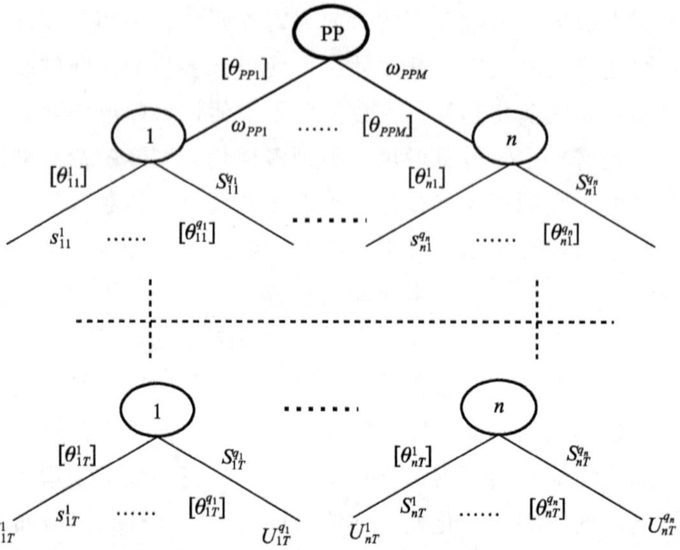

图 2　贝叶斯社会超群动态博弈树

$\{\omega_{PP1}, \omega_{PP2}, \cdots, \omega_{PPM}\}$，自然数 $j \in \{1, 2, \cdots, M\}$ 表示作为虚拟博弈参与人的大自然的第 j 个策略选择，虚拟博弈参与人策略选择的概率集为 $O = \{\theta_{PP1}, \theta_{PP2}, \cdots, \theta_{PPM}\}$，也就是虚拟博弈参与人选择策略 ω_{PP1}，ω_{PP2}，…，ω_{PPM} 的概率分别为 θ_{PP1}，θ_{PP2}，…，θ_{PPM}。有 $\sum_{j=1}^{M}\theta_{PPj} = \theta_{PP1} + \theta_{PP2} + \cdots + \theta_{PPM} = 1$，作为虚拟博弈参与人的大自然的策略集与策略概率分布集，表现该贝叶斯社会超群动态博弈所面临的不同自然状况及其出现的概率分布。当作为虚拟博弈参与人完成策略选择后，社会成员开始选择自己的行动与策略选择，代表性社会成员 $i \in \{1, 2, \cdots, n\}$ 共进行了 T（T 为自然数）个阶段的动态博弈，代表性社会成员 i 在博弈的第 t 个阶段的策略集为 $S_{it} = \{s_{it}^1, s_{it}^2, \cdots, s_{it}^{q_i}\}$，其中 1，2，…，$q_i$ 表示社会成员 i 选择的策略数，$t \in \{1, 2, \cdots, T\}$ 代表性社会成员 i 在博弈的第 1 个阶段选择不同策略的概率集为 $\theta_{it} = \{\theta_{it}^1, \theta_{it}^2, \cdots, \theta_{it}^{q_i}\}$，也就是代表性社会成员在博弈第 t 阶段选择策略 s_{it}^1，s_{it}^2，…，$s_{it}^{q_i}$ 的概率分别为 θ_{it}^1，θ_{it}^2，…，$\theta_{it}^{q_i}$，有 $\sum_{\tau=1}^{q_i}\theta_{it}^{\tau} = \theta_{it}^1 + \theta_{it}^2 + \cdots + \theta_{it}^{q_i} = 1$，其中 $\tau \in \{1, 2, \cdots, q_i\}$。当不考虑本阶段其他社会行为体策略选择，代表性社会成员 i 在 t 博弈阶段选择策略 $s_{it}^{q_i}$ 时，$U_{it}^{q_i}$ 表示在 t 阶段博弈过程中参与贝叶斯社会超群动态博弈的所有社会成员的支付函数集合，有 $U_{it}^{q_i} =$

$[U_{it1}^{q_i}, \cdots, U_{iti}^{q_i}, \cdots, U_{itn}^{q_i}]$。据此，可以得到如下支付矩阵，见表5。

表5　　贝叶斯社会超群动态博弈支付矩阵表

博弈支付矩阵		参与贝叶斯社会超群动态博弈的社会成员		
		1	i	n
贝叶斯社会超群博弈阶段	1	$U_{11}^{q_1}=[U_{111}^{q_1},\cdots,U_{11i}^{q_1},\cdots,U_{11n}^{q_1}]$	$U_{i1}^{q_i}=[U_{i11}^{q_i},\cdots,U_{i1i}^{q_i},\cdots,U_{i1n}^{q_i}]$	$U_{n1}^{q_n}=[U_{n11}^{q_n},\cdots,U_{n1i}^{q_n},\cdots,U_{n1n}^{q_n}]$
	t	$U_{1t}^{q_1}=[U_{1t1}^{q_1},\cdots,U_{1ti}^{q_1},\cdots,U_{1tn}^{q_1}]$	$U_{it}^{q_i}=[U_{it1}^{q_i},\cdots,U_{iti}^{q_i},\cdots,U_{itn}^{q_i}]$	$U_{nt}^{q_n}=[U_{nt1}^{q_n},\cdots,U_{nti}^{q_n},\cdots,U_{ntn}^{q_n}]$
	T	$U_{1T}^{q_1}=[U_{1T1}^{q_1},\cdots,U_{1Ti}^{q_1},\cdots,U_{1Tn}^{q_1}]$	$U_{iT}^{q_i}=[U_{iT1}^{q_i},\cdots,U_{iTi}^{q_i},\cdots,U_{iTn}^{q_i}]$	$U_{nT}^{q_n}=[U_{nT1}^{q_n},\cdots,U_{nTi}^{q_n},\cdots,U_{nTn}^{q_n}]$

表5描述的是特殊情况下贝叶斯社会超群动态博弈支付矩阵的几种经典类型，可以发现，该矩阵具有高度的复杂性，参与社会超群博弈的社会成员数量越多、动态博弈阶段越多、信息的不完全程度越高，则博弈支付矩阵也越复杂。如此复杂的社会超群博弈能够发生的一个重要条件是整个社会的通信网络技术和数据计算技术的高度发达，现代大数据科学的发展为贝叶斯社会超群动态博弈创造了技术条件。

大数据时代的社会超群博弈特别是跨国贝叶斯社会超群动态博弈已经成为推动国际社会进一步开放特别是各国之间相互开放和一体化发展的重要推动力量。大数据时代，国际社会中各类社会行为体的政治经济活动之间存在着更为密切的数据联系和数据互动影响，社会行为体之间的各种跨国政治经济博弈显示出更为显著的大数据特征，社会行为体之间不完全信息超群社会博弈也即贝叶斯超群博弈（Bayesian Super Group Game），其演化表现出的大数据特征则是大数据时代国际社会运行规律与新特征的表现，不仅为国际政治经济学的理论研究提供议题和大数据条件，还为国际政治经济学的方法论创新提供了技术与经验基础。以各国政府、跨国公司、国际组织、非政府组织、跨国移民等为代表的各类社会行为体之间存在着复杂的社会博弈关系。大数据技术发展促进国际社会的开放程度进一步提高的同时，也使得国际社会中各种社会行为体之间的社会博弈关系表现出新的特征，社会博弈参与者、博弈内容、博弈结构与博弈信息分布也都表现出新的演化特征，而社会行为体之间的跨国博弈特别是不完全信息条件下的跨国贝叶斯超群动态博弈及其演化便是大数据时代国际社会进一步开放和一体化发展的重要表现。

四、社会超群博弈与大数据国际社会形成及变迁

随着当代信息科学、计算科学和互联网科学的持续发展，国际社会迈入大数据时代，基于大数据的社会超群博弈不仅成为推动主权国家内部政治经济演变的重要驱动力量，也是影响社会行为体从事政治经济活动的重要变量，更是推动国际社会深度开放和一体化发展的决定性变革力量。在大数据国际社会，社会超群博弈特别是贝叶斯社会超群动态博弈所推动的大规模国际贸易、全球贸易投资市场一体化、大国货币国际化与国际金融市场一体化、社会运动及国内政治活动的国际化、国际政治活动与经济活动的相互影响与深度融合已经成为国际社会运行的新常态。国际社会也进入大数据新开放时代，不仅为当代国际政治经济学学科研究提供了新的议题并推动学科演化，也给当代国际政治经济学研究提出了新难题并推动该学科的方法论创新。

在社会超群博弈影响下的大数据国际社会变迁与动态演化表现出新特征，推动着国际社会的新开放和结构重构。大数据时代的国际社会变迁与动态演化表现出五个特征：一是大数据成为推动社会发展的新兴生产要素，全球大数据产品供应链与产业网络的形成；二是全球大数据市场体系形成，与大数据国际贸易规模扩张和速度递增；三是大数据社会行为体出现及其全球化；四是基于大数据的社会意识形态、政治态度、政治活动与政治组织的全球化；五是基于大数据的新国际政治经济现象与国际问题不断出现，国际社会中的大数据主权、大数据霸权、大数据安全、大数据冲突与战争等现象开始出现。事实上，海量数据供给与海量数据需求推动了全球性海量数据增长与流动，形成全球性大数据生产、存储、加工、流动与应用的产业供应链、市场价值链与利益分配链，与此相关的全球性大数据组织和政治权力链、全球性大数据产业、大数据市场、大数据贸易、大数据组织与大数据政治也必然出现。具备海量数据处理能力的国家及相关社会行为体在大数据市场竞争与权力竞争中具有比较优势，不仅能够有效维护自己的数据主权还可能产生大数据霸权。大数据对当代国际社会运行的影响如表6所示。

表 6　　大数据国际社会与传统国际社会的区别与联系

序号	指标	传统国际社会	大数据国际社会
1	数据规模	ZB（Yottabyte）及以下字节数据规模	BB（Brontobyte）及以上字节海量数据
2	数据价值	数据价值低但数据单位效能高	数据价值高但数据单位效能低
3	数据结构	主要为同构数据	同构与异构数据并存
4	数据供给	抽样调查数据与小样本数据	总体数据、全样本与大样本数据
5	数据需求	抽样调查数据需要、小样本数据	总体数据、全样本与大样本数据
6	数据搜集	传统手工与自动化搜集	互联网与多维方法
7	数据传输	传统方法	互联网与云服务
8	数据存储	传统介质	云仓库（Cloud Warehouse）
9	数据分析	传统数据分析工具	云计算（Cloud Computing）
10	数据产权	企业数据产权	企业数据产权与国家数据主权
11	数据安全	私人数据隐私权及数据安全、企业数据安全	国家大数据与企业大数据安全
12	数据冲突	数据矛盾、数据竞争与数据冲突	大数据垄断、霸权、冲突与战争

从表 6 可以看出，传统国际社会中数据规模与数据价值都远低于现代大数据国际社会的数据规模与数据价值，但传统国际社会中的单位数据效能高于现代大数据国际社会的单位数据效能。现代国际社会中的一些总体数据、全样本与大样本数据会逐渐替代传统国际社会中的抽样调查数据与小样本数据，云仓库与云计算将会逐渐取代传统数据储存介质与计算方法。大数据国际社会中的大数据主权和大数据安全已经超越传统国际社会的国家与企业数据安全，大数据国际政治、大数据国家垄断、大数据霸权、大数据国际冲突乃至大数据战争等将成为大数据国际社会的常态。基于大数据的社会超群博弈推动着国际社会的进一步开放与结构变迁，一个更为开放和扁平化结构的大数据国际社会便会逐渐形成，本文称为大数据新开放国际社会。

大数据国际社会的一个显著特征便是基于大数据形成的大数据产业市场供求体系和社会超群博弈活动，现假定国际社会数据供求的市场价格（成本或者收益）为 p，其为影响国际社会数据市场供给的主要因素，当不考虑其他影响因素的情况下，我们可以用线性函数形成描述传统国际社会与大数据国际社会的数据需求与数据供给，但传统国际社会因为数据规模小和数据处理技术不发达，使得数据供给的规模效应相对不显著，而大数据国际社会数据供给的规模效应相对显著。据此，传统国际社会数据供给与需求函数可以设为：

$$Q_0^d = Q_0^d(p) = \alpha_0 - \beta_0 p, \quad Q_0^s = Q_0^s(p) = \gamma_0 p \tag{2}$$

大数据国际社会的数据需求数可以设定为：

$$Q_1^d = Q_1^d(p) = \alpha_1 - \beta_1 p \tag{3}$$

大数据国际社会中的数据供给函数则可以设定为如下分段线性函数形式：

$$Q_1^s = Q_1^s(p) = \begin{cases} ①\gamma_1 p, & \gamma_1 p \in [0, Q'] \\ ②\gamma_1' p, & \gamma_1' p \in [Q', Q''] \\ ③\bar{p}, & \bar{p} \in [Q'', Q'''] \\ ④\gamma_1'' p, & \gamma_1'' p \in [Q''', +\infty] \end{cases} \tag{4}$$

式中，α_0，β_0，γ_0，α_1，β_1，γ_1，γ_1'，γ_1''表示参数，且 $\gamma_1 > \gamma_1' > \gamma_1''$，$\bar{p}$ 表示常数项，且 $\bar{p} = \frac{Q''}{\gamma_1'}$。

则传统国际社会与大数据国际社会的数据供求市场变化可以用图 3 中的坐标图描述：

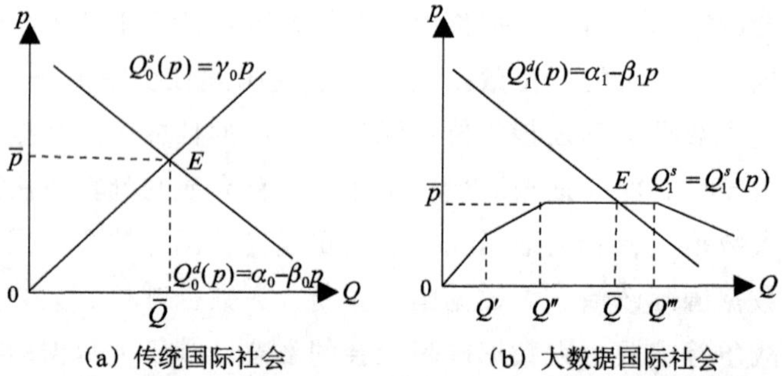

图 3　传统国际社会与大数据国际社会数据市场供求均衡比较

图 3 中，E 表示数据市场供求均衡点，$\bar{p}$ 表示数据市场供求均衡价格（Equilibrium Price），$\bar{Q}$ 表示数据市场均衡供求量（Equilibrium Quantity）。可以看出，与传统国际社会相比，大数据国际社会中数据供求均衡时，数据市场均衡价格相对较低、数据均衡供求量相对较高，大数据社会的数据供给表现出显著的规模经济效应。大规模数据跨国流动推动着国际社会开放程度的进一步提高，为更多社会成员参与国际社会超群博弈创造信息与技术条件。当更多的社会成员参与国际社会超群博弈，则又推动大数据跨国流动和

大数据技术进步。当然，大数据时代，国际社会中数据市场供给与市场需求规模的扩大导致的规模经济效应也成为推动国际社会进一步开放的促进因素。与大数据国际社会相比，传统国际社会中的数据市场供求规模与数据跨国流动规模较为有限，参与社会博弈的社会成员数量有限，社会超群博弈在推动社会开放和社会演变方面的影响力仍然有限，如图 4 所示。

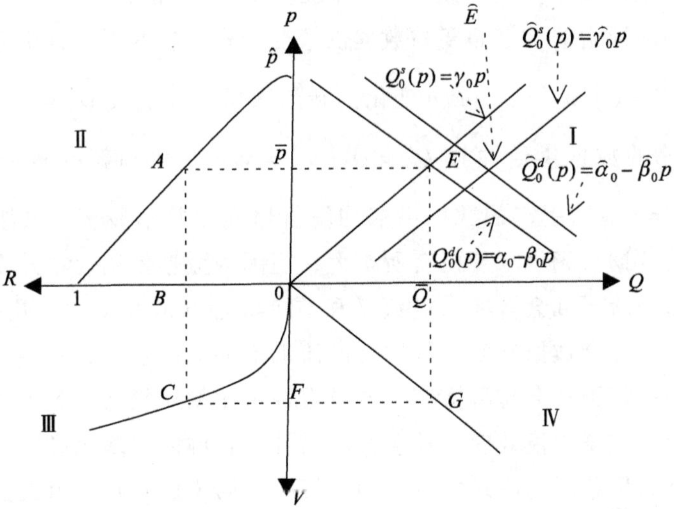

图 4 传统国际社会的数据规模、社会开放与社会博弈演化

在图 4 中，第Ⅰ象限两条曲线分别表示传统国际社会中数据市场需求与供给曲线，数据市场均衡价格和均衡供求量分别为 $\bar{p}$ 和 $\bar{Q}$；第Ⅱ象限曲线表示数据市场价格 p 与参与社会博弈的人口比重 R 的相关关系，有 $R=\frac{n}{N}$，n 表示参与社会博弈的社会成员数，N 表示整个国际社会成员总数；第Ⅲ象限曲线表示数据跨国流动量 V 与参与社会博弈人口比重之间的相互关系；第Ⅳ象限曲线表示传统国际社会数据市场交易量 $\bar{Q}$ 与数据跨国流动量 V 之间的关系。从图 4 可以看出，在传统国际社会，当数据市场供给与数据市场需求相等时的数据均衡价格能够保持相等稳定。因为整个国际社会的数据搜集、传输、存储和处理能力较为有限，数据市场供给规模与数据市场需求规模也较为有限，数据跨国流动规模也较为有限，数据跨国流动所带动的国际社会开放程度也受到限制。与此相关，数据跨国流动所驱动的跨国社会博弈规模也较为有限，跨国社会超群博弈发生的概率和参与的社会成员比重都相

对较低。图 4 中矩形 $ACGE$ 面积的大小能够反映传统国际社会的数据市场规模、数据市场交易价格、社会开放度、参与跨国博弈的社会成员数量占比的大小。面积越大，则表明该国际社会的数据供给市场规模越大、数据生产成本、社会开放度、参与跨国博弈人口占比也相对较高；矩形 $ACGE$ 面积的增减变化则反映了该传统社会数据规模、市场交易、社会开放度和参与国际博弈的人口占比的增减变动。从第 Ⅰ 象限的数据需求曲线和供给曲线可以看出，传统国际社会的数据需要与数据供给变动相对较为平稳，由原来的数据需求曲线 $Q_0^d = Q_0^d(p) = \alpha_0 - \beta_0 p$ 变化到新的数据需求曲线 $\widehat{Q}_0^d = \widehat{Q}_0^d(p) = \widehat{\alpha}_0 - \widehat{\beta}_0 p$，由原来的数据供给曲线 $Q_0^s = Q_0^s(p) = \gamma_0 p$ 变化到新的数据供给曲线 $\widehat{Q}_0^s = \widehat{Q}_0^s(p) = \widehat{\gamma}_0 p$ 所引起的数据供求均衡价格变化并不显著，虽然整个传统国际社会的数据市场供求规模有所扩大，但因为数据使用成本并没有显著降低，导致参与跨国社会博弈人口数量和整个社会开放程度的变化并不显著，表明传统国际社会数据交易、数据跨国流动推动的社会开放和参与跨国社会博弈，特别是跨国社会超群博弈的成员数量占比相对较低。图 5 则是对大数据国际社会的数据规模效应、社会开放与社会超群博弈演化进行说明，该图的第 Ⅱ、Ⅲ 和 Ⅳ 象限的图形内容与图 4 相同，第 Ⅰ 象限则表示大数据国际社会的数据市场需求曲线与供给曲线变化所导致的数据使用规模效应。

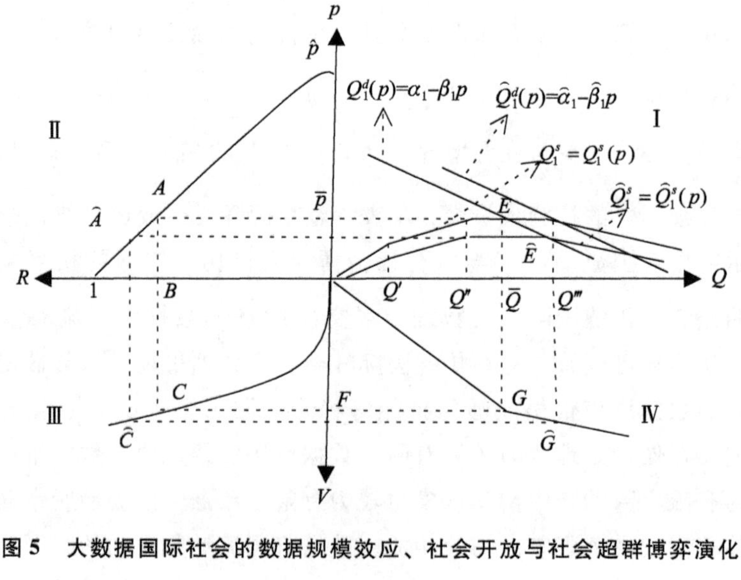

图 5　大数据国际社会的数据规模效应、社会开放与社会超群博弈演化

图 5 的第 I 象限中，在初始阶段国际社会的数据市场需求曲线 $Q_1^d(p)=\alpha_1-\beta_1 p$ 与数据市场供给曲线 $Q_1^s=Q_1^s(p)$ 相交叉的 E 点对应的数据市场均衡供求量为 $\overline{Q}$，均衡价格为 $\overline{p}$。$ACGE$ 矩形表示在市场数据供求均衡时，大数据国际社会的数据跨国流动规模与参与跨国社会超群博弈的社会成员数量占比，因为存在着大数据技术发展推动的数据规模效应，使得大数据国际社会的数据市场供求规模、数据跨国流动规模和参与跨国社会超群博弈的社会成员数量占比都高于传统国际社会。如果国际社会数据市场交易均衡价格 $\overline{p}$ 保持不变，当国际社会的数据市场需求曲线由初始阶段的 $Q_1^d(p)=\alpha_1-\beta_1 p$ 变动到 $\widehat{Q}_1^d(p)=\widehat{\alpha}_1-\widehat{\beta}_1 p$，数据市场供给曲线由初始阶段的 $Q_1^s=Q_1^s(p)$ 变动到 $\widehat{Q}_1^s=\widehat{Q}_1^s(p)$ 时，国际社会数据市场供求规模由 $\overline{Q}$ 增加到 Q'''。与此相关，国际社会数据供求市场交易对数据跨国流动、参与跨国社会超群博弈的社会成员数量占比的影响可以用矩形 $\widehat{A}\widehat{C}\widehat{G}\widehat{E}$ 的面积描述，很显然，矩形 $\widehat{A}\widehat{C}\widehat{G}\widehat{E}$ 面积大于矩形 $ACGE$ 的面积。可见，国际社会数据市场规模扩大对数据跨国流动、跨国社会超群博弈具有递增影响效应，推动着国际社会的进一步开放和一体化发展进程。

综上分析可以看出，基于大数据技术工具和数据网络平台的跨国社会超群博弈推动着大数据国际社会的形成与演变。事实上，大数据新开放国际社会与传统国际社会比较，具有五方面的显著特点：一是基于大数据的社会大群博弈与社会超群博弈不断替代少数人社会博弈与小群社会博弈，成为各种社会经济活动与政治运动的主导推动力量；二是大数据技术发展推动着数据生产、数据跨国流动、数据存储、数据计算与数据应用平均成本下降，在扩大国际社会大数据市场供给与市场需要的同时，出现大数据规模经济效应（Economic Scale Effect of Big Data）；三是基于大数据的国际社会分工网络进一步稠密化、地理空间范围不断扩张，伴随全球性大数据产业逐渐形成，国际社会基于大数据的各种政治、经济、社会乃至技术的各种社会利益集团和社会阶层便悄然出现；四是伴随网络和云计算技术的发展，基于网络大数据的国际虚拟社会逐渐形成，大数据国际贸易与国际市场体系、大数据国际投融资与国际金融体系、大数据国际政治与全球政治联盟及意识形态利益集团体系、大数据主权与大数据国际冲突、大数据安全与大数据国际恐怖活动等逐渐成为国际社会需要面临的现象；五是大数据国际治理成为国际社会共同面临的新问题，伴随着大数据技术的发展，一些新的社会行为体，例如大数据企业、大数据非政府组织、大数据社区、大数据政党组织等不断出现，并介入到国际社会政治经济活动之中，大数据国际社会治理过程中，国家、社会与市场的角色演变表现出新特征。

可见，大数据国际社会的形成、演变及出现的这些新的政治、经济与社会现象，不仅为当代国际政治经济学发展提供了新的研究议题，还推动着当代国际政治经济学的演化和方法论创新。

五、基于大数据的国际政治经济学学科演化、方法论创新及难题

基于大数据技术的跨国社会超群博弈推动着大数据国际社会的形成与演化，不仅为国际政治经济学提供了新的研究议题，而且也成为推动当代国际政治经济学学科演化，特别是大数据国际政治经济学学科形成的促进因素，同时也为当代国际政治经济学方法论创新提供了技术支持和数据平台，当然也给当代国际政治经济学发展带来了一系列难题和挑战。

首先，大数据技术推动着当代国际政治经济学学科演化。当代大数据科学的发展，已经对当代社会科学研究特别是当代主流政治学、经济学的研究方法与研究议题产生深刻影响，甚至出现了大数据政治学（Big Data Politics）（孟天广和郭凤林，2015）与大数据经济学（Big Data Economics）的分支（俞立平，2013）。当代国际政治经济学作为国际政治学与国际经济学的新兴交叉学科，主要关注开放条件下，社会行为体政治活动与经济活动的互动影响模式、机制及效应。而国际政治学作为政治学的分支学科不可能不受主流政治学演化的影响，国际经济学作为经济学的分支学科也不可能不受经济学演化的影响。大数据技术进步背景下的国际政治经济学在继承现有理论研究成果的基础上，在研究方法、研究范式、研究议题等方面都会不断创新，基于大数据科学的国际政治经济学也可以称为大数据国际政治经济学。本文中的大数据国际政治经济学是指应用大数据分析工具研究国际政治经济现象的新兴交叉学科，是传统国际政治经济学在大数据时代的发展和演化。大数据时代的国际政治经济学的形成与演变可以用图 6 描述。

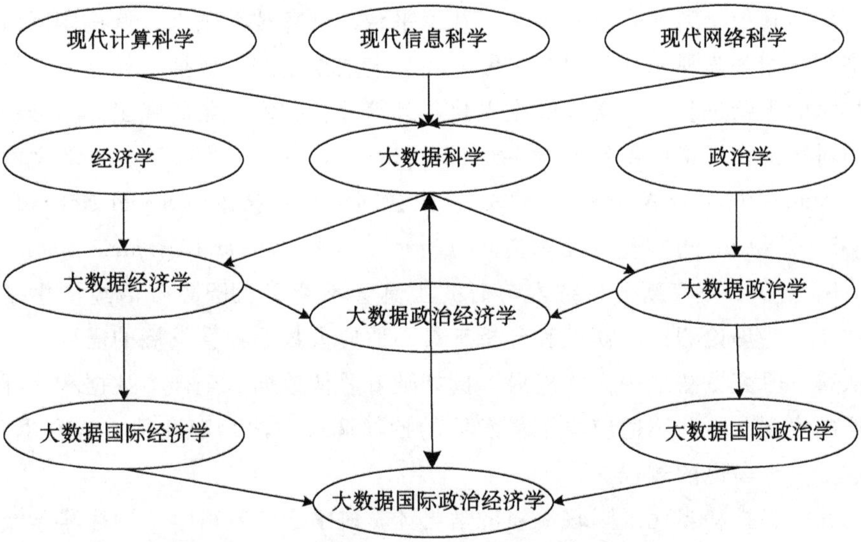

图 6 大数据国际政治经济学形成与演变的学科谱系

从图 6 可以看出，大数据科学作为现代计算科学、现代信息科学与现代网络科学基础上发展起来的新兴学科，再与经济学融合发展形成大数据经济学，与政治学融合发展形成大数据政治学，大数据经济学与大数据政治学交叉发展形成大数据政治经济学。大数据国际经济学是大数据经济学的分支，大数据国际政治学则是大数据政治学的分支，大数据国际经济学与大数据国际政治学的交叉学科则是大数据国际政治经济学，大数据国际政治经济学本身又是大数据政治经济学的分支。大数据学科的发展为大数据政治经济学及大数据国际政治经济学的发展创造了研究工具、研究范式与研究议题条件，而大数据政治经济学及大数据国际政治经济学的发展则推动了大数据科学在国际问题研究领域的应用和创新。

其次，大数据技术发展和大数据国际社会的形成与演化，为当代国际政治经济学的方法论创新提供了技术工具和数据分析平台，特别是全球化云计算网络体系。在大数据时代，国际社会中的各类人类行为体的经济活动与政治行为表现出新的数据特点，不仅为当代国际政治经济学学科发展提供了新的研究议题，而且推动着当代国际政治经济学的方法论创新。大数据技术推动当代国际政治经济学方法论创新主要表现在如下五个方面：

其一，引入新分析技术与研究工具并创新学科研究方法，部分淘汰传统学科研究方法，定性方法与定量方法的新融合。大数据科学发展为国际政治经济学与其他学科融合发展创造了数据平台与计算技术条件，使得国际政治经济学与相关学科的学科边界模糊，随着大数据生产、传播、储存、计算分析技术的不断进步，基于大数据平台与计算分析技术的新研究工具不断引入本学科。例如搜索引擎技术（Search Engine Technology，SET）、自动文本分析（Automatic Text Analysis，ATA）、社会网络分析技术（Social Network Analysis，SNA）、可视化与动态空间分析（Visualization and Dynamic Spatial Analysis，VDSA）等新分析技术与研究工具会不断引入国际政治经济学学科之中。一些理论假说、模型和分析工具不适应大数据社会发展的需要，会逐渐从科学研究方法之中淘汰出局。例如随着总体数据、全样本数据和大样本数据的出现，一些不适应本学科发展的抽样调查方法会逐渐从本学科退出，但这是一个渐进的过程。

其二，推动当代国际政治经济学与计算科学、信息科学、网络科学及其他相关学科的融合发展，催生新的新兴边缘交叉学科。大数据科学发展为当代国际政治经济学与计算科学、信息科学、网络科学、传播学、语言学等学科的融合发展提供了数据平台、融合工具和方法论基础，推动适应大数据社会发展需要的新兴边缘交叉学科，例如计算国际政治经济学（Computational International Political Economy）、网络国际政治经济学（International Political Economy of Network）、传播国际政治经济学（International Political Economy of Communication）、数理国际政治经济学（Mathematical International Political Economy）等新兴边缘交叉学科的出现。事实上，大数据科学与国际政治经济学的融合发展形成的新兴边缘交叉学科，也是传统社会科学与大数据学科融合发展催生新兴边缘交叉学科的反应。例如计算科学、信息科学、网络科学与经济学、金融学、政治学、社会学、传播学、语言学、心理学、管理学等融合发展形成的新兴交叉学科：大数据经济学、大数据金融学、大数据政治学、大数据社会学、大数据传播学、大数据语言学、大数据心理学、大数据管理学等。

其三，证实并提高部分经典理论与经典模型的解释力，证伪并否定部分理论、假说和模型，弱化大数据方法不能够完全证实与证伪的理论、假说与模型的解释力。大数据能够为国际政治经济学相关理论、假说与模型提供证实与证伪的数据基础与计算工具，弱化与国际政治经济学相关的传统社会科学理论研究中的理论假说和模型解释力。随着总体数据、全样本数据、大样本数据获取成本的下降，学者们可以通过海量大数据直接分析国际社会行为体政治经济活动相关变量的相互关系，而不需要借助理论假说或者理论模型。通过大数据检验的假说便可以成为本学科的经典理论，而被证伪的假说或理论模型便丧失解释力，不能够完全通过大数据检验的理论、假说和模型的解释力也必然弱化。

其四，拓展国际政治经济学的学科研究领域，新研究领域与议题不断出现。在大数据时代，国际社会的一个重要特征便是一些新的国际政治经济现象，例如大数据国际市场垄断（Big Data International Market Monopoly，BDIMM）、大数据国家霸权（Big Data National Hegemony，BDNH）、大数据主权（Big Data State Sovereignty，BDSS）、大数据司法（Big Data Justice，BDJ）、大数据民主（Big Data Democracy，BDD）、大数据集权（Big Data Centralization，BDC）、大数据冲突与战争（Big Data Conflict and War，BD-CW）、大数据恐怖主义（Big Data Terrorism，BDT）、大数据政治传播（Big Data Political Communication，BDPC）、大数据社会运动（Big Data Social Movement，BDSM）等，这些都给国际政治经济学提出了新的研究议题。国际政治经济学需要针对大数据时代国际社会出现的新政治经济现象提供新的理论解释，针对国际社会面临的新的政治经济问题提供本学科的解决方案。

其五，推动国际政治经济学新的理论创新。英国学派与美国学派作为当代国际政治经济学的主要学术流派，虽然在推动作为新兴交叉学科的国际政治经济学发展方面扮演了重要角色，但仍然存在诸多缺陷和不足（保建云，2015）。最为突出的表现是在专注于以美国、欧洲为代表的西方发达经济体的政治经济现象的同时，对新兴和广大发展中国家在国际社会中的经济活动与政治行为的研究有所忽略，这也表明该学科存在着较大的理论创新空间。在大数据时代，国际政治经济学在五个方面存在理论创新的可能性：一是基于大数据的跨国电子商务的政治经济理论；二是基于大数据的国际货币体系变革与国际金融市场发展的政治经济理论；三是基于互联网与云计算的全球产业分工与市场经济一体化的政治经济理论；四是基于大数据的传统安全与非传统安全的政治经济理论；五是基于大数据的全球治理、政治传播与公共选择的政治经济理论。

同时，大数据技术发展和大数据国际社会形成与演变也给当代国际政治经济学研究提出了新问题、带来了新挑战，如果不能妥善应对并找到可行的解决方案，将必然阻碍该学科的发展。大数据科学引入国际政治经济学研究领域，并催生新兴交叉边缘学科大数据国际政治经济学的出现，从研究方法、研究范式与研究议题方面推动该学科研究范式与方法论创新。但目前，国际政治经济学的一些传统研究范式与研究方法也面临着不能适应时代和学科持续发展的新要求，一些新的研究范式与研究方法又没有被开发出来或者被学术共同体所普遍接受，使得该学科发展面临着新难题和新挑战，在如下五个方面表现最为突出：

其一，噪声数据（Noise Data）导致的大数据陷阱（Big Data Trap）降低了国际政治经济实证研究的可信度，大数据中的大量无效信息乃至干扰信息不仅增加了有效数据挖掘（Data Mining）、搜集与整理的成本与技术难度，也可能降低单位数据的平均利用价值，大数据导致的单位数据可信度和有效使用度下降可能导致理论实证检验的可行性和可信度下降。

其二，便利性相关分析（Correlation Analysis）替代复杂因果分析（Causal Analysis）导致了大数据对国际政治经济学理论创新的挤出效应（Crowding out Effect，COE）。大数据中的变量相关性分析对变量因果性分析的不当替代，弱化了国际政治经济学理论的深度和解释力，甚至出现政治经济变量相关性研究与因果性研究的分离与脱节。因为总体数据（Population Data）、全样本数据（Total Sample Data）与大样本数据（Large Sample Data）为大规模的变量相关性分析创造了数据和计算技术条件，可能弱化研究者对国际政治经济相关变量之间的因果关系进行理论探索的内在动力和积极性，不利于该学科的深度理论创新。

其三，实证思维（Positive Thinking）对理论思维（Theoretical Thinking）的过度替代，导致了国际政治经济学理论批判与创新思维的弱化，大数据对部分理论假设、理论假说与理论模型的经验与实证检验研究可能削弱研究者的理论想象力和理论创新力。现代计算科学、信息科学与网络科学的发展所产生的海量大数据及云计算技术，使国际政治经济学传统主流学科研究中的一些理论假设、理论假说和实证研究中的抽样调查和统计推断失去了应用价值，从而导致学科研究的假设思维与批判思维的弱化与缺失。

其四，大数据技术门槛效应（Technical Threshold Effect）导致的国际政治经济学研究中的工具理性（Instrumental Rationality）对非工具理性的排挤风险，不利于学科开放与学科融合，甚至形成国际政治经济学学科内部的封闭式内循环，从而阻碍该学科健康发展。大数据科学作为现代计算科学、信息科学与网络科学融合发展的最新成果，人们需要经过专门技术训练和专业培养才可能熟练掌握相关研究工具、技术与方法。这种学科研究的技术门槛必然阻碍那些不具有大数据分析工具优势但具有学科理论创新思维的研究者进入本学科研究领域，这会阻碍学科创新性发展。

其五，大数据垄断与开放障碍不仅阻碍不同国家与地区学者之间的学术交流，而且导致国际政治经济学内部的学科分裂。大数据的搜集、传输、存储和开发利用需要技术和经济投入，大数据技术先进的发达国家能够在全球范围内形成大数据垄断，甚至在全球范围内形成大数据霸权。在特殊历史条件下，可能出现大数据霸权国家对其他国家的大数据及其相关技术的封锁与垄断，形成新的大数据南北差距与大数据鸿沟。大数据及大数据科学发展给国际政治经济学学科发展带来的难题可以通过图7来描述。

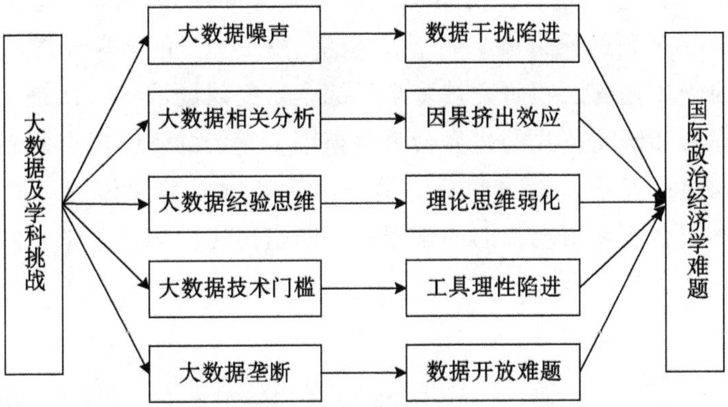

图7　大数据与国际政治经济学学科新难题

从图7可以看出，大数据及大数据科学发展从大数据噪声、研究方法、理论思维、技术工具与大数据垄断等角度给国际政治经济学学科发展提出了新的难题。人们需要寻找适当的方法以应对大数据困境、因果研究淡化、理论思维弱化、工具理性泛化、大数据安全与大数据霸权等方面带来的挑战，从而推动当代国际政治经济学理论发展与方法论创新。

总之，大数据科学发展和大数据国际社会的形成与演变，特别是基于大数据技术的主权国家内部社会超群博弈的国际化，和跨国贝叶斯社会超群动态博弈影响下的国际社会运行表现出的新议题、新特征与新规律，为当代国际政治经济学学科的新发展，特别是大数据国际政治经济学的形成与发展创造了难得的学科发展与创新历史机遇。将在五个方面重塑当代国际政治经济学的学科属性和学科结构：一是国际政治经济学与其他相关学科的学科边界进一步模糊化，学科交叉进一步体系化和制度化推动新型交叉边缘学科不断出现和演化，例如大数据贸易的国际政治经济学、大数据金融的国际政治经济学、大数据产业的国际政治经济学、大数据主权与安全的国际政治经济学、大数据跨国企业的国际政治经济学等会不断出现，一些不能适应大数据时代需要的理论将会退出学科历史舞台；二是国际政治经济学不同研究方法的边界进一步模糊化，简单的定性方法与定量方法的二元划分方法面临挑战，定性与定量研究方法的融合与综合化成为学科方法论创新的主流趋势，例如大数据的引擎搜索技术、自动文本分析技术、社会网络技术、可视化、空间分析技术、人工智能、机器学习等新技术工具与传统的经典理论及经验研究方法相互融合，形成新的综合性学科方法论体系；三是国际政治经济学不同研究议题的边界进一步模糊化，最为典型的便是国际研究议题的国内化、国内研究议题的国际化，政治、经济、社会、伦理等研究议题的综合化，简单的碎片化的议题研究被多学科综合研究议题取代；四是国际政治经济学不同理论和研究范式的边界会日益模糊，它们的不断融合和新的一般化理论的再构建；五是国际政治经济学的学派和学术共同体的不断分化与组合，新的学派会不断出现，旧的学派会不断退出历史舞台，学术共同体内部结构也不断分化与组合。

六、结　　论

大数据与云计算技术发展推动大数据国际社会的形成与演变，为社会超群博弈特别是跨国社会超群动态博弈创造了技术与数据条件，推动了国际政治经济学学科演化和方法论创新，大数据国际政治经济学成为大数据时代新兴边缘交叉学科。依据数据规模与数据技术差异角度，分别从社会演变与社会类型维度把人类社会区分为三个历史阶段与三种不同类型。手工数据时代的人类社会表现为小数据社会特征，传统电子数据时代的人类社会表现为传统数据社会特征，超级计算大数据时代的人类社会表现出大数据社会特征。

大数据时代的社会超群博弈特别是跨国贝叶斯社会超群动态博弈，已经成为推动国际社会进一步开放，特别是各国之间相互开放和一体化发展的重要推动力量，国际社会中各类社会行为体的政治经济活动之间存在着更为密切的数据联系和数据互动影响。基于大数据技术工具和数据网络平台的跨国社会超群博弈推动着的大数据国际社会的形成、演变及出现的一些新的政治、经济与社会现象。大数据科学发展和大数据国际社会的形成与演变，特别是基于大数据技术的主权国家内部社会超群博弈的国际化，和跨国贝叶斯社会超群动态博弈影响下的国际社会运行表现出的新议题、新特征与新规律，为当代国际政治经济学学科的新发展，特别是大数据国际政治经济学的形成与发展创造了难得的学科发展与创新历史机遇。事实上，大数据技术发展推动着国际社会中各国在更广泛的领域和更深的层次相互开放，使国际社会从传统开放社会迈向大数据新开放社会，也推动着当代国际政治经济学的学科新重构与学科新演化。大数据背景下的国际政治经济学的创新发展将在以下五个方面取得积极进展：

第一，学科研究方法的创新与重构，定性方法与定量方法的融合。例如，可以开展系统性的大数据经验与蒙地卡罗创新实验研究，充分应用大数据搜索技术、自动文本分析、社会网络分析、可视化与空间分析技术，通过人工智能、机器学习技术、云计算与超级计算等技术工具推动学科发展。当然，也需要防止工具使用带来的问题，例如自动文本分析涉及文本编码、文本分类、文本定位与文本效度，需要防止自动文本分析中的误读问题、机器识别问题，防范信息甄别、干扰信息与噪声信息、贝叶斯博弈退化与大数据对抗问题。社会网络分析涉及网络密度、网络范围、网络规模、网络结构进行测量等问题。在进行可视化与空间分析时，则需要关注全球政治活动动态分析、政治活动投入产出表分析（政治绩效比较）、大数据与互联网政治等问题。此外，时间系列数据实时获取、成本收益分析、数据信用与风险、数据预测与数据安全监管等领域的研究需要同时发挥定性、定量方法的优势，在某些特殊研究领域，一些传统研究工具的效能可能更高，需要传统研究工具与现代研究工具相互结合。

第二，学科研究内容与议题扩展及理论创新。大数据技术发展、大数据产业形成和大数据国际社会形成及演变必然产生一系列新研究议题。例如大数据生成、搜集、存储与数据计算过程的政治经济议题，大数据对主权国家与国际社会影响的政治经济议题，又如国家大数据能力、大数据挖掘、大数据经济价值评价、大数据金融活动监管、大数据主权、大数据政治、大数据垄断与大数据霸权等新议题。大数据相关政治经济问题与议题不仅扩展了国际政治经济学的研究领域，也推动着国际政治经济学在大数据平台与计算工具支持下的理论创新。事实上，因为大数据社会政治经济现象的复杂性，仅仅依据单一学科无法对大数据相关政治经济问题与议题进行理论解释，需要从多学科、多视角，并综合应用多种分析工具，这样才能推动国际政治经济学与其他学科的融合发展和理论创新。

第三，大数据安全、冲突与问题研究。大数据技术发展会给国际社会带来矛盾和冲突，例如大数据创造者、搜集者、分析者之间的权力、义务、利益分配和伦理关系的协调，跨国大数据公司、云计算、云服务、大数据使用过程中的产权保护、产权滥用与侵权行为，大数据利益冲突乃至大数据战争都会给主权国家和国际社会带来安全挑战问题。大数据国际社会面临的数据安全与冲突主要涉及三方面：一是大数据导致的国家主权边界的模糊，维和国家主权传统防卫工具的失效增加了主权国家运行的不确定性和不稳定性风险；二是大数据对主权国家带来的非传统安全挑战，例如大数据恐怖主权、大数据金融恐慌、大数据噪音干扰、大数据非理性群体抗议活动等，甚至可能威胁到传统国家主权和生存，特别是大数据被恐怖分子及其组织利用危害主权国家与国际社会安全利益；三是大数据垄断、大数据霸权、大数据冲突与大数据战争对主权国家与国际社会稳定运行的破坏。

第四，大数据国际分工、贸易、投资及全球化问题研究。大数据为要素与产品跨国流动创造了新的网络和平台，为国际社会分工深化创造了新的机遇和条件。不仅推动着传统商品与服务贸易在新的大数据技术与网络平台进行，还为传统技术条件下的非贸易产品的跨国贸易创造了条件，而大数据及其相关服务本身也可以作为国际贸易与投资的重要构成部分。基于大数据的国际分工、贸易、投资及全球化问题作为国际政治经济学的重要研究领域，必然推动该学科在理论和方法论方面的进一步创新，在以下三个方面表现最为显著：一是大数据技术推进下的虚拟网络和数据国际分工的政治经济动因、模式及影响效应的理论和方法论创新研究；二是大数据国际贸易与国际投资的政治经济分析，新兴大数据贸易产品及厂商行为、大数据跨国投资模式及风险评价问题领域的研究推动着大数据贸易、投资乃至金融的政治经济学理论及方法论创新研究；三是大数据背景下新兴区域一体化与全球问题的政治经济研究，大数据跨国流动规模扩大与流动速度的提高进一步推进国际社会新兴区域化和全球化进程的同时也必然带来各种全球化问题，也需要国际政治经济学提供有价值的理论解释和分析工具。

第五，大数据全球公共治理问题研究。大数据推动新技术、新产品、新服务、新企业和产业发展，主权国家如何有效应对大数据带来的治理挑战，如何使社会治理能力提升，如何建设国际与主权国家大数据仓库，如何增进主权国家获取数据的能力和应用数据的能力提升，如何在全球范围内对大数据引起的各种政治经济问题进行有效治理，如何界定大数据国家主权、大数据国家边防安全，如何对大数据时代的金融活动、金融创新特别是动态金融交易进行有效监管，如何应对全球性网络政治参与对全球现实政治的影响及全球网络舆情等问题，需要全球共同应对。此外，大数据开放性与透明性、大数据藏匿与数据技术门槛效应、大数据社会运动等问题也需要全球共同解决。事实上，大数据与西方国家的议会政治研究之间的问题，如大数据民主导致西方一些政治从业者职位的消失问题，和全球的大数据公共产品有效供给、需求管理与预测等问题，都需要从大数据全球公共治理角度展开研究。大数据全球公共治理问题研究也必然推动国际政治经济学学科发展和创新。

总之，基于大数据科学技术发展的社会超群博弈推动着现代大数据国际社会的形成与发展，大数据国际社会与传统国际社会存在着显著的数据特征差异。大数据国际社会运行及其社会超群博弈导致一系列新的国际政治经济现象和问题的出现，其为国际政治经济学提供新的研究工具和研究议题的同时，也推动着该学科的理论与方法论创新。

参考文献

[1] PODIMATA M V, YANNOPOULOS P C. Evolution of game theory application in irrigation systems [J]. Agriculture and agricultural science procedia, 2015 (4): 271 - 281.

[2] YAZICIA E, NARTGÜN Ş S, ÖZHAN T, Political games in universities: a case study [J]. Procedia - social and behavioral sciences, 2015 (174): 2700 - 2712.

[3] DOWNS A, An economic theory of democracy [M]. New York: Harper & Row, 1957.

[4] MORROW J D. Game theory for political scientists [M]. Princeton: Princeton University Press, 1994.

[5] MCCARTY N M, MEIROWITZ A. Political game theory: introduction [M]. New York: Cambridge University Press, 2007.

[6] SCHELLING T C. The strategy of conflict [M]. Cambridge, MA: Harvard University Press, 1980.

[7] SHAPLEY L S. A Value for n – person Games [M]. //Kuhn H W, Tucker A W. Contributions to the Theory of Games, volume II. Princeton: Princeton University Press, 1953.

[8] TIROLE J, FUDENBERG D. Game Theory [M]. Cambridge, MA: MIT Press, 1991.

[9] CHANG L H. A framework for Chinese power games – political tactics in information systems development processes [J]. Computers in human behavior. 2012, 28 (28): 2258 –2273.

[10] GALLEGO I., FERNANDEZ J R, JIMENEZ – LOSADA A, et al. A banzhaf value for games with fuzzy communication structure: computing the power of the political groups in the european parliament [J]. Fuzzy sets and systems, 2013, 255 (1): 128 – 145.

[11] EVRENK H. Why a clean politician supports dirty politics: a game – theoretical explanation for the persistence of political corruption [J]. Journal of economic behavior & organization, 2011, 80 (3): 498 – 510.

[12] CHANG L H. The relationship among power types, political games, game players, and information system project outcomes—A multiple – case study [J]. International journal of project management, 2013, 31 (1): 57 –67.

[13] ABELLANAS M, LOPEZ M D, RODRIGO J. Searching for equilibrium positions in a game of political competition with restrictions [J]. European journal of operational research, 2010, 201 (3): 892 – 896.

[14] 黄正，赵玉民．论政治博弈论 [J]．湖北民族学院学报（哲学社会科学版），2015 (1): 136 – 139.

[15] 刘志云．国际关系理论中的博弈论与国际经济法的发展 [J]．外交学院学报，2005 (2): 50 –55.

[16] 胡宗山．博弈论与国际关系研究：历程、成就与限度 [J]．世界经济与政治，2006 (6): 67 –74.

[17] 黄正，唐晓嘉．政治博弈论研究述评 [J]．重庆理工大学学报（社会科学版），2011，25 (1): 98 – 100.

[18] 周四丁．基于政治博弈论的韩非耕战制度有效性分析 [J]．学术论坛，2013，36 (11): 44 –47，62.

[19] 陈江进．博弈论与霍布斯政治哲学的二难困境 [J]．浙江学刊，2013

(5): 27 – 32.

[20] 李湘黔，魏万强．基于博弈论的威慑策略［J］．军事经济研究，2006 (11): 5 – 8.

[21] 周方银．国际结构与策略互动［J］．世界经济与政治，2007 (10): 6 – 17.

[22] 高蕾，陈俊华，沈长成．基于博弈论的气候外交研究［J］．西南师范大学学报（自然科学版），2015 (6): 30 – 36.

[23] JIN X, WAH B W, CHENG X. Significance and challenges of big data research [J]. Big Data Research, 2015, 2 (2): 59 – 64.

[24] 孙海华．“大数据”时代观点综述［J］．经济研究参考，2015 (26): 74 – 87.

[25] LEE J G, KANG M, Geospatial big data: challenges and opportunities [J]. Big data research, 2015, 2 (2): 74 – 81.

[26] ACKERMANN K, ANGUS S D. A resource efficient big data analysis method for the social sciences: the case of global IP activity [J]. Procedia computer science, 2014, 29: 2360 – 2369.

[27] 李文，邓淑娜．大数据时代中美关系发展的机遇与挑战［J］．中国社会科学院研究生院学报，2015 (3): 126 – 133.

[28] 杨美沂，林勇．大数据背景下我国政府统计管理的创新模式［J］．统计与决策，2015 (20): 26 – 28.

[29] 俞立平．大数据与大数据经济学［J］．中国软科学，2013 (7): 177 – 183.

[30] 孟天广，郭凤林．大数据政治学：新信息时代的政治现象及其探析路径［J］．国外理论动态，2015 (1): 46 – 56.

[31] 万岩，潘煜．大数据生态系统中的政府角色研究［J］．管理世界，2015 (2): 174 – 175.

[32] LOEBBECKE C, PICOT A. Reflections on societal and business model transformation arising from digitization and big data analytics: a research agenda [J]. Journal of strategic information systems, 2015, 24 (3): 149 – 157.

[33] WANG Z, YU Q. Privacy trust crisis of personal data in China in the era of Big Data: The survey and countermeasures [J]. Computer law & security review, 2015, 31 (6): 782 – 792.

[34] COBB W N W. Trending now: using big data to examine public opinion of

space policy [J]. Space policy, 2015, 32: 11 - 16.

[35] BRAVO - MARQUEZ F, MENDOZA M, POBLETE B. Meta - level sentiment models for big social data analysis [J]. Knowledge - based systems, 2014, 69: 86 - 99.

[36] SUN J, XU W, MA J, et al. Leverage RAF to find domain experts on research social network services: a big data analytics methodology with MapReduce framework [J]. International journal of production economics, 2015, 165: 185 - 193.

[37] EREVELLES S, FUKAWA N, SWAYNE L. Big data consumer analytics and the transformation of marketing [J]. Journal of business research, 2016, 69 (2): 897 - 904.

[38] 孟天广，郭凤林. 大数据政治学：新信息时代的政治现象及其探析路径 [J]. 国外理论动态，2015 (1): 46 - 56.

[39] 俞立平. 大数据与大数据经济学 [J]. 中国软科学，2013 (7): 177 - 183.

[40] 保建云. 论当代西方国际政治经济学的学术分野与发展前沿：基于英美学派局限性的视角 [J]. 教学与研究，2015 (8): 92 - 100.

[41] FUDENBERG D, TIROLE J. Game theory [M]. Cambridge, Mass: MIT press, 1991.

[42] 王正毅. 国际政治经济学通论 [M]. 北京：北京大学出版社，2010.

[43] 张宇燕，李增刚. 国际经济政治学 [M]. 上海：上海人民出版社，2008.

[44] 宋新宁，田野著. 国际政治经济学概论（第二版）[M]. 北京：中国人民大学出版社，2015.

[45] 樊勇明. 西方国际政治经济学（第二版）[M]. 上海：上海人民出版社，2008.

[46] 保建云. 金融与债务危机的国际政治经济学分析——理论模型、实证检验及政策选择 [M]. 北京：社会科学文献出版社，2015.

（作者：保建云，中国人民大学国际关系学院）

技术创新、专利、标准协同转化的推进策略研究

摘 要

在研究创新成果转为专利、专利转为标准、标准形成垄断三个阶段的具体转化流程及工作目标、工作内容的基础上，界定每个阶段的边界，明确技术创新、专利、标准协同转化的推进目标与方向。为实现这些推进目标和方向，从企业、中介组织、政府、法律四个层面探讨了技术创新、专利、标准协同转化的推进策略，明确各阶段不同主体的工作任务和工作安排。

关键词

技术创新　技术标准　协同　策略

一、引　言

创新能力的高低直接关系到一个企业、行业乃至国家竞争力的强弱和生产力水平的高低。技术标准化为技术创新提供创新知识、积累创新成果、提高创新效率、扩散创新成果，是技术创新的重要载体，也是经济增长的重要引擎（Acemoglu 等，2010），这种催化剂的作用是建立在新旧技术的协调、产品、服务、工艺流程与市场相接轨的基础上（Blind，2009）。而随着“技术专利化、专利标准化、标准国际化”的趋势日益明显，研究技术创新、专利、标准协同转化具有重要现实意义。

“创新成果专利化—专利标准化—标准产业化”发展战略（李大平、曾德明和彭盾，2006）的提出，使得技术创新、专利和技术标准三者关系成为技术管理领域人们关注的焦点，人们对技术创新、专利、标准三者的联动机制研究开始有所涉猎。然而，在目前的文献中，大部分学者仅探讨了技术创新转化为专利或专利转化为标准的途径策略。近几年国外学者都在探讨标准化和创新之间的关系。标准与专利的融合策略（郭济环，2011）、创新与技术标准融合协同的构建策略（舒辉和卫春丽，2013）也皆有学者进行研究。然而，技术创新、专利、标准协同转化研究尚属研究的新领域。因此，对该课题的探讨具有较强的理论意义。

那么，究竟要如何推进探讨技术创新、专利、标准协同转化呢？技术创新、专利、标准的协同转化一般要经历三个阶段，分别是创新成果转为专利、专利转为标准、标准形成垄断。在三个阶段的不断演化发展过程中，企业、中介组织、政府、法律机构四个相关主体共同推进技术创新、专利、标准的协同转化。

二、技术创新、专利、标准协同转化的内在机制

本节主要阐述创新成果转为专利、专利转为标准、标准形成垄断这三个阶段的具体流程及相关的工作内容，在界定每个阶段边界的同时，明确技术创新、专利、标准协同转化的推进目标与方向。

1. 创新成果转为专利阶段的内在机制

创新成果转为专利阶段为第一阶段。企业通过搜集市场资料或技术资料确定创新目标和方向后，进行创新研发。研发成果诞生后，企业可以选择合适的时机转化为专利。这一阶段的具体流程如图 1 所示。

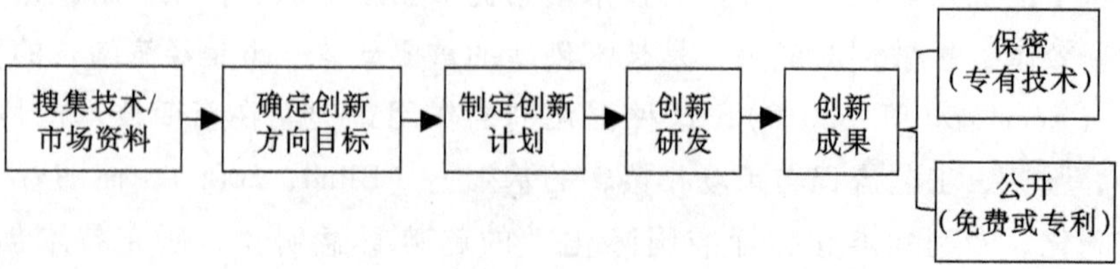

图 1　第一阶段流程图

本阶段工作内容的关键点有两个，一是创新成果的产生，二是专利产权的保护。一方面，企业搜集尽可能多的技术资料、市场资料，整合企业的资源和能力，安排技术人员进行创新研发。政府和中介组织给予充分支持，帮助企业完成创新成果的研发。另一方面，企业掌握专利信息和专利相关政策法规，保护好专利成果。此时政府和中介组织作用有所差异：前者成为政策的制定者，规范产权保护；后者成为信息的搜集分享者，将行业的法律法规、最新动态分享给所有的创新企业。

2. 专利转为标准阶段的内在机制

专利转为标准阶段为第二阶段。企业在充分掌握专利成果的基础上，将专利转化为标准。标准分两种，法定标准和市场标准。前者主要依托于政策法规对标准化的倾向性，后者则以市场和用户为基础，以决定性的用户数量优势将专利转为市场标准。本阶段具体流程如图 2 所示。

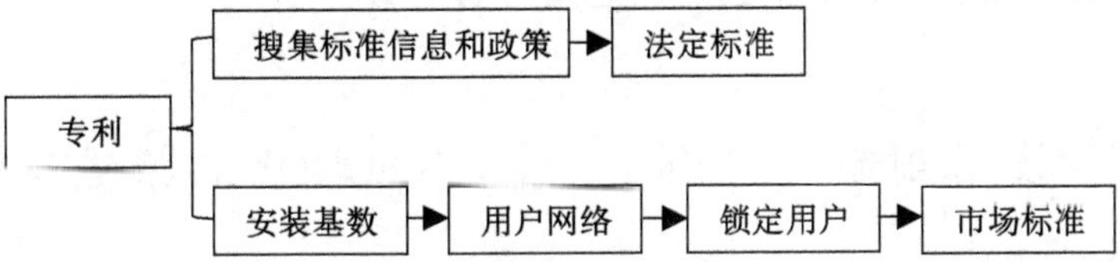

图 2　第二阶段流程图

企业要将专利转为法定标准，必须实时关注标准信息和政策，对政府的标准制定倾向及动态充分把握，通过和政府的协商谈判适时将专利转为法定标准。中介组织可通过信息搜集和发布、经验的总结和分享等措施帮助企业实现法定标准的确立。政府的工作重点在于选择合适的企业、合适的专利成果，依照法律程序确定下来，并帮助企业进行推广。企业要将专利转为市场标准，工作重点则在于市场动态和用户需求的把握，在获得一定规模的安装基数的基础上，实现网络效应和锁定效应，最终成为市场认可的标准。中介组织和政府只是负责辅助企业加速这一过程的实现。

3. 标准形成垄断阶段的内在机制

标准形成垄断阶段为第三阶段。当企业将专利成果转为标准时，便面临标准形成市场垄断的挑战。如果企业将专利转化为法定标准，则需依靠政府引导，逐步形成用户网络，最终垄断市场；如果企业将专利转化为市场标准，则必须在激烈的标准竞争中取得胜利，打败其他的市场标准，将其他标准下的用户转化为本企业的用户，当用户数量规模最大且粘性最高时，市场垄断便正式形成。本阶段的具体流程如图 3 所示。

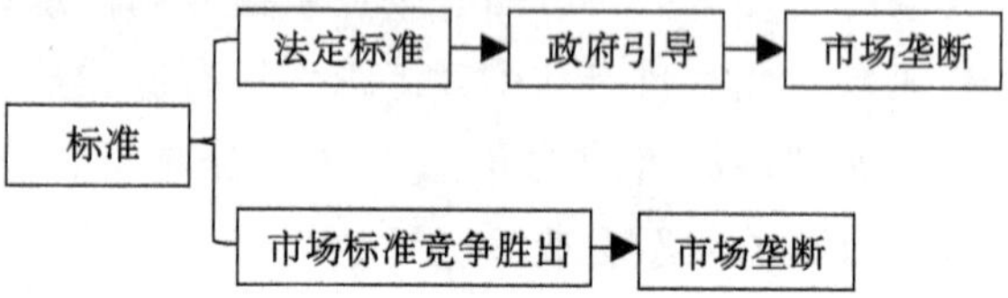

图 3　第三阶段流程图

在本阶段，企业和政府将发挥较大作用。法定标准下，企业和政府协商一致，政府通过采购等推广手段提高企业的安装基数，形成用户规模，辅助企业形成垄断。市场标准下，企业的工作内容最重要，集合企业所有资源，掌握各种营销手段，合理利用品牌推广活动，在稳定现有用户的同时抢占其他用户，最终在市场竞争中胜出，达到市场垄断。

三、技术创新、专利、标准协同转化的推进策略

明确技术创新、专利、标准协同转化三个阶段的具体流程后，应保证实现各阶段的工作目标得以实现。完成各阶段的工作内容依赖于企业、中介组织、政府、法律四个层面的共同推进策略。

1. 企业层面下技术创新、专利、标准协同转化的推进策略

企业是技术创新、专利、标准协同转化的主体，是促使创新成果成为市场垄断的最关键部分。企业的技术人才负责研发创新项目，推出满足用户需求的创新成果；企业内部的营销部和销售部负责将专利进行推广，实现市场垄断。同时，企业应保持和中介组织、政府的密切联系。

（1）创新成果转为专利阶段的推进策略

本阶段企业的主要目标是研发出高水平的技术产品，并对其合理处置。具体推进策略如下：

第一，企业为研发出创新成果，需对市场进行广泛的调查，分析消费者的消费需求，创新研发出有市场基础和市场竞争力的创新产品，并根据市场

反应决定该创新产品转化为专利的时机。此外，还应搜索国内外相关行业的数据库系统、行业协会颁布的信息，把握相关技术的最新发展动态，掌握相关技术的专利布局和标准发展动态，根据国家的创新政策、专利政策、标准政策以及产业发展重点，研发出高质量的创新成果。

第二，以《中华人民共和国专利法》对创新成果的技术要求为标准严格评判创新成果。专利法要求创新成果拥有技术新颖性、技术创造性和技术实用性的特性，同时，如果技术越先进也越容易转化为专利。技术新颖性强调在专利公布之前技术的保密程度，因此如果该项技术已经不能被保密时应尽早将该专利技术转化为专利；技术创造性指的是该专利技术解决行业内技术难题的能力；技术实用性则是指在产业内被广泛使用的能力。

第三，分析创新成果转为专利的最佳时机。如果企业的技术在行业内具有非常强的领先水平，可选择保护创新成果，作为企业的技术秘密和核心技术竞争力。如果该项技术被市场上其他同业竞争者知悉，有越来越多的同业竞争者使用该项技术，企业维护该项技术秘密的能力越来越小，或者该技术已经被其他同业竞争者研发出来，他们已经着手准备将该项技术申请专利，在此情况下，企业可以将创新成果转化为专利进行保护。

第四，企业的领导者要有专利意识和市场嗅觉。领导者的专利意识对企业创新研发的创新成果能否大量转化为专利也有重要影响，如果企业的领导者有较高的创新意识和专利意识，他们从企业战略的制定上就会强调专利战略的重要性。而领导者敏锐的市场嗅觉和市场把控能力将决定企业是否能准确把握转为专利的时机。

第五，安排资金、人才、物资、创新设施等方面的投入，从资金配备、人才配备、设备配备上支持创新成果转化为专利的工作，对顺利实现创新成果转化为专利的创新人才、专利人才给予各种层次的奖励。可加强对人才的培训，通过不同层次、不同需求、不同效用的培训，不断提升人才的业务技能，与时俱进，不断调整更新知识结构。

（2）专利转为标准阶段的推进策略

本阶段企业的主要目标是确定专利成为市场标准还是法定标准。根据不同标准化途径，应采取不同的措施。具体推进策略如下：

第一，研究国家自主创新及技术标准的战略发展方向，与政府或政府授权的标准制定机构进行良好的沟通谈判。

第二，审查本企业的专利技术是否有转为标准的可能性。一项专利技术要成为标准中的必要专利，应具备两个基本特征：一是技术必要性，即该项专利对于技术标准是必不可少的，没有其他专利可替代；二是经济可行性，即若不纳入该项专利技术，技术标准则不能以一个较低的成本实施（Baron和 Delcamp，2010）。

第三，企业不断创新研发该项专利技术的互补性技术，完善专利技术的成熟度、稳定性及市场兼容性，提高技术含量、增强内在价值，使专利技术的功能更加多样，形成硬件-软件锁定。该项专利技术通过市场竞争优胜劣汰，成为市场的一个主导设计范式。由于市场锁定，网络规模增大，形成正反馈回路，市场主导范式的专利技术成为市场标准。

第四，企业要有较强的信息搜索能力，能够准确把握住市场需求的技术信息、专利信息和标准信息，根据相关信息采取相应的市场化活动。企业领导者要有较强的标准化意识，积极提升企业专利技术的市场占有份额，成为行业主导技术，与企业积极谈判，收取专利许可费。

第五，建立标准化联盟，并扩大标准化联盟范围，为以后制定产业标准时更具有话语权作好前期铺垫。

（3）标准形成垄断阶段的推进策略

本阶段企业的主要目标是将标准推广，形成市场垄断。具体推进策略如下：

第一，进一步降低专利许可费，降低交易成本，将会有更多的客户使用法定标准下的必要专利技术，从而扩大产品的安装基数，扩大标准必要专利的网络，实现标准垄断。

第二，牢牢掌控法定标准必要专利的所有权，通过构建专利防御体系，如不披露相关专利权信息，采用专利交叉许可和专利联营的方式，使其他企业不得不使用本企业的专利技术，从而实现用户被进一步锁定，就能够从总体掌控住整个技术体系。企业也有较大的积极性为标准必要专利开发出更多的互补产品，扩大标准必要专利的网络，从而支配市场、垄断市场。

第三，对于市场标准，应制定标准竞争的个性化市场推广策略。标准竞争的核心目标是获得足够的用户安装基数和建立良好的消费者预期，企业的市场标准推进策略都可以围绕这两个核心开展。例如：利用广告、公益活动、免费样品的积极市场营销策略加强对消费者的心理攻势；一定程度上降低或减免专利许可费，吸引一定用户使用该项创新技术从而形成一定规模的网络。

第四，挖掘市场的潜力用户，通过提高消费者评价，进一步扩大该项专利技术的安装基数和网络规模，直到达到市场临界容量。企业可签订不竞争条款、回授条款、不质疑条款相关合同条款，促使本企业所掌握的标准中的专利技术在市场上占据较大份额，从而实现标准垄断。

第五，重新整合资源，在充分了解市场新需求和政策导向后，进行原有技术标准的横向或纵向整合创新，保持本企业技术标准创新的持久动力。

2. 中介组织层面下技术创新、专利、标准协同转化的推进策略

中介组织是指科技中介组织，为科技创新主体提供社会化、专业化服务以支撑和促进创新活动的机构，这类机构对政府、各类创新主体与市场之间的知识流动和技术转移发挥着关键性的促进作用。科技中介组织从功能上大体可划分为三类：一是直接参与服务对象技术创新过程的机构，包括生产力促进中心、创业服务中心、工程技术研究中心等；二是主要利用技术、管理和市场等方面的知识为创新主体提供咨询服务的机构，包括科技评估中心、科技招投标机构、情报信息中心、知识产权事务中心和各类科技咨询机构等；三是主要为科技资源有效流动、合理配置提供服务的机构，包括常设技术市场、人才中介市场、科技条件市场、技术产权交易机构等（刘宇鹏，2008）。

（1）创新成果转为专利阶段的推进策略

中介组织为企业提供政策动态和市场信息，并提供专业化的指导服务。具体如下：

第一，积极了解相关政策以及市场需求，掌握市场动态及政策发展动向，通过论坛或者信息平台将政策和市场信息及时传达给自主创新主体。

第二，积极为技术创新者提供多样化的服务，指导技术创新者申请专利，提高专利申请的成功率，促进技术创新者拿出更多的技术参与专利申请。如建设一批可检索国内外有关技术进步的数据库，如专利、技术标准、产品营销等网络数据库。同时建立科技中介信息资源交换服务中心和服务网站，提供查询各类信息资源的相关链接服务和电子商务服务，使科技中介组织能够有效利用跨区域、跨行业的信息网络，共享各种数据资源。

第三，培养从业人员的专业业务素质，对相关政策法规、行业标准状况等关键信息必须有较深的了解，加强对业务人员的培训，通过不同层次、不同需求、不同效用的培训，不断提升业务技能，调整更新知识结构。

（2）专利转为标准阶段的推进策略

中介组织应支持企业将专利转为标准，通过信息化服务和创新成果推广等措施，为企业扩大用户网络提供帮助。具体推进措施有：

第一，与政府合作建设面向市场和企业的标准信息服务平台建设。通过建立高效完善的市场信息平台，实现自主创新成果的公平交易，并联合形成竞争网络效应；从市场用户方面来看，可以了解到各个创新成果、新技术标准的用户基数情况及网络应用效应，从而可以在庞杂的市场信息中“跟庄”。虽然这样不一定能得到最优“产品”，但不至于选择最差的“产品”。

第二，加大对于科技成果的宣传和必要的包装，将企业自主创新成果推向市场，促使自主创新成果在市场环境中的优胜劣汰。如与外地优秀科技中介组织合作，同时在本地和外地组织开展各种科技成果交流会，促进科技成果的成交率。借鉴其他类型的企业对技术成果实行各种售后、跟踪服务、不定期的技术指导等措施，以促进科技成果的成功转化率。

第三，培养从业人员的专业业务素质，要求其掌握法定标准和市场标准的形成路径，指导企业遵循规定路径将专利转为标准。

（3）标准形成垄断阶段的推进策略

标准垄断化阶段，中介组织担任着标准推广扩散与维护的重任，积极开发新的市场需求并了解新的政策导向，为更高层次的新一轮的自主创新和技术标准形成搜集更为及时、全面的信息。中介组织从业人员应了解标准推广的策略经验，帮助企业的标准垄断化。

3. 政府层面下技术创新、专利、标准协同转化的推进策略

政府是贯穿创新成果专利化、专利标准化、标准垄断化整个过程的最重要的支持者。政府通过完善政策法规、资源投入和技术推广等措施，加速技术创新、专利、标准的协同转化。

（1）创新成果转为专利阶段的推进策略

本阶段政府的工作重点为：提供人、财、物等资源，帮助企业形成创新成果，并且以制度对成果进行保护。

第一，制定相关创新战略规划和政策措施，鼓励企业开展自主研发和科技创新，同时，鼓励创新成果转化为专利，营造有利于自主创新产业环境，从而促使自主知识产权的技术形成。

第二，加大资金、财政、教育等投入，提供充足的人、财、物资源。政

府加强资金支持，对积极参与创新研发并实现创新成果转化为专利的相关个人或企业给予相应的奖励；设立专项补助资金，引导企业后续资金的研发投入；通过税收优惠支持企业加大技术创新的研发投入，开辟绿色通道，鼓励有较强研发能力的高技术企业、大学科研院将其技术创新成果积极申报为国内外发明专利。重点加大对大学、科研院所的高等教育投入，加大对大中专职业院校职业教育的投入，培养更多的创新型人才与技术成熟型工人（蒋明琳等，2014）。

第三，出台相关科技政策、专利政策、财政金融政策等。充分发挥知识产权制度在保护发明创造、鼓励技术创新、营造公平竞争环境方面的重要作用，从而提高企业运用知识产权参与竞争的能力。

第四，政府建立健全国家标准化管理体系和运行机制，确定工作程序，规范工作人员的行为，严厉打击贪污受贿行为，使执行制度化。政府还应健全专利申请和审核制度，从根源上避免垃圾专利的产生。

（2）专利转为标准阶段的推进策略

本阶段政府担任重责，特别在专利转化为法定标准的情况下。具体的推进策略有：

第一，政府部门在主导法定标准的制定时，不但要考虑企业方的利益，还要广泛征集消费者（学会、协会、社会团体等）的意见，使得最终制定的标准在社会、企业、消费者三者利益之间达到一个平衡，并从资金和政策上支持法定标准的制定，结合市场上消费者的需求、消费者的评价、消费者的预期和未来技术市场发展的趋势，制定符合市场需求的法定标准。

第二，建立完善标准技术研究、自主制定、试验验证、知识产权处置和产业化推进的新工作体系与运行机制。定期组织专家对中介机构、企业进行评估和分析，帮助其发现专利转化的效率问题，制定相应的策略以提高专利的转化率。

第三，政府完善专利标准的信息服务，加强专利标准人才的培养，保证专利转化为标准的活动能够规范实施。加快建设面向市场和企业的标准信息服务平台，打造专利转为标准的基础。加强专利和标准的人才培养，提高整个国家国民的标准意识，提高技术的核心竞争力。

第四，通过对市场预期的影响、对用户安装基数的影响来改变消费市场走向，改变消费者对该项技术或产品（标准）的未来发展前景预期。即树立对某项技术或产品明确支持和支助的示范性效应，可通过政府采购、财政支持等常效机制推进标准的形成。

(3) 标准形成垄断阶段的推进策略

政府应一方面推广标准垄断化进程，另一方面保护市场竞争的公平性，创造良好的竞争环境。具体推进策略有：

第一，政策上和资金上支持法定标准的推广，发挥示范作用，引导消费者选择该项专利技术，如政府研究制定相关的采购政策，对符合国计民生、国家战略发展要求的技术标准创新产品实行政府首购和政府订购的支持，这是政府采用导向、利用舆论导向支持法定标准，对法定标准的推广并实现垄断大有益处。

第二，综合消费者、专家、行业协会等各方意见，分析探讨提出新的技术创新与技术标准的方向，鼓励新一轮的技术创新研发与技术标准制定，促进技术创新和技术标准协同管理的良性循环。

第三，打击侵犯知识产权行为，制定更多保障公平竞争的规则，维护企业的合法权利。积极发挥社会监督的作用，为公众参与监督开辟多种渠道，搭建专门的举报平台，如规范电话举报、网络论坛、新闻媒体等社会监管方式，建立合理的奖励机制，鼓励公众参与监督。

4. 法律层面下技术创新、专利、标准协同转化的推进策略

法律在技术创新、专利、标准协同转化的三个阶段中，皆从科学立法、严格执法两个层面推进。

(1) 创新成果转为专利阶段的推进策略

第一，在立法层面。这一阶段的立法主要是保护技术创新成果。具体地说，保护创新成果的法律制度涉及对创新成果归属、创新活动中的利益关系调整、侵犯创新成果权益的制裁和规范创新行为与创新成果使用等方面，涉及的主要法律则包括知识产权法、合同法和反不正当竞争法等。其中知识产权法是保护技术创新成果的基础性法律，其对技术创新成果的保护作用目前已有大量研究。合同法则是调整合同关系的基本法律，对技术创新成果的保护主要体现于对各类技术合同权利义务的调整，对技术创新活动各方当事人之间权利义务的约定，使各方当事人在技术创新活动中的相关权益得到保障。反不正当竞争法则在知识产权法对知识产权侵权的制裁基础上，进一步加强对创新成果的法律保护。上述对创新成果的法律保障体系，具体体现于专利法、商标法、著作权法、合同法、侵权责任法、反不正当竞争法等具体

法律以及相应的行政法规和部门规章中（冯晓青，2012）。如果没有制定健全的保护技术创新成果的法律制度，将严重抑制技术创新主体进行技术创新。

第二，在执法层面。对侵犯知识产权法、专利法的行为给予坚决抵制并进行相应的惩罚。完善标准实施监督体系，健全监督机制，违法必究，严惩违法乱纪的行为，使监督规范化。监管者要比法院有更加强烈的动机去监督执行标准化规定，树立监督意识，明确监督义务和责任。

（2）专利转为标准阶段的推进策略

第一，在立法层面。这一阶段立法的主要目的在于促进技术创新成果转化为技术标准。立法机构应重视以下问题：建立激励转化应用的法律机制，其中包括对知识产权制度的优化和完善，如职务发明创造制度，也包括其他相关制度对技术创新成果转化应用的激励，如投融资制度、财政税收制度、政府采购制度等；建立高效运转的技术创新成果转化机制，例如技术市场制度、技术合同审批制度、知识产权产业化转化平台制度、知识产权交易平台建设、知识产权信息网络平台建设等；建立新技术产品开发和市场化的风险投资机制，以吸引资金投入创新成果的市场化开发。

因此，加强对知识产权制度的优化和完善，需要国家立法机关补充《专利法》、《标准法》等相关实施细则，理顺专利进入标准中存在的各种情况，明确各主体在职务发明创造中的权益分配，使得有法可依。此外，依靠完善后的《专利法》、《合同法》等法律，对侵犯知识产权的行为给予惩处。

第二，在执法方面。专利进入标准，在标准的推广过程中，专利技术以标准的形式规范行业的生产。专利技术是公开的，有些企业吸收了专利技术，却不缴纳专利许可费，对专利持有人是一种法律侵害，国家要加强对这种侵犯知识产权行为的规范和惩处，构建公平交易的法律环境，促进更多的人进行技术创新，提高全民族的技术水平。

（3）标准形成垄断阶段的推进策略

第一，在立法层面。完善《专利法》、《标准法》、《合同法》、《反垄断法》等法律，对标准中必要专利的推广所涉及的法律细则进行解释。

第二，在执法层面。加强知识产权保护，维护法律权威，对侵犯专利的行为给予坚决抵制并加强惩罚，构建公平有序的法律环境。

四、结　论

技术创新、专利、标准协同转化的途径的关键点在于标准的形成，专利技术成为标准才可能借助标准的力量在大范围内推广，形成较大的安装基数，占据市场主要份额，从而实现市场垄断。推进技术创新、专利、标准协同转化无疑有极大的现实意义。创新成果转化为专利需选择恰当的时机。专利转化为标准有两种选择，即法定标准和市场标准；前者以企业和政府为主体，后者以企业和用户为关键。标准形成市场垄断依赖于政府的支持和推广，以及市场竞争中的有效营销策略，以庞大的用户基数形成网络效应，继而产生锁定效应。在整个协同转化的过程中，企业是最关键的主体，政府和中介组织是催化剂，法律是监督者。从企业、中介组织、政府和法律四个层面共同推进技术创新、专利、标准协同转化，将缩短整个协同转化周期，避免恶性竞争等负面因素对技术垄断化的影响。

参考文献

[1] ACEMOGLU D, GANCIA G, ZILIBOTTI F. Competing engines of growth: innovation and standardization [J]. Journal of economic theory, 2010, 147 (2): 570-601.

[2] BLIND K. Standardisation as a catalyst for innovation [J]. Erim Inaugural Address, 2009.

[3] 李大平，曾德明，彭盾．软件业技术标准联盟治理的基本框架分析 [J]．科技管理研究，2006，26 (7)：118-119.

[4] 程军．技术标准、专利与技术创新的联动模式研究 [J]．质量技术监督研究，2010，(4)：14-18.

[5] CHOI D G, LEE H, SUNG T. Research profiling for 'standardization and innovation' [J]. Scientometrics, 2011, 88 (1): 259-278.

[6] 郭济环．标准与专利的融合、冲突与协调 [D]．北京：中国政法大学，2011.

[7] 舒辉，卫春丽．自主创新与技术标准融合协同机制研究 [J]．科技进

步与对策，2013，(15)：19－24.
[8] BARON J，DELCAMP H. Strategic inputs into patent pools [J]. SSRN electronic journal，2010.
[9] 刘宇鹏．基于企业需求的我国科技中介服务体系发展策略探析 [D]．太原：山西大学，2008.
[10] 蒋明琳，舒辉，林晓伟．政府为主导的技术创新与技术标准协同管理研究 [J]．经济体制改革，2014，(6)：102－106.
[11] 冯晓青．技术创新与知识产权战略及其法律保障体系研究 [J]．知识产权，2012，(2)：3－11.

（**作者**：陈雨欣，江西财经大学工商管理学院）

数据驱动模式下的3D打印技术及发展趋势

摘 要

3D打印是最近几年开始流行的一种快速成型技术，被誉为“第三次工业革命”的核心技术。3D打印与传统制造的本质区别在于其数据驱动的特点，其将长尾市场无限延伸，降低了生产资料的重要性和成本，促进了个性化定制与生产社会化，结果是产生富裕的供给和对人的赋能。文章从3D打印技术的理论原理和社会背景出发，指出在互联网时代，3D打印技术将深刻改变人类社会的生产和商业模式，实现从传统制造向智能制造迈进。

关键词

3D打印　数据驱动　互联网时代　智能制造

一、引　言

3D打印（3D Printing）技术作为快速成型领域的一种新兴技术，目前正成为一种迅猛发展的潮流。《经济学人》杂志在其2012年的一期专题报导中称，3D打印技术的发展与逐渐成熟，是第三次工业革命的重要标志之一。在传统的工业经济时代，企业的生产制造遵循规模经济原则，规模越大越经济，因为标准化与流水线生产的需要，品种越少越好（罗珉和李亮宇，2015），而这会导致消费者的个性化需求被忽略。按照长尾理论（安德森，2006）的原理，在传统时代企业生产头部产品，产品同质化，消费者选择范围小，需求受到压抑。而在互联网时代，企业开始从规模化生产转向

“按需定制”，企业开始生产长尾产品，通过互联网平台和相关技术，消费者能够选择符合自己个性的商品，定制化产品将成为主流。3D 打印制造技术则让“按需定制”的模式向前迈进一步，其与传统制造业的本质区别在于 3D 打印数据驱动的特征，消费者只需要构建数据模型，通过 3D 打印便可以生产制造所需产品。这不仅大大降低了成本，从根本上改变全球供应链，彻底影响全球制造业的生产方式，并对当前产业发展和结构转型产生深刻影响（王文涛和刘燕华，2014）。同时，3D 打印制造还使得人的重要性放大。本文对 3D 打印技术的原理及生产方式逻辑进行介绍，分析了 3D 打印技术目前存在的局限和问题，并在此基础上，展望了在互联网时代数据驱动模式下的 3D 打印技术的应用趋势和对人类未来生产生活方式的影响。

二、3D 打印技术的概念和特点

1. 3D 打印的概念和原理

3D 打印技术，学术上又称“添加制造”（Additive Manufacturing）技术，也称增材制造或增量制造。其中“D”是英文单词 dimension 的首字母，意思是“维度”，原来的打印指的是在一个平面（二维）上面展开的打印技术，而 3D 打印则是在这个基础上，用打印的技术逐层堆叠出材料，使其成为一个在三维空间中的实体。

一般来说，通过 3D 打印获得一件物品需要经历建模、分层、打印和后期处理四个主要阶段（王灿才，2012）。首先是三维建模阶段，通过某些专业的 3D 扫描设备获取对象的三维数据，并且以数字化方式生成三维模型，或是直接使用其他人已做好的 3D 模型。其次是分层切割阶段，由于描述方式的差异，3D 打印机并不能直接操作 3D 模型，当 3D 模型输入到电脑中以后，需要通过打印机配备的专业软件来进一步处理，即将模型切分成一层层的薄片，每个薄片的厚度由喷涂材料的属性和打印机的规格决定。再次是打印喷涂阶段，由打印机将打印耗材逐层喷涂或熔结到三维空间中，根据工作原理的不同，有多种实现方式。该过程根据模型大小、复杂程度、打印材质和工艺耗时几分钟到数天不等。最后是后期处理阶段，模型打印完成后一般都会有毛刺或是粗糙的截面，这时需要对模型进行后期加工，如固化处理、剥离、修整、上色等，才能最终完成所需要的模型的制作。具体流程如图 1 所示。

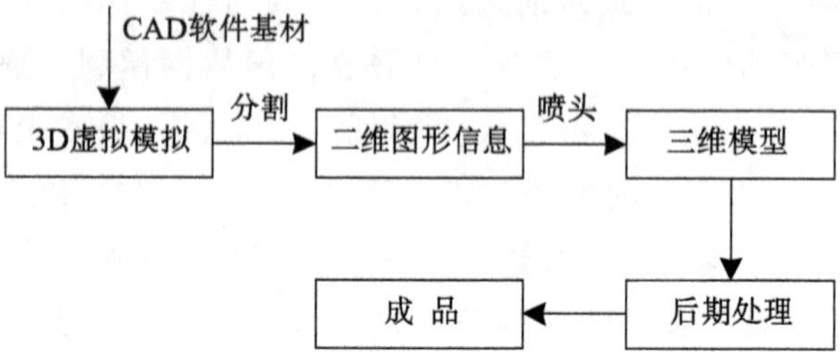

图 1　3D 打印的制作流程

总结来说，3D 打印技术的核心在于处理数据模型的计算机和打印喷头这两个部分，计算机负责处理各种各样的三维模型数据并指挥喷嘴进行精确化的操作，这一过程实际上就是人类获得一个实体物体的制造方式。

2. 3D 打印制造的特点

在传统的工业社会，人类的制造方式为“减材制造”，即将生产材料一点一点地消耗、减损，把原材料当中不需要的部分去除掉，然后获得生产制造商需要的产品，这种生产方式的工业母体便是机床，通过折弯、切削、钻孔、打磨最后成为特定的部件，一个工业品。而 3D 打印制造技术采用的是“增材制造”的方式，是用加法从零开始逐步地推出人们所期望的产品。其特点在于：

（1）节省成本

传统的“减材制造”会产生工业废料造成浪费，导致成本的增加；而 3D 打印“增材制造”的方式是一种“按需制造”的方法，大大降低了生产成本。

（2）突破手艺等技艺的限制

只要有生产产品的数据模型，3D 打印便可以制造生产，并且在理论上可以制造出各种复杂的图形和形状，而不需要传统的某项工艺品必须由人工手艺人的方式才能创造出来。

（3）用数据驱动制造

3D 打印使得生产资料的重要性降低，生产制造开始由一个个三维数据模型驱动，只要有了数据模型和 3D 打印机，便可以生产出顾客所需要的商品。

三、数据驱动模式下的3D打印技术对人类社会产生深远影响

1. 传统工业时代的价值创造逻辑

工业社会让农耕时代资源匮乏的问题得到解决，蒸汽机、铁路、电力、无线电等社会重要的基础设施的发明和构建使得人类创造财富的能力有了质的飞跃。工业社会的价值创造逻辑主要体现在两个方面，首先是标准化的大规模制造，规模越大越经济，由于标准化与流水线生产的需要，品种越少越好。例如富士康科技集团，其一天可以生产2400箱集装箱的货物，整个流水线的末端就是海关，货物从工厂生产线生产包装完毕后直接装船运输分销至世界各地。由于有了这种大规模的标准化制造，人类的财富创造得到了指数级的上升。其次是精细化的人的分工。工业社会让每一名员工固定在流水生产线的每一个具体岗位上，一名生产苹果手机的员工绝对见不到最后生产出的那台手机，因为大量的员工都是在跟个别的元器件打交道。同时，每一名工人每天可能要重复上万次同样的操作，这便是工业社会生产方式的标准配置，因为只有用这种方式才能够把整个生产链条里的效能和潜力全部发挥出来。这是工业社会为人类社会带来的最了不起的功绩，因为它使原来可能只有达官贵人才能享用的那些昂贵奢饰品进入寻常百姓家。例如在非洲大陆，2000年时数据显示只有不足1%的人拥有手机，而这个数字在2014年年底已经上升到了58%。但是，正是由于这样的价值创造逻辑使得工业社会在伟大之余也带来了很多问题。

首先，因为工业时代追逐效率、标准化和规模化，从而导致消费者和生产者之间的分裂。这种分裂在原先的农耕时代是不存在的，消费者和生产者往往是一体的，人们吃的、穿的都是靠自给自足；而工业社会将农耕社会里消费者和生产者切割，消费和生产一体化的场景被打破，例如食物或衣服的获取必须要去超市、酒店和商场才能得到。其次，在工业社会，社会的个性化需求完全被抑制。工业社会只能提供批量化的标准品，只要没有形成规模化，不可能形成标准化的供给。工业社会能做的只有将市场中的消费者统一

称为“大众”（mass），即假设所有的消费者之间没有区别，摆在消费者面前的只有若干个已经规定好的选择。顾客可能得不到其最想要的产品，但是可以从选择项中选择一个最不坏的产品，这便是工业社会和消费者对话的基本场景。同时，工业社会还通过广告、电视等现代传播手段，利用中心化的传播媒体方式使得消费者相信其传播的结果，例如钻石广告引导人们认为钻石是爱情的象征。这些都是工业社会通过中心化的传播手段带给消费者的一种心理暗示，真正的个性化需求被固化到工业社会可以生产出来的某些产品上，而这已经变成了过去一百年一代人的观念和行为习惯。

2. 3D 打印技术让工业时代进入暮年

（1）互联网时代的价值创造逻辑

随着移动互联网时代的到来，传统工业时代的价值创造逻辑正不断被颠覆。产品的提供方和需求方之间的交易互动可以脱离第三方销售渠道。例如互联网时代兴起的 O2O 模式，取消了传统的中间商环节，消灭了线上和线下的距离。互联网时代，传统规模经济中产品的同质化生产变成了“按需定制”，消费者从“大众”变成“分众”，一切根据顾客的需求为导向再去进行生产构造。同时，互联网经济使得市场交易双方具有规模经济效应和范围经济效应。过去，生产者生产畅销产品、头部产品，市场交易中的供给方存在规模经济。现在，头部产品和尾部产品都是畅销产品，不仅生产者更容易实现规模经济效应，而且消费者团结起来成为无组织的组织，消费者实现消费规模经济，使得交易成本降低，导致供给方生产成本降低和产品价格进一步的降低，这又加强了需求方规模经济效应，进而形成消费者—生产者之间的良性循环，产生正反馈效应，进一步使供需双方成本降低、效益提高。此外，消费者市场地位开始回归中心化。生产者的一切经营活动围绕消费者开展，一切价值创造围绕消费者进行，这一过程实质上也是生产者“去中心化”的过程，它是一场进化、一场回归，回归到“以人为本”的商业本质（李海舰、田跃新和李文杰，2014）。

（2）数据驱动模式成为 3D 打印技术与传统制造的根本区别

互联网时代所特有的信息能够快速匹配的特点让人和人、人和信息、信息和信息都能够飞速地对应匹配。例如 QQ、微信和微博让人和人之间的交流变得更加顺利；百度、谷歌搜索使得人和信息之间建立快速通道；阿里巴巴、淘宝等平台让信息与信息（物与物）之间更加容易配对。所有这些都是互联网巨头通过移动互联网技术所搭建的虚拟空间，非实体经济，而对于互联网时代的最主要质疑也恰恰是认为其无法对实体经济构成实质性的替代和颠覆。但是，3D打印制造技术可能会打消这一质疑。3D打印的意义在于，其通过互联网和一系列现代化的材料技术、制造技术能够将人、信息、财富和实体世界的物质联系起来。

3D打印和传统的制造技术相比，除了其节省成本以及能够快速制造出复杂精细的形状的特点之外，根本区别在于其数据驱动的特征。传统的制造方式，例如出版一本书，厂商需要考虑出版费用成本的问题，必须考虑印多少册、卖出多少本才能收回成本。但是3D打印制造技术则不需要考虑这些，因为是数据驱动的制造，每一张纸的打印成本是相同的，而不受限于打印的内容，就如同在打印店打印一样，是按打印的张数收费而不是按打印的内容。而这一本质区别有着重要的意义。第一，生产资料的重要性降低。只要有了模型数据，购买或租赁一台3D打印机便可以进行生产，此时产品制造生产的核心变成了数据。第二，传统工业时代的大规模生产和精细化分工使得员工成为了生产机器，造成对人性的巨大压制，而互联网时代则将人性重新释放出来，按需制造代替了大规模生产化的工厂和车间，理论上人们可以通过各自的需求构建数据，然后利用3D打印技术自行“生产”出物品。第三，人的作用被释放。在传统的生产制造中，如果一个产品的最终生产数量不大，则一般不会采用大型的严格规范的生产流水线规模化生产，这会导致产品合格率的下降，例如国内手机品牌锤子手机虽然设计理念新颖，拥有极富人格魅力的创始人，但最终因为生产数量不大，代工生产流水线不可能达到像苹果手机或三星手机生产流水线那样的精细严格标准，导致锤子手机最后出现大量的残次品问题。而一旦3D打印技术得到应用，便能够有效解决这一问题，企业只需要构建出其产品的数据模型即建模工作，剩下的生产工作交给客户端利用3D打印自行生产制造出来即可。可以看出，3D打印让生产资料重要性降低，而使能够建模的人的作用升高，从而解决了传统工业社会所忽视的给人赋能的问题。一旦这一设想得到实现，移动互联网时代便真正使工业时代走入暮年，而3D打印也会成为压在工业社会这头骆驼脊梁上的最后一根稻草。

（3）3D打印可望引发众多产业领域的深刻变化

正如学者王忠宏和李扬帆所指出的那样，随着互联网时代计算机运算和存储能力的飞速增长，人们得以在计算机中构建各种各样的“虚拟世界”，分别用于科学研究、技术研发和文化娱乐等不同目的。在3D打印技术成熟以前，人们虽可采用各种手段感知虚拟世界，但面对虚拟世界中大量由数学公式、物理定律生成的物体，却难以将它们“带回”现实。使用3D打印，虚拟世界的物体信息可以几乎不经过专业技术人员的再处理，就直接转化为现实世界存在的物体。这样，虚拟世界就和现实世界更加紧密地联系起来，更好地服务于人们对现实世界的改造。3D打印打通了虚拟、现实和人之间的“信息回路”，其直接意义至少包括：第一，“数字设计+3D打印”的产品设计和测试过程要比仿真模拟测试更可靠，同时比传统的样品制造和试验更快捷；第二，人们可以直接制造出很多形状奇异、结构精细的物品，具有工程学或美学意义，而这之前只存在于“虚拟世界”的特殊形体，因而大幅度扩展了工业设计的可行性边界；第三，人们可以借助3D扫描成像、逆向工程等技术手段，加快从现实世界中（特别是生物体中）借鉴某些物理结构，直接转化为产品设计和3D打印制造方案（王忠宏和李扬帆，2013）。

四、3D打印技术目前存在的主要问题

3D打印机的应用对象可以是任何行业，只要这些行业需要模型和原型（Caffrey，2013）。目前，3D打印技术已经应用到许多学科领域，服装师通过扫描顾客的身体体型数据，利用3D打印机可以精确快速地打印出符合顾客身材尺寸的服装；工程师和工业设计师利用3D打印将设计方案转换为原型并测试；外科医生使用3D打印制作器官模型以协助制订复杂的手术方案；考古学家和博物馆的技师利用3D打印制作珍贵文物的复制品，并在此基础上开展研究（Walters和Davies，2010）。但是，上述应用只是人类社会生产中很小的一部分，3D打印技术要想在未来完全替代传统工业制造产业，仍面临着多方面的瓶颈和挑战。

1. 3D打印的价格

现阶段，3D打印不具备规模经济的优势，价格方面的优势尚不明显。目前，1kg打印材料少则几百元，多则需4万元左右。虽然在单件小批量、个性化订制和网络社区化生产方面，对于大多数产品来说，不管打印1件还是100件，价格都相差无几，3D打印具有无可比拟的优势，但是在短时期

内3D打印技术还无法全面取代传统制造技术（李小丽、马剑雄和李萍，2014）。

2. 3D打印机的工艺

据报道，世界上目前只有一种3D打印机能够同时打印出多种材料的产品。由于3D打印工艺发展还不完善，快速成型零件的精度和表面质量大多不能满足工程直接使用要求，只能做原型使用。此外，3D打印产品由于采用叠加制造工艺，层与层之间连接得再紧密，也很难在现阶段与传统锻件相媲美。

3. 3D打印的材料

3D打印目前可用材料的种类十分有限，大大影响了3D打印技术的推广。虽然3D打印是一种先进的生产方式，已在多个领域成功运用，但应用的范围仍然较为有限，尚不能成为主要的生产技术。其中最为主要的原因便是材料、工艺和设备一体化的技术特点使得3D打印材料的改变需要开发相应的工艺和装备，而现阶段市场提供的3D打印设备种类较少，能够加工的材料种类因而受到限制，许多工业用材料还没有相应的3D打印工艺设备提供，影响了3D打印技术的推广。另外，在成型过程中，往往会产生较大的热应力，对于一些脆性材料易出现开裂和翘曲，需开发特殊的3D打印技术（李海舰、田跃新和李文杰，2014）。目前已研发的材料主要有塑料、树脂和金属等，然而3D打印技术要实现更多领域的应用，就需要开发出更多的可打印材料，根据材料特点深入研究加工、结构与材料之间的关系，开发质量测试程序和方法，建立材料性能数据的规范性标准等。此外，在一些关键产业领域，寻找合适的材料也是一大挑战，例如空客概念飞机的仿真结构，就要求机身必须透明且有很高的硬度才能够达到要求。

五、结　　语

在互联网时代，社会的价值创造逻辑正在发生改变，随着3D打印技术和商业应用的发展，“大批量的个性化定制”将成为人类重要的生产模式。虽然3D打印制造技术还存在很多发展瓶颈和技术壁垒，但随着社会技术以及人类创新能力的不断提高，在未来，其应用前景还是十分光明的。一旦3D打印应用到人类生产制造当中，将衍生出全新的细分产业和新的商业模式，创造出新的经济增长点（安德森，2012）；同时，3D打印的价值创造逻辑是移动互联网时代向前发展的一个必要阶段，其数据驱动的特点带来的结果是生产资料的重要性下降和人的重要性的放大，形成适应全球市场上的丰富客户群，实现远程定制、异地设计、就地生产和销售的协调化新型生产模式，使整个人类社会的生产模式、商业模式等多个方面发生根本性的变化，进而实现人类生产制造从传统制造向智能制造的迈进。

参考文献

[1] 罗珉，李亮宇．互联网时代的商业模式创新：价值创造视角［J］．中国工业经济，2015（1）：95－107.

[2] 安德森．长尾理论［M］．乔江涛，译．北京：中信出版社，2006.

[3] 王文涛，刘燕华．3D打印制造技术发展趋势及对我国结构转型的影响［J］．科技管理研究，2014（6）：22－25.

[4] 王灿才．3D打印的发展现状分析［J］．丝网印刷，2012（9）：37－41.

[5] 李海舰，田跃新，李文杰．互联网思维与传统企业再造［J］．中国工业经济，2014（10）：135－146.

[6] 王忠宏，李扬帆．3D打印产业的实际态势、困境摆脱与可能走向［J］．改革，2013（8）：29－36.

[7] CAFFREY T. Additive manufacturing and 3D printing state of the industry［J］. Engineering management research，2013，2（1）：209－222.

[8] WALTERS P，DAVIES K. 3D printing for artists：research and creativepractice. Journal of the Norwegian print association［J］. 2010（1）：12－15.

[9] 李小丽，马剑雄，李萍．3D打印技术及应用趋势［J］．自动化仪表，2014（1）：1－5.

[10] 安德森．创客：新工业革命［M］．萧潇，译．北京：中信出版社，2012.

（作者：樊伟，江西财经大学工商管理学院）

专利标准化的市场推进体制的构建

摘　要

纵观世界范围内的各项专利标准化活动，以市场为导向推进专利标准化逐渐成为各国、各地区以及企业标准化战略中的重点所在。本文简要分析了专利标准化的市场和法定路径，认为不论是专利事实标准化还是专利法定标准化，在标准化的过程中都应引入市场机制，加强市场推进体制的构建。并重点就专利事实标准化和专利法定标准化过程中的各相关主体——政府、企业、行业协会在专利标准化市场推进体制构建过程中的工作重点和作用方向进行了探讨。

关键词

专利标准化市场体制

一、引　　言

根据形成的路径分类可以将技术标准分为两类：一是事实标准；二是法定标准。因此，专利标准化过程中也存在着市场和法定两条转化路径。一是市场路径，即企业在将技术创新成果申请专利以后，将专利技术作为企业自身的技术规范来形成企业标准。通过将企业标准进行市场推广，使自身的专利技术成为市场的主导技术，使企业标准成为行业的事实标准，然后再通过对技术标准的运作将其逐步向国家标准甚至是国际标准攀升。二是法定路径，该路径下又存在两种法定标准化的路径：一是政府发起和起草法定标准后，企业采纳政府的法定标准，并在使用过程中通过游说政府将自身专利技术直接纳入到政府制定的法定标准中；二是专利技术先通过市场化过程成为行业的事实标准，然后再被政府采纳成为行业的法定标准。两者的区别在于企业标准在成为法定标准的过程中是否经历过成为事实标准的阶段。

虽然，事实标准和法定标准制定主导者以及相关要求方面存在较大的不同之处，但不可否认的是，不论是从市场路径还是从法定路径来推进专利标准化过程都离不开企业、市场、政府、行业协会、中介机构等多方力量的共同协作和配合，两种标准都需要建立在市场扩张策略的基础之上。原因在于，无论是法定技术标准还是事实技术标准，企业技术标准战略的最终目的是占领市场，这就离不开市场的有力支持。如何开拓市场、培育市场因而成为企业技术标准战略的重要组成部分。无论是企业法定标准还是事实标准，目的都是为了使自己的技术标准在市场中取得支配地位，让别人跟随和实施。目前，从一些发达国家的标准化管理体制来看，大多数都是以市场为导向，政府、企业、行业协会、各种标准化组织以及相关利益群体都参与其中（葛京、周佳佳和李尉，2008）。在构建专利标准化市场推进体制时，不同转化路径的差异主要体现在各相关主体所扮演的角色、承担的职能的不同。本文将从政府工作层面、企业工作层面以及中介机构层面三个层面，就专利事实标准化的市场推进体制以及专利法定标准化的市场推进体制的构建分别进行分析，为不同路径下专利和技术标准的转化提供一定的借鉴意义。

二、专利事实标准化的市场推进体制构建

如前所述，专利要实现向事实标准的转化必须经过市场的选择和竞争过程。专利技术只有在市场上累积到能引发正反馈机制的安装基数临界容量，才有可能成为市场的主导设计，上升为行业的事实标准。因此，要推进专利事实标准化，市场推进体制的构建尤为重要。由于事实标准制定的主导者是企业，因此，专利事实标准化的市场推进体制构建的主体也应该由企业来担任。政府和相关中介组织应该扮演辅助者的角色，为企业提供更好的市场环境和更完善的服务。

1. 企业工作层面

企业要实现自身专利成功地上升为行业事实标准，就需要在专利技术的

市场选择过程中脱颖而出，成为主导设计。而影响专利技术市场选择的主要有网络效应、消费者预期以及企业自身实力三大关键因素。因此，企业在构建专利事实标准化的市场推进机制时，需要重点从利用网络效应、管理消费者预期以及提升自身整体实力入手。

(1) 利用网络效应推动正反馈机制的形成

在专利标准化过程中，受网络效应影响，用户在评价某项专利技术优劣时，很大程度上依赖于该技术用户基数的大小，其用户基数越大意味着该技术标准的网络规模越大。一旦某种专利技术的用户基数或者市场占有率超过了市场临界容量，更多的消费者将会选择使用该项技术标准，就会产生正反馈机制。在正反馈机制的自增强作用下，该种专利技术将在市场中脱颖而出，成为主导设计，即行业的事实标准。网络效应不仅存在于消费者的需求方面，还存在于辅助产品之间的需求上，即直接网络效应和间接网络效应。因此，要推动专利技术的正反馈机制的形成，企业可以从直接网络效应和间接网络效应两方面入手。

在构建直接网络效应方面，企业可以采取先占策略，成为市场的先行者。企业可以通过产品预告、用户培训等手段，辅之以产品性能的证据、承诺的兑现、自身的生产能力等来吸引早期的消费者。先行者一般来说在网络规模上有先天优势，消费者加入先行者的网络可以比加入后来者的网络获得更大的网络外部收益，因此消费者对先行者产生一定的偏好，市场也随之会偏向先行者，而网络效应的作用会加速这种偏向作用，促进正反馈机制形成(任劭喆和孙秋碧，2010)。在构建间接网络效应方面，在网络效应明显的市场上，辅助产品供应商总希望能给网络规模大的硬件产品供应辅助产品，他们的供应决策取决于对不同硬件产品网络规模的预期。企业首先要利用自身已有的较大的网络规模、或对外公布自己的销售量和现有的辅助产品供应商的规模等方式来吸引辅助产品企业加入自己的网络中，利用辅助产品来进一步扩大主导产品的市场安装基数；其次，企业要利用在行业内的品牌信誉和市场地位来逐步掌握相关辅助、互补产品供应商的选择权甚至是控制权，通过签订排他性合同来设置一定的转换成本，以此来锁定供应商。通过培养辅助、互补产品市场网络来进一步扩大主导专利技术或产品的网络规模，加快正反馈机制形成，推动企业的专利技术向事实标准转化。

(2) 通过市场策略管理消费者预期

消费者预期在消费者选择技术或产品方面有重要影响作用。消费者只有在对某种技术或产品的性价比、未来的网络规模、辅助产品供应、技术更新等问题的预期比较理想时，才会决定购买这种技术或产品。因此，企业要想使自己的技术在市场上取得主导地位，成为行业事实标准，就应该尽力依据消费者预期的主要内容来构建市场策略体系，从而影响消费者对自己或竞争对手的技术预期。

在宣传策略方面，企业的专利技术要实现在更广市场范围的推广离不开对专利技术的宣传投入和市场运作。而且随着专利技术在市场发展程度的变化，企业的宣传策略也要有所侧重。在专利技术或产品尚未进入市场前，采用市场预告的方式来增强消费者认知，形成对新产品的期待，并且抑制竞争对手现有专利技术或产品的市场安装基数的增长。例如，1990 年 4 月 DR - DOS 刚刚上市时，Microsoft 公司就宣布要将 MS - DOS 升级到 5.0 版。尽管 Microsoft 公司直到 1991 年才推出这一产品，但是产品预告已经降低了硬件厂商和其他消费者购买 DR - DOS 的积极性（李波，2004）。在专利技术刚进入市场的早期阶段，企业可以采取新品发布会、新品试用等形式加强对专利技术或产品性能、功能及其价格的介绍，让消费者增强对企业专利技术或产品的认识，形成对技术或产品的良好预期；当专利技术的市场安装基数已经形成一定规模时，企业应该就重点宣传自己专利技术或产品的市场销售额、市场占有率、互补品供应商的数量，进一步增强消费者的信心和预期，吸引更多处于观望状态的消费者加入自己的网络之中。例如在 56k 调制解调器标准大战中，Rockwell 公司曾经宣称 93% 的 ISP 都在使用 Rockwell 的硬件，而 U. S. Roboties 公司则声称 80% 的 ISP 都支持它的设计。

在定价策略方面，专利技术或产品的市场价格也是影响消费者预期的一个重要因素。企业在专利技术或产品市场推广的早期应该采取渗透定价策略，即采取低价许可甚至是免费许可的方式来赢得消费者预期的倾向，快速建立市场安装基数。采取渗透定价不仅可以提高专利技术或产品的销售量，更重要的是在具有网络外部性的市场，渗透定价可以引发市场的流行采纳行为，有利于建立产品或者技术的安装基础；此外，渗透定价行为本身可以作为一种市场信号，表明厂家认为产品或者技术未来市场规模很大、互补品供应良好。因此，可以有效提高消费者的预期。

（3）加入联盟提升市场推广能力

随着技术标准所涉及的必要专利体系越来越庞大和复杂，构成技术标准的必要专利大多分散在各个专利权人手中。而且单个企业在推广专利技术或产品时，不仅实力有限而且需要耗费一个较长的过程。在这个技术更新换代日新月异的时代，专利技术的价值越来越取决于其时效性。在推进专利技术的事实标准的过程中，单个企业要独自承担一项技术标准的所有工作越来越力不从心。因此，企业需要借助联盟的力量来提升企业自身的实力，尤其是市场推广能力。组建联盟是标准竞争过程中厂商最常用的策略，常见的联盟形式主要有专利联盟和技术标准联盟。

加入专利联盟，专利联盟的用户安装基础由组建联盟企业的原有用户安装基础积累和后期专利联合许可的发展组成（姚远和宋伟，2011）。首先，单个企业在累积市场安装基数时是缺乏效率的，而专利联盟作为一个整体，可以整合成员企业的安装基数，使其快速达到临界容量；其次，专利联盟凭借其联合专利授权的便捷模式和成本优势能够快速提高专利许可交易的效率，扩大专利技术的专利许可范围、生产规模和市场占有率，可以帮助专利技术建立巨大的用户安装基础；再次，加入专利联盟的成员越多（尤其是行业中重要厂商的加盟），专利联盟所包含的技术标准必要专利的比重越大，则对技术标准的消费者预期产生的影响更加积极，进一步推动企业专利技术向事实标准的转化。

加入技术标准联盟，首先，企业间建立技术标准联盟可缩短创新周期，减少标准化成本和风险；其次，技术标准联盟是企业的集合体，通过成员之间的协调，联盟企业使用同一标准，这本身就直接扩大了标准的安装基础，而且联盟在事实上可以减少市场上标准的数量，使消费者的选择集中，相对扩大标准安装基础（吴文华和张琰飞，2006）；再者，技术标准联盟具有较强的综合实力，能够对专利技术或产品的市场需求和供给发挥重要影响，加快专利技术或产品的市场成长速度；最后，企业组成联盟更易于获得政府在资金、技术、政策方面的支持。

2. 政府工作层面

在专利事实标准化过程中，虽然企业或企业联盟在其中是主导者，发挥着基础性的作用，但是企业或企业联盟标准化工作开展的过程中也需要政府相关的辅助。政府在专利事实标准化市场体制构建过程中的主要任务是营造一个良好的市场发展环境，主要通过健全相关法律法规、出台相关政策以及构建公共平台体系来体现。

（1）健全专利标准化的相关法律法规体系，保障市场环境要营造一个利于专利事实标准化的市场发展环境，需要相应的法律法规的保障。要健全相关法律、法规应该从以下两个方面作出努力：一是要分析产业发展中与标准化战略实施相关的法律、法规和政策，探讨其是否足以支撑战略目标实现及发挥的作用，尤其是加强对现有的专利法、标准化法、著作权法和商标法、反不正当竞争法等法律、法规存在问题的完善，使之能够促进市场中的专利标准化的发展；二是加强针对专利技术推广市场中存在的恶性竞争、破坏交易市场秩序、侵犯知识产权、恶意垄断等市场中不法行为的法律界定以及相关的法律惩处条例、措施的明确，并加强对相关法律法规执行情况的监督。通过建立健全专利标准化的相关法律法规体系以规范企业的专利标准化的市场行为，加强对专利权人合法、合理权益的保障，从而为企业在推进专利事实标准化进程中提供一个公平、公正、健康、有序的市场发展环境。

（2）构建专利标准化公共平台体系，完善市场服务

在专利标准化过程中，政府作为公共服务的提供者应该加强相关公共服务平台体系的建设，从而为专利标准化进程提供更加完善、有效、综合的服务支撑。政府要出台相关政策推动专利和技术标准的中介服务体系的建立，积极鼓励、引导相关科研院所转制成为标准科技服务中介机构，鼓励和扶持与标准相关的标准研制、检疫检测、计量、认证认可等机构的发展（胡武婕，2010）。此外，政府尤其需要加强涵盖标准服务系统、标准化人才系统以及科技中介、金融中介、管理咨询在内的专利标准化平台体系的构建和完善。此外，还要加强平台的信息化建设，建立标准化信息服务网络，为企业快速便捷地获得最新国际标准和国外先进标准信息提供服务（李保江，2006）。帮助企业获取更为全面的有关国内外行业标准发展状况，从而为企业的专利事实标准化提供更加完善、科学、有效的市场服务，提升企业标准化的效率。

（3）制定政府采购制度，推动专利事实标准化进程

一种专利技术要成为事实标准，必须达到能引发正反馈的临界容量。政府采购有助于该种专利技术迅速成为市场上的主流标准（孙秋碧和任劭喆，2014）。因为政府本身就拥有强大的市场购买力，而且政府的公信力和权威性使得其采购政策会对消费者预期产生重要影响（胡武婕和吕廷杰，2009）。当市场上存在多种可行的技术路线时，消费者对于主导设计的出现还处于一种观望的状态。如果政府出台政策采购某一种技术或产品时，无疑

会增强消费者对于该技术专利成为主导范式的确定程度，加速专利技术市场安装基数的积累，推动其快速达到引发正反馈的临界容量。该专利技术成为事实标准的可能性就将大大增强。在一些发达国家，政府采购俨然成为了推动本国专利标准化、维护本国利益的强有力的政策手段。例如，美国国防部的当地采购对美国半导体业、计算机业和软件业的早期发展具有决定性的影响，奠定了相关产业未来发展的基础。高通公司在向国际市场推广 CDMA 技术时，美国政府作为 CDMA 早期采纳者在一定程度上推动了 CDMA 技术标准的形成和市场推广。为了充分发挥政府采购在扩大专利技术的市场安装基数方面的积极作用，有必要将政府在技术标准领域的采购政策加以制度化，即：政府通过公开招标、定向委托、共同合作等形式，对市场业绩好、声誉度高的企业专利技术或产品进行政府采购，把这些技术和产品列入政策公共采购目录，并出台相关配套的法律法规对其操作过程进行规范。

3. 行业协会工作层面

行业协会是企业自愿组成的非营利性社团组织，目的是通过对行业内企业进行管理、约束、协调等行为实现行业自律，促进整个行业的有序发展。相对于政府而言，行业协会更了解企业、熟悉市场。因此，行业协会在事实标准化过程中也扮演着不可或缺的重要角色。其在专利事实标准化市场推进体制构建过程中的工作任务主要集中在加强行业自律和行业管理，为行业内企业的专利标准化提供服务，并对行业资源加以整合等。

（1）建立行业自律机制，规范行业标准竞争环境

通过统一规则防范专利标准化对竞争的限制，当代行业协会的一个重要职能是根据本行业的特点制定行规行约、建立行业自律机制。在专利标准化过程中，由行业协会通过制定详细的行业规章制度，并通过自律监管制定补充细则，弥补成文规则的不足，实现对企业竞争行为多角度全方位的调控（鲁篱，2009）。由于行业协会熟悉本行业的标准、标准涉及的专利权人和行业经营情况，对于相关专利权人的专利在标准化后可能存在的限制竞争的风险，以及可能出现的限制竞争的行为一般会有一定的预见。在自律机制中，通过对可以标准化的专利从竞争角度附加一些条件，或者禁止有可能严重限制竞争的专利成为标准，可以减少日后专利权人对专利权的滥用。此外，还要建立与自律机制配套的行业内部惩罚机制，对违反和破坏行业规则的成员予以惩罚，以保证行业规章制度的实施，给行业秩序的建立以制度保

障。以此规范行业的标准竞争，加强行业自律和管理，也为行业内的专利标准化提供一个更为健康的市场竞争环境和行业发展环境。

（2）设置专门的标准管理机构，提供专业化服务

为了更好地推动行业专利标准化进程，行业协会应当设立专门的标准管理部门，为行业企业提供更加专业化的指导服务。要设置专门的标准管理机构，需要行业协会作出多方面的努力。首先，要在行业内挑选高级技术人才、行业内有影响力的企业派遣专职人员来组建标准管理机构，组织行业内企业定期进行技术交流和标准化研究，或定期派代表出国考察，有针对性地了解国外对科技成果转化为技术标准过程中的先进经验和做法，并引进高素质人才。其次，标准化工作以市场需要为现实基础，行业协会不但要掌握所在行业的技术发展信息，而且需要收集大量的相关行业和市场信息，了解国际市场的通行标准和相关行业的技术标准、市场对已有标准的反应等情况。再者，对于协会收集到的大量标准信息，协会要对其进行分类、整理，提炼出本行业制定标准的根据，并通过建立标准信息平台，如建立标准的知识产权电子数据库和国际技术标准电子数据库等，供会员企业查询、检索等使用，满足会员企业的标准信息需要，指导企业开展专利标准化活动（吴慧娟，2009）。最后，行业协会可以将专利转化为技术标准的数量、取得的效益等纳入到对行业企业及相关部门的考核中（任向阳，2009），通过考核促进企业加强专利转化为技术标准的意识和行动，调动相关企业、部门的积极性，投入到将科技成果转化为技术标准的行动中来。

三、专利法定标准化的市场推进体制构建

如前文所述，法定标准是由政府主导制定的，政府在法定标准的市场推进体制构建中也承担着主要角色。但企业作为技术创新的主体以及专利技术的拥有者，其在专利法定标准化的市场推进体制的构建中也应该发挥一定的作用。

1. 政府工作层面

（1）构建专利法定标准化的政府和市场“双重机制”

在法定标准的形成过程中，行政机制将起到更多的主导作用。但由于在

行政机制下，政府制定法定标准的行政周期较长，流程较为繁杂。该种机制往往难以适应技术的快速变化，因而增加了技术延迟和采用错误技术的社会成本（耿乃国，2008）。而且在行政机制下也存在着政府失灵，例如，政府公共政策失误、内部管理低效、政府机构成员寻租及管制俘获等导致政府选择了错误的专利技术进入法定标准。因此，政府在选择纳入法定标准的专利技术时需要引入市场机制，实现市场调节和政府干预二元机制最优组合。即在技术标准形成初期，先通过市场机制的竞争行为，允许多个不兼容的专利技术的存在，待各项专利技术在市场中的竞争态势比较明晰时，由政府通过行政机制来进行技术方向的选择，这样不仅可以节省政府的标准专利搜寻成本，而且其制定的法定标准也更能为市场所接受。例如，在3G标准形成的初期，通过市场机制的竞争行为产生了众多不兼容的技术标准，通过国际电信联盟最终从16个标准提案中选择了3个作为国际技术标准。

（2）加强政府与市场间联络机制的构建

一项技术标准只有满足市场的需求才能被市场所接受，也才能从市场中获取一定的收益，否则将不可避免被市场淘汰。在法定标准制定过程中，技术标准的市场适用性问题更为突出。因为依据法定路径所制定的标准，更多地是从生产者水平角度确定标准内容，而不是以市场需求为出发点。因此，很容易出现所选择纳入标准的专利不符合市场发展趋势，结果是制定的标准难以满足市场需求。如国际电信联盟负责制定的OSI七层网络模型技术标准，因未符合互联网TCP/IP标准的发展趋势，致使OSI标准最终未能成为市场的主导标准；我国WAPI标准所遭遇的市场冷淡结局也是一例。因此，为了增强法定标准的市场适用性，作为主导者的政府应该加强与市场间的联络机制构建。在与国际市场联络机制构建上，政府要充分利用国家的政治关系资源，通过向本国驻主要国家大使馆商务处派驻标准化高级联络员，负责跟踪有关国家标准化战略和政策动向，收集有关国家的市场需求及其变动趋势（王金玉，2008）。或者与各国联合举办多形式的标准化相关论坛、活动，共同构建标准信息平台，强化彼此间的信息沟通，以便政府对国际市场的主流需求以及标准化的最新发展有更为全面、及时的了解。在与国内市场联络机制的构建上，企业作为市场的主体，掌握着最为直接的消费者需求反馈，而且企业也是技术创新的研发主体，对技术有着更为深入的了解。政府要加强与国内产业、企业间的联系，搭建多方直接对话的平台，充分发挥行业协会在政府和企业间的桥梁作用，以便政府获取更多的市场需求信息，增强自身对技术的了解，从而能够在选择纳入法定标准的专利技术或者进行采购决策时作出更为恰当的选择，以提高专利标准化的效率和效果。

2. 企业工作层面

企业要将自身专利技术纳入到政府制定的法定标准之中，就需要对政府或者政府授权的标准化组织进行游说。而要成功游说政府，不仅要求企业的专利技术本身是政府法定标准制定所需的必要专利，而且需要企业的专利技术能够被政府所认可。企业除了可以通过积极参与到政府的标准化工作之中，树立企业的良好形象之外，更为主要的是提升专利技术的市场知名度和美誉度，以掌握在法定标准化工作中的主动权。

（1）建立信息搜集和整理机制

企业在做出专利法定标准化决策时，其整个专利技术的研发和运作过程都将以政府制定的相关法定标准化战略和政策为导向，而并不是企业自身通过市场需求的调研和预测得出的。因此，要求企业对政府的标准化战略和政策具有很强的政策敏锐性，而这种敏锐性的培养需要建立在对相关信息的了解和掌握程度的基础之上。因此，企业需要建立信息搜集和整理机制，以准确地收集到政府开展标准化活动所在领域的、国际的、最新的标准动态情报，将技术方向、相关诉求以及市场上的需求状况、竞争对手情况等信息加以搜集和整理，做到知己知彼，以便能够适时、准确地掌握政府未来的发展战略规划、政策导向，做到不失时机地、因地制宜地实施各种游说策略（舒辉，2013）。对政府法定标准制定活动相关信息的熟知也有利于为政府开展相关工作建言献策，积极参与到政府标准化工作当中，这是成功实现说服政府立项必不可少的条件。

（2）加强专利技术的市场宣传和运作，提升政府的信赖度

对于纳入法定标准的专利技术，虽然并没有像成为事实标准的专利技术那样严格的市场安装基数的要求，但是企业也需要加强自身专利技术或产品的市场宣传，这样不仅可以检验自身专利技术的市场适用性，更为主要的是能够让政府或者政府标准化组织认识到自身专利技术的存在，并对其有一定的了解，增加自身专利技术成为政府法定标准备选技术的几率。在市场运作过程中，企业尤其需要对消费者在使用和体验过程中遇到的问题加以重视并及时反馈和改进，以建立自身专利技术在市场中的美誉度，提升在消费者和政府中的影响力。此外，企业需要与政府或政府标准化组织保持密切的联

系。当企业的专利技术在市场上已经建立一定的网络规模时，企业可以以自身专利技术或产品良好的市场状况，以及发展前景来对政府或政府的标准化组织进行游说，以增强政府对企业专利技术或产品的信赖，争取说服政府或政府标准化组织将自己的专利技术作为标准的起草蓝本。

3. 行业协会工作层面

在专利法定标准化过程中，行业协会作为承接企业和政府之间的联系纽带，应该积极发挥其桥梁作用，应该通过搭建政府和企业间的沟通交流机制，增强双方信息的对称性。

在法定标准化过程中，虽然主导者是政府或政府授权的相关标准化组织，但是专利技术的研发者和掌握者却是企业。政府或政府标准化组织对于企业的经营状况和技术的性能及市场需求等方面信息的获取存在不足，单个企业对于政府或政府标准化组织所开展的法定标准制定工作规划和进展等信息也难以完全掌握；政府和企业之间信息不对称的现象较为严重，双方信息不对称又将给专利技术的法定标准化带来一定的风险。行业协会具有政府难以弥补的天然优势，不仅了解行业企业状况、熟悉技术、掌握着行业的市场需求信息，而且行业协会作为一个机构在与政府的关系和联系方面比单个企业更具有优势。因此，行业协会可以通过建立企业和政府之间的沟通交流机制，不仅可以引导和鼓励行业内企业积极参与法定标准的制定工作，告知企业有关政府标准化工作的信息，为企业分析和解读政府相关标准化战略和政策，而且也为政府在选择纳入法定标准中的专利技术提供更为完善的企业、技术和市场需求信息，协助政府做出更为科学的标准化决策。该机制的建立可以通过以行业协会为组织者，对接政府和企业定期召开直接交流会或者搭建线上交流的信息平台来实现。

四、结　　论

专利标准化的顺利、健康发展离不开相关市场推进体制的构建，市场推进体制的构建也离不开政府、企业和行业协会的共同努力、协同合作。而且针对不同的专利标准化路径，各主体需要对自身在专利标准化过程中扮演的角色、作用的方向加以定位，以发挥各相关主体协作最大的效用。在专利事实标准化过程中，企业作为事实标准制定的主导者，要实现专利的事实标准化需要重点加强专利技术的市场运作，企业要利用网络效应推动正反馈机制的形成，通过市场策略管理消费者预期，通过加入专利或技术标准联盟来增进和加速企业专利技术市场安装基数的累积过程，推动企业专利技术成为市场的主导设计。政府作为辅助者和服务的提供者，可以通过健全专利标准化的相关法律法规体系，为专利事实标准化提供一个良好的市场环境保障，可以通过构建专利标准化公共平台体系完善市场服务，为专利事实标准化提供更加高效、全面的服务支撑，可以通过制定政府采购制度来推动专利事实标准化进程。行业协会要加强建立行业自律机制，规范行业标准竞争环境，设置专门的标准管理机构，为企业提供专业化服务。在专利法定标准化过程中，政府作为主导者需要构建专利法定标准化的政府和市场“双重机制”，以弥补行政机制主导下的不足，同时要加强政府与市场间联络机制的构建，以增强法定标准的市场适用性。企业作为创新主体要成功将其专利技术纳入到法定标准之中，需要建立信息搜集和整理机制、加强专利技术的市场宣传和运作，提升政府的信赖度，增加游说政府或政府标准化组织的成功率。行业协会要建立政府和企业间的沟通交流机制，为政府和企业之间提供更为便捷、直接的对话平台，增强双方的信息对称性，从而为科学、高效地完成法定标准制定工作提供便利。不论是专利事实标准化还是专利法定标准化，市场推进体制的构建都是必不可少的。各相关主体在构建市场推进体制过程中，都应该在各司其职的基础上加强协同合作。

参考文献

[1] 冯晓青. 企业技术标准与专利战略研究 [J]. 科学管理研究, 2007, 25 (4): 83 - 86.

[2] 葛京, 周佳佳, 李尉. 标准化活动中的政府参与及其借鉴 [J]. 科学学与科学技术管理, 2008, 29 (8): 118 - 125.

[3] 任劭喆, 孙秋碧. 基于网络效应的高新技术产业技术标准形成机制研究 [J]. 科技管理研究, 2010, 30 (6): 190 - 192.

[4] 李波. 基于网络效应的标准竞争模式研究 [D]. 杭州: 浙江大学, 2004.

[5] 姚远, 宋伟. 技术标准的网络效应与专利联盟 [J]. 科学学与科学技术管理, 2011, 32 (2): 29 - 35.

[6] 吴文华，张琰飞．技术标准联盟对技术标准确立与扩散的影响研究［J］．科学学与科学技术管理，2006，27（4）：44－47.
[7] 黄亦鹏，魏国平，李华军．战略性新兴产业的专利联盟与标准化战略研究［J］．科技管理研究，2013（20）：170－173.
[8] 胡武婕．中国信息通信产业技术标准竞争与策略研究［D］．北京：北京邮电大学，2010.
[9] 李保红．基于标准生命周期的信息通信技术标准化策略研究［D］．北京：北京邮电大学，2006.
[10] 孙秋碧，任劭喆．标准竞争、利益协调与公共政策导向［J］．社会科学家，2014，(3)：67－72.
[11] 胡武婕，吕廷杰．技术标准竞争关键影响因素及其作用机理［J］．现代电信科技，2009，39（10）：38－44.
[12] 鲁篱．我国行业协会限制竞争行为法律规制监督体系的构建与完善［J］．西南民族大学学报（人文社科版），2009，30（2）：105－109.
[13] 吴慧娟．专利技术标准化过程中行业协会的作用探讨［D］．北京：中国政法大学，2009.
[14] 任向阳．科技成果转化为技术标准的模式选择与机制设计研究［D］．北京：中国矿业大学，2009.
[15] 耿乃国．基于网络效应的ICT产业标准竞争与合作研究［D］．沈阳：辽宁大学，2008.
[16] 王金玉．主要发达国家技术标准国际竞争策略及实施成效研究［J］．标准科学，2008，(2)：4－8.
[17] 舒辉．基于标准形成机制的技术创新模式分析［J］．当代财经，2013(9)：72－79.

（**作者**：高璐，江西财经大学工商管理学院）

老年人福祉产品需求现状调查与分析

——以北京市为例*

摘 要

针对北京地区老龄化问题严重这一现状，本文以“老年人使用福祉产品情况”为主题，针对北京地区老年人使用福祉产品及服务在信息沟通、居住环境配套保健设施、健康管理情况和知识学习四个方面进行调查，综合分析了北京地区老年人使用福祉产品的现状，提出了福祉产品及服务使用情况的问题，最后针对福祉产品和服务市场提出了明确福祉产品及服务的需求定位，注重福祉产品外观、功能、质量的细节的开发，以及加强福祉产品的宣传力度等建议。

关键词

老年人需求　福祉技术　老龄化社会　现状调查

一、引　言

联合国规定的老龄化社会的新标准是65岁及以上老人占总人口的7%。目前，世界上许多国家正在先后进入老龄化社会，我国已于2000年进入老龄化社会，是较早进入老龄化社会的发展中国家之一。根据2010年北京市

* 国家社会科学基金重大项目“新兴技术未来分析理论方法及产业创新研究”（11&ZD140）；首都社会建设与社会管理协同创新中心资助。

第六次人口普查数据统计结果显示：65 岁及以上人口为 170.9 万人，占常住人口的比例为 8.7%，与 2000 年第五次北京市人口普查结果相比，65 岁及以上人口比重上升 0.3%①。

Graafmans 等人认为，福祉技术以老龄化过程知识为基础，为老年人的最佳生活环境和医疗提供技术和产品。在这个领域里，主要识别老年人需求。这需要更多的关于老年人活动和他们使用福祉产品所带来问题的相关知识，用以解决老年人问题。随着老年人问题的不断突出，“银色市场”（Klimczuk，2012）应运而生，这一概念是针对老龄化社会考验的复杂的应对措施。银色市场的关键目标是通过福祉技术相关的产品和服务来满足老年人的需求。北京市银色市场的受众人群广大，但是福祉产品普及率低，功能的设计对于老年人来说过于复杂。因此为了解决福祉产品普及率和易用性低的问题，本文针对北京地区老年人使用福祉产品和银色市场关系，采取问卷调查的形式调查了他们的生活和使用福祉产品及服务的情况并展开研究，分析并掌握其中存在的问题，积极应对老龄化挑战。

二、问卷设计与调查

本阶段设计了一套问卷，适用于调查 55 岁及以上老人对于福祉产品的了解和运用情况。被调查人群主要包括北京高校、政府部门和企业的退休人员，其中男性占 54%，女性占 46%，年龄为 55 岁及以上，年龄和收入分布见表 1 和表 2。问卷均采用封闭式问题。

表 1　调查对象年龄分布

年龄	55-59 岁	60-64 岁	65-69 岁	70-74 岁	75-79 岁	80 岁及以上
占比	21%	25%	19%	19%	13%	3%

表 2　调查对象收入分布

月收入	<4000 元	4000-5999 元	6000-7999 元	≥8000 元
占比	31%	31%	20%	18%

本次调查发出调查问卷 200 份，回收 178 份，有效问卷 178 份，回复率

① 北京市第六次人口普查办公室．北京市常住人口年龄构成状况［R］．北京：北京市第六次人口普查办公室，2011.

为89%。问卷涉及调查老人关于生活基本情况、信息沟通、健康和知识学习等方面应用福祉产品的情况。通过调查问卷，共获得7832个有效数据。

三、北京市老年人使用福祉产品现状调查结果

1. 福祉产品发展基本现状

福祉产品是指通过针对老年人的特殊需求进行设计的，改善使用者的生活环境，满足使用者的幸福生活的产品。福祉产品范围主要涉及数字通信领域和医疗领域，细分为信息沟通、知识学习、身体健康监控及居住环境配套保健设备等相关产品。

近年来，老年福祉技术发展迅速，成果显著。在国际上，欧美国家重视技术创新和产品开发，大力发展老年福祉技术，较早在该方面占得先机。一些跨国企业如松下公司将老年人护理、健康检测、康复训练等技术和产品的开发列入优先开发领域，2007年日本就已开发了3.5万辆福祉车。

目前，北京市针对老龄化问题出台了许多政策。但是，老年福祉产品的总体发展水平和实际需求相比还有不小的差距，具体体现为发展缺乏顶层设计、政策难以形成合力、政策依赖性强、市场化程度不高、市场定位不明确，以及产业发展不均衡（张玉平，2015）。此外分析问卷数据显示，关于老年人对于收入的使用状况上，只有8.98%的老年人用于购买适宜于老年人的新产品或服务（见图1），这说明北京市福祉产品的覆盖面及使用率较低，其中原因复杂，将在后文分析阐述。

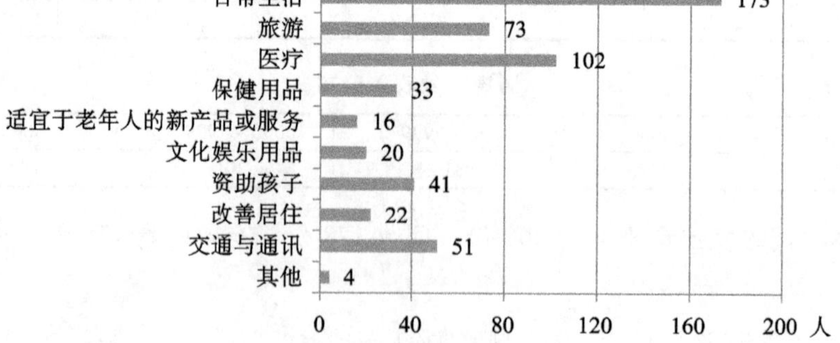

图1 老年人支配收入情况

2. 福祉产品主要涉及领域

福祉产品的热点技术领域主要集中于数字通信领域和医疗领域（黄鲁成、常兰兰和苗红等，2015），包括老年辅助用具以及老年通信设备。这两个技术领域已经覆盖了老年人生活中的方方面面。福祉技术较成熟的领域属于医疗领域，此领域各项研发技术已经十分成熟，很难再有重大突破。未来的福祉技术研发方向应该重点关注热点和新兴领域，关注老年智能设备的研发，将老年福祉产品与智能技术相结合，积极寻找技术突破点，占领技术制高点。本调查问卷也着重从医疗和通信设备两方面进行调查。

3. 老年人使用福祉产品情况

（1）数字通信领域

调查显示，孤独与身心健康状况有紧密联系，身心健康的恶化与孤独感相互影响。老年人身体移动的不方便降低了参与社会活动的次数，容易引起老年人情感压抑，并加快健康状况恶化的速度。所以，与家人和朋友保持联系以便于获取社会性支持是非常重要的，多参加一些社会性活动，能够降低抑郁、焦虑以及认知缺陷的发生概率。现代通讯技术为老年群体提供了一种与朋友和家人保持联系的新途径，这种方法既方便又廉价。针对通讯技术，问卷从信息沟通和知识学习两个方面进行调查。

第一，信息沟通。目前，市场上老年人使用的主流电子设备有电子阅读器、平板电脑、数码相机、手机和个人电脑。本次调查结果显示，有86%的老年人用于信息沟通的工具主要是手机（见图2）。有64%的老年人认为使用现代通讯设备最大的益处就是可以与家人朋友联系，同时有41%的老年人用来了解社会，他们认为现代通讯设备是与外界联系的主要方式（见图3）。老年人使用这些设备用来了解社会、结交新朋友、享受娱乐和联系家人。通过对通讯设备和主要使用目的调查得知，老年人使用通讯设备最主要是和家人朋友联系。所以，针对于老年人通讯设备功能的设计上应该以与外界联系为主。

针对于通讯设备的使用时间和用户体验的调查结果显示，老年人每天使用电子设备的时间从最长两个小时以上（34.27%）随着年龄的增长降到一个小时以内（44.38%）（见图4）。对于通讯产品的用户体验，老年使用者认为功能太多，并且有些没有用（60.67%），操作复杂，很难学会（31.46%）（见图5）。

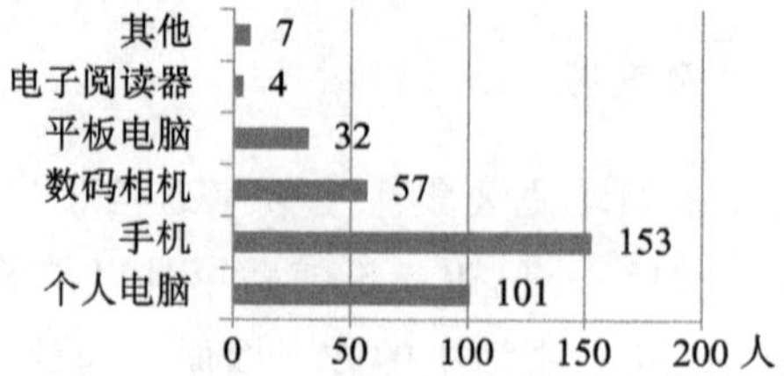

图 2 使用数码产品种类

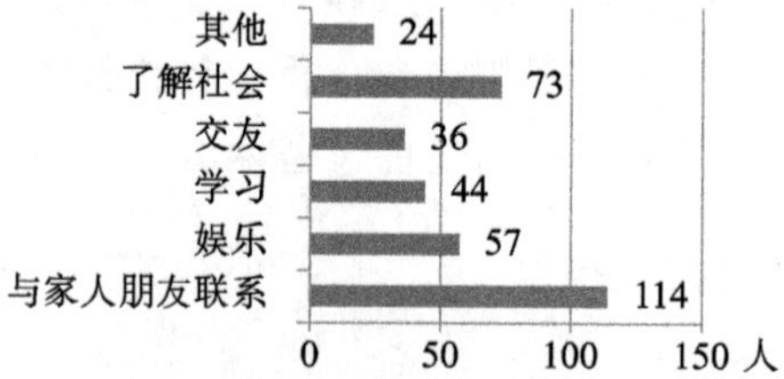

图 3 使用通讯设备的目的

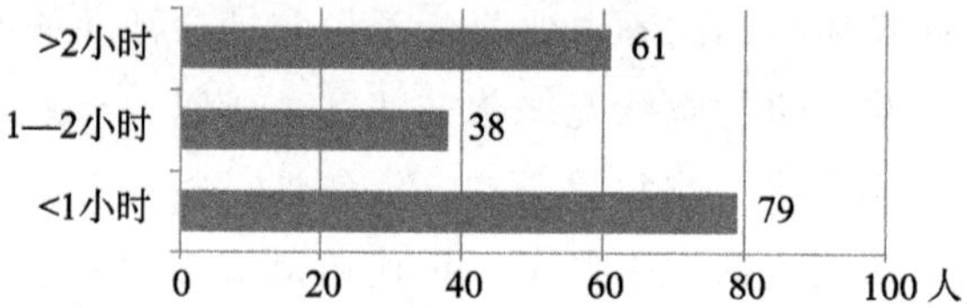

图 4 使用电子设备的时间

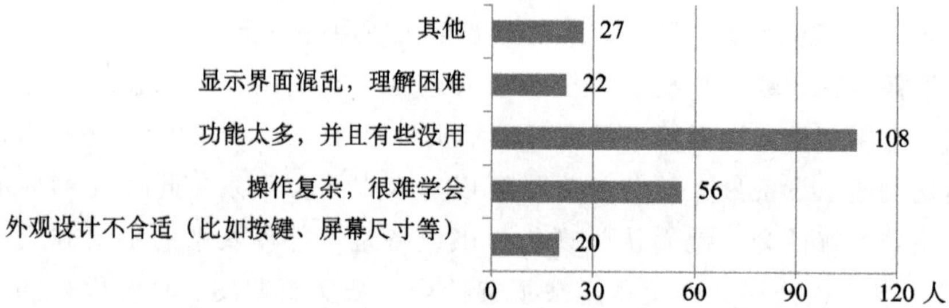

图 5 通讯设备存在的问题

根据老年人使用通讯设备的情况来看，如果设备电池续航时间长且功能简单实用就满足了老年用户的大部分需求。

综合调查结果，虽然大多数老年人使用手机与家人朋友联系，但是在外观和功能上，手机还是存在很多问题的。如老年人反映手机功能不实用，操作复杂和外观设计不合理，而且目前市场上所谓的老人手机大多数是以方便老年人使用为噱头，虽然价格便宜，但是在外观设计、设备配置和功能上都不方便老年用户使用。真正迎合老年用户的通讯设备应该具有质量好、屏幕和按键显示清晰、功能简单实用、电池使用时间久等特点。

第二，知识学习。除了身体健康，老年人也逐渐要求精神上的健康，精神健康主要涉及老年人因无人陪伴而产生的孤独感，以及由于身体原因没办法参加社会性活动的失落感。据研究表明，有的老年人认为学习新知识是与其他人维持关系的一种方法，他们对在互联网寻找到的新知识印象并不深刻，而更加趋向因学习知识而产生与别人的交流（Linkage，2012）。

据本问卷调查，在学习知识方面（见图6），61.23%的老年人通过与别人交流的方式学习新知识，其余主要是通过在线学习（33.14%）和观看录像学习（29.21%）。在学习知识上，老年人更关注的是在学习的过程中与其他人的交流。相关的福祉产品在知识学习的方式上很便利，但是在与人交流方面不如面对面的交流。可见，无论是为了学习知识，还是为了因学习知识而与别人交流，都有一部分老年人愿意使用电子设备。因此，这类电子设备可以在易用性和与人互动的功能设计上加大研发力度，做到操作简单，与人互动体验感强，让老年用户感觉到在电子设备上学习知识和与人交流同面对面的方式没有什么区别。

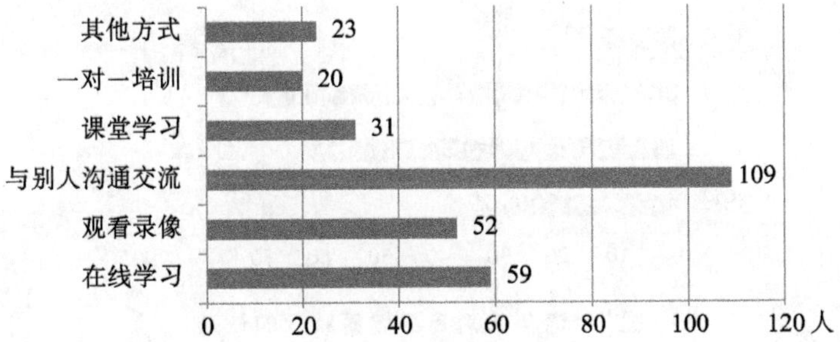

图6 学习新知识的方式

（2）医疗领域

随着年龄的增长，老年群体脏器功能衰退，抵抗能力减弱，因此更容易生病。无论是在城市还是在农村，因为交通和老年人外出能力等问题，造成了老年人外出就医不便，并因此造成老年人不知道自己的身体健康状况，或者患病时疾病被拖延治疗的现象是存在的。针对这种情况衍生出的相关的福祉产品与服务，不仅包括用于身体健康情况管理的家庭健康监测产品和健康辅导员服务，还包括居住环境配套保健设施。本问卷就是从老年人对自身健康情况的管理情况，以及居住环境配套保健设施的使用情况进行调查的。

第一，身体健康管理情况。由于老年群体的年龄高而导致的脏器功能衰退、自身免疫力低，再加之保健意识和知识缺乏，老年群体中的一大部分老年人的身体健康状况不容乐观。健康问题是在生活中老年人普遍关注的一个问题，根据收回的178份有效问卷统计显示，43.25%的老年人认为自身健康状况一般，有16.29%的老年人认为自身健康状况很好，有2.24%的老年人认为自身状况很差（见图7）。据进一步调查分析，老年人在支配自己收入方面最多是用于生活支出（97.19%），其次是用于医疗（57.3%）（见图1）。对于健康辅导员这一近年来才兴起的职业，已有28.09%的老年人愿意聘请其为自己指导饮食、医疗和健身。分析上面的数据可以得出结论，除了日常生活必须的开支，老年人实际上把自己的收入主要用于与健康相关的产品或者服务上。特别明显的是对于健康辅导员这一新兴起的职业，老年人并不是完全反对，虽然现在只有约30%的老年人愿意接受这一福祉服务，但是随着这一服务的不断发展，服务项目全面、费用合理的健康辅导员服务会有很大的市场。

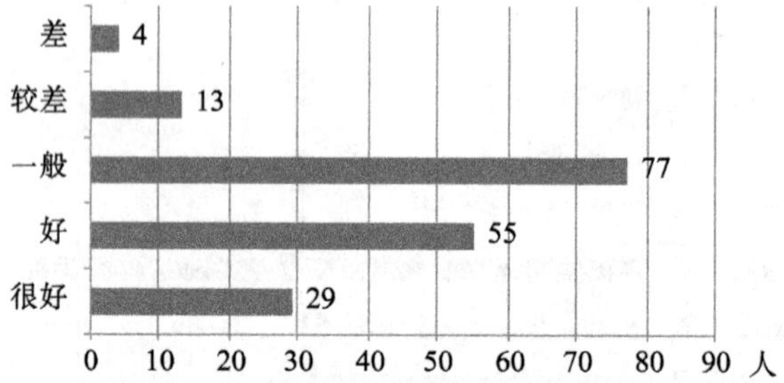

图7 老年人对自身健康状况的认知

而对于健康检测方式的选择上，大部分老年人还是选择去医院定期体检（96.07%），只有极少数老年人选择远程医疗检测（10.11%）和自备家用检测设备（16.29）（见图8），但是单独针对免费的远程医疗技术的调查显示，老年人还是普遍愿意接受的（58.42%）（见图9）。

在老年群体中，身体状况健康还是少数状况，大部分老年人都由于年龄的原因健康状况受到或多或少的影响。但是老年群体还是对自身健康情况有清晰的认识，用于医疗的费用也占总收入的一大部分，并且对于新兴的福祉

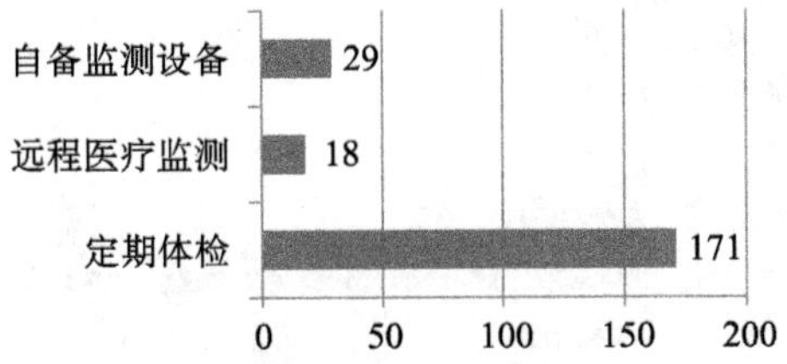

图 8　身体检测方式

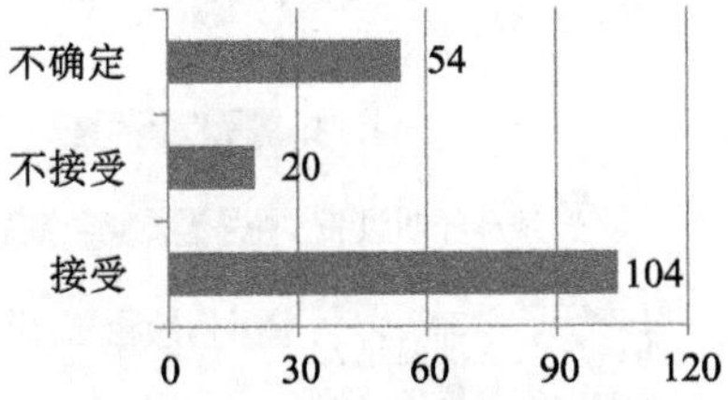

图 9　对于免费远程医疗技术的态度

相关的服务和产品有一定的了解。通过上面的数据，可以看出福祉产品的费用对于老年用户是否采用具有重大的影响，在福祉产品的销售策略方面可以在着重强调产品质量的同时，也向老年用户传达费用是在可承受的范围之内的信息。

第二，居住环境配套保健设施。漫长的封建社会传承下来的血缘关系造就了我国家庭式养老是主要的养老模式。除了养老模式的因素之外，家庭中的福祉产品也同样影响着老年人的晚年生活。室内行动检测系统、医疗预警系统、家庭预警系统以及自动断电系统都影响着老年人的生活，无论是独居还是有人陪伴。

在调查问卷中，针对居住方式的调查显示，17.41%的老年人选择独居，82.59%的老年人选择与他人居住，71.91%的老年人选择和配偶居住，19.66%的老人选择和子女居住，少数老年人选择养老院或者与亲戚同住（见图 10）。对于住房方面存在哪些不便利的调查中（见图 11），53.37%的老人认为家中缺少紧急呼叫设备。从居住方式看，与配偶居住或者独居的老年人占多数，这部分老年人居住方式的特点是没有具备全面的健康保健知识和能力的伴侣，因此家中的福祉产品就显得尤为重要。调查结果显示，老年人已经意识到家中的紧急呼叫设备不足，如果在身体突发状况的情况下，不能及时通知医院或者子女，这说明家庭福祉产品覆盖率低的问题突出。

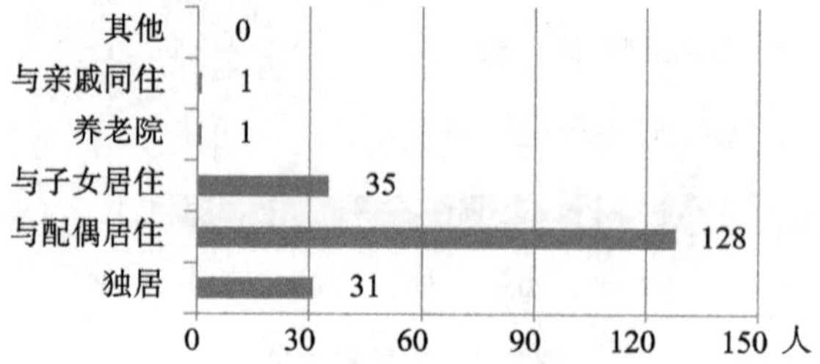

图 10　居住方式

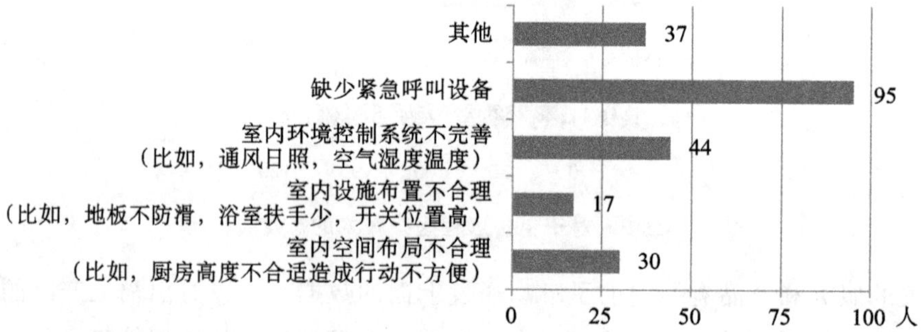

图 11　住房所存在的问题

4. 福祉产品需求及未来发展趋势

福祉产品及服务的研究与开发要以老年人的真实需求为基础，收集相关信息，统筹未来研究方向，结合有限资源解决实际问题，所以老年人的需求就是福祉产品及服务的研发方向。我国学者柳中权教授强调，老年人的需求是复杂和多层面化的，至少包括：保健需求、法律需求、养老信息需求、娱乐健身需求、家政服务需求和人际交往需求（张秀萍、柳中权和赵维良，2006）。结合以前对于老年人需求的研究成果，本文认为老年人的需求基本可以总结为两大类：生理健康需求和精神健康需求。

生理健康需求主要是指身体健康的需求，包括衣、食、住、行、医疗和保健等基本需求的保障。安全方便的福祉产品和服务可以保障生活环境的安全与舒适。精神健康需求主要是指老年人情感上的满足与升华，包括亲情、爱情和友情的交流等，有助于老年人保持乐观自信和安全感，另外还有老年人参加社会性活动而获得的满足感与被尊重的感觉。调查结果也显示，老年用户关注福祉产品的原因也都与这两大需求有很大关联，其中有 63.48% 的老年用户认为福祉产品可以使他们的生活变得更加方便（生理健康需求），

42.13%的老年用户认为福祉产品可以让他们更好地适应现代社会（精神健康需求）（见图12）。

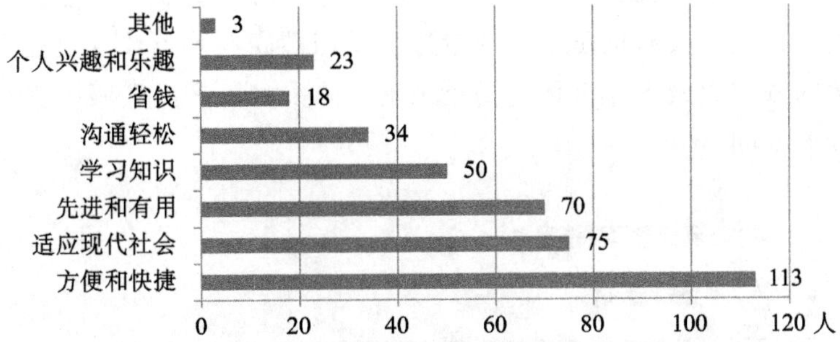

图12　接受福祉产品的原因

调查结果显示，老年人支配收入的主要领域是在日常生活和医疗方面，这就为福祉产品及服务指明了市场方向，而老年人认为最需要的服务项目就是医疗服务和家政服务（见图13）。这恰恰与老年人支配收入的领域相同，但是对于具体的家中可使用的福祉产品，53.37%的老人表示并不了解。老年人对于福祉产品有需求，但是对于福祉产品却不了解的这种现象说明福祉产品的需求定位不准确，开发者需要主要针对老年用户的日常生活和医疗服务领域开发福祉产品，并且加大宣传力度。

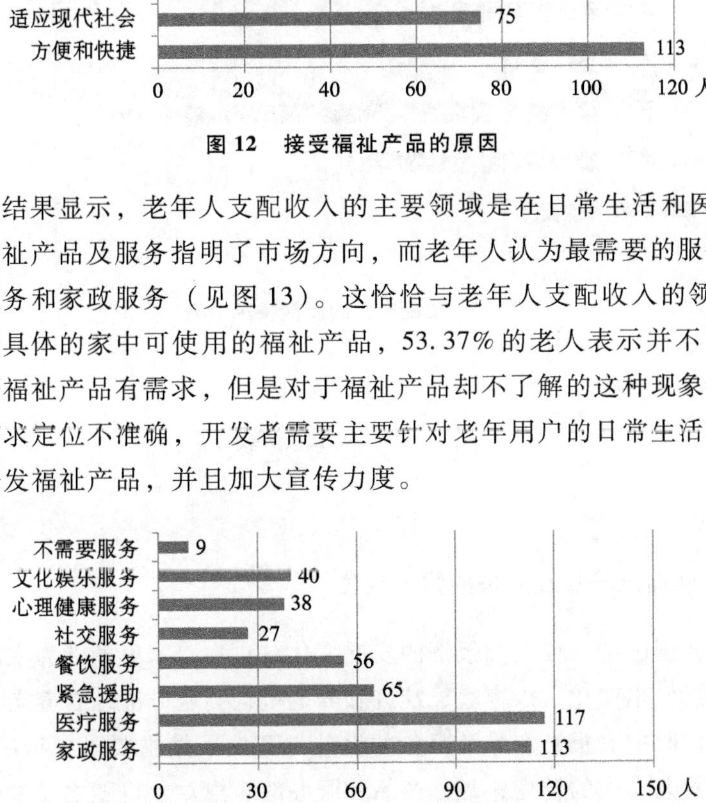

图13　老年人最需要的服务项目

根据调查显示，如果医疗费用可以报销，58.42%的老年人是接受远程医疗技术的。说明老年群体普遍有时间接收医疗，这样可以提高老年人对福祉产品及服务的需求。针对老年群体的福祉产品设计应该在已有产品的基本功能前提下，以老年人生理特征、心理特征及生活方式为基础，具有针对性地开发福祉产品及服务。通过满足老年人对于产品健康性、安全性的要求，方便老年人使用，使他们从主观上对产品产生认同感。

分析问卷结果显示，其中关于福祉产品质量的调查，老年用户对于产品的质量普遍不满意（见图14）。福祉产品及服务的开发不仅要以老年群体的需求为基础，还要具有低价格、质量好、易用性高等特点。从福祉产品及服务所涵盖的领域以及老年群体的需求来看，未来福祉产品及服务都有很大的市场和发展空间。

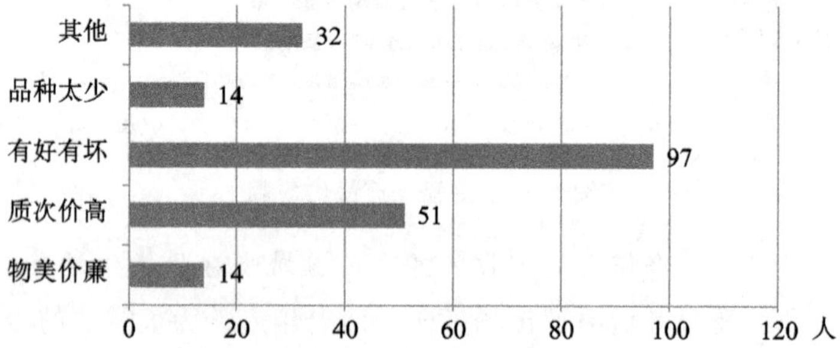

图14 福祉产品的质量情况调查

四、讨论与建议

1. 明确福祉产品及服务的需求定位

随着我国国情、社会和经济的发展变化，过去以家庭养老为主的养老模式也在悄然发生变化，以家庭、社区和养老机构为基础的综合养老模式逐渐出现在人们眼中。福祉产品及服务的设计与开发虽然主要以老年用户为主，但是因为养老模式的转变，福祉产品和服务的客户对象也随之发生改变。除了老年群体以外，社区及养老机构对于福祉产品和服务同样具有需求，并且需求量大、需求种类多。

面对需求量及需求种类的变化，福祉产品及服务的产品定位应该及时做出调整。首先从需求领域角度看，福祉产品及服务要着重于老年人日常生活领域和医疗领域市场的开发。具体来说，福祉产品的功能性主要涉及通讯、知识学习、身体情况检测以及远程医疗。其次从福祉产品的使用对象角度看，因为当下大部分老年人的生活没有年轻人的陪伴，所以对于这部分老年用户的福祉产品的设计上一定要注意易用性的问题，功能不宜过于复杂，要做到老年用户在没有专业人员的辅助下就可以自主正确地使用福祉产品。对于小部分在社区或者养老机构生活的老年人，由于有专业护理人员的陪伴，福祉产品的使用者大多数是专业的护理人员，所以对于这部分用户的福祉产品在功能上可以设计得更加全面、精细。

2. 注重福祉产品外观、功能、质量的细节开发

根据前文对于调查结果的分析，大部分老年用户认为福祉产品的功能太多，并且有些没有实际作用（见图5）。老年用户运用电子产品主要是与家人朋友联系，所以产品功能应以联系为主，如手机上网、收音机等老年用户不常用到的功能就可以去除，加强接打电话和收发信息的用户体验。同时也有老年用户反映电池续航能力不足，这也跟通讯设备一些多余的功能有关。只要去除一部分多余的功能，就可以达到既在功能上加强了针对性，也延长了通讯设备待机的目的。具体来说，老年用户使用的通讯设备主要是以手机为主，现在大多数手机只是以方便老年人使用为噱头，实际功能大多数花哨无用。本文认为为老年用户设计的手机只需保留收发信息、接打电话以及定位功能即可，老年用户收听广播一般还是会使用收音机，运用手机的收音机功能还需配合耳机使用，在携带和使用上都不方便。老年用户上网浏览信息也主要使用个人电脑。综上所述，老年用户在使用手机的时候大多数情况是与朋友家人联系。如果是为身体情况较差的老年用户群设计的手机，还可以配置检测脉搏的健康手环，做到实时监测老人的心跳数据，如果身体发生意外状况，手机可检测到心跳数据的异常状况，自动拨打急救电话，医院再根据手机定位功能定位老年用户所在位置，及时做出反应。

同时，有部分老年人认为通讯设备的外观不适用，例如按键或者屏幕尺寸等问题。由于老年人年龄较大，视觉功能衰退，所以屏幕和按键的高清晰度和可辨识度就尤为重要。对于通讯设备的屏幕和按键的设计来说要做到分辨率清晰，以方便老年人使用。尤其是屏幕，首先，屏幕的显示字体要大，字体颜色和屏幕背景颜色要形成鲜明的对比，以提高显示内容的可辨识度。其次，屏幕的亮度要随着老年人使用环境的光线程度自动调节，并且对于周围环境的光线情况感知灵敏，实现及时调节。

福祉产品的外观和功能固然重要，但是老年用户也比较关注产品的质量问题，经调查，老年用户并不满意福祉产品的质量（见图14）。福祉产品的易用性很重要，但是由于老年用户的特殊性，在日常操作上难免会有错误的操作，使用一段时间后，会对产品的质量有所损耗。所以福祉产品的质量要过硬，在产品设计的环节，应该适当加入产品的防摔、防水等功能，增加按键的使用次数，而且要有一定的容错率，即使老年用户的错误操作也可以保证产品的质量不受影响。

3. 加强福祉产品的宣传力度

在福祉产品开发初期，其安全性、功能性和易用性等方面可能都不是很完善，不符合老年用户的基本需求。本问卷调查结果分析显示，对于福祉产品老年用户的接受度为88.07%，这表示大部分老年人并不反感福祉产品，但是不愿意接受福祉产品的老年人表示产品操作复杂（36.36%）（见图5）。

现代信息社会，科技更新速度快，由此产品的更新速度也随之加快。过去存在缺陷的产品已经根据老年用户的要求进行全面的完善，从安全性、功能性和易用性上都有了很大的提升。所以要着重加大福祉产品的宣传力度，使老年用户明确新一代的福祉产品已经趋于完善，无论从安全方面还是功能操作方面，都已经适合老年用户使用。

综合以上的分析，福祉产品相对于开发初期在质量和操作性上都有较大的提升，老年用户也有需求，但是福祉产品的覆盖使用率和老年用户对其了解的程度都较低。造成这种局面的原因很可能就是福祉产品的宣传角度不准确和宣传力度不够。老年用户对于福祉产品的印象还停留在产品初期质量欠佳、操作困难上。为解决这种情况，在加大福祉产品宣传力度的同时，也要注意宣传的角度。在宣传福祉产品时，要着重宣传其质量和易用性，要向老年用户准确传达福祉产品质量好、操作容易等特点。以使用对象为角度宣传时，福祉产品不仅仅以老年用户为宣传对象，也可以对社区和养老机构进行宣传，甚至可以向刚刚进入中年阶段的成年人宣传，因为他们的父母已经进入老年阶段。以产品为角度宣传时，重点以产品的功能特点、易操作性和良好的产品质量为主，宣传现场可设置产品试用甚至可以免费配发小数量的产品给老年用户使用，这样既可以宣传福祉产品也可以获得全面且真实的用户反馈。

参考文献

[1] 北京市第六次人口普查办公室．北京市常住人口年龄构成状况［R］．北京：北京市第六次人口普查办公室，2011.

[2] GRAAFMANS JAM，FOZARD JL，RIETSEMA J，et al. The potential of gerontechnology for the very old［R］Eindhoven：Technische Universiteit Eindhoven，1994.

[3] KLIMCZUK A. Supporting the development of gerontechnology as part of silvereconomy building［J］．Journal of interdisciplinary research，2012：2(2)：52－56.

[4] 张玉平．北京市老龄产业发展现状现状与展望［J］．城市住宅，2015(7)．

[5] 黄鲁成，常兰兰，苗红，等．基于专利信息的老年福祉技术景观分析［J］．情报杂志，2015：34（9）：61－67.

[6] Linkage. Linkage technology survey age 65 to 100：extending technology past the boomers［R/OL］．（2012－02－21）．http：//www. ageinplacetech. com/page/linkage－technology－survey－age－65－100－extending－technology－past－boomers，2012.

[7] 张秀萍，柳中权，赵维良．建立“空巢”老人社区生活支持体系的研究［J］．东北大学学报，2006，(6)：34－437.

（**作者**：苗红、张俊哲、黄鲁成、娄岩，北京工业大学经济与管理学院；黄鲁成，首都社会建设与社会管理协同创新中心）

开放式创新与企业研发合作伙伴选择研究*

摘　要

随着全球经济的发展，创新已由传统的封闭式链上创新向开放式创新转变，开放式创新的一个重要特征是合作创新。本文基于江苏省五个战略性新兴产业的企业数据，对企业的创新绩效、创新类型和研发合作伙伴选择之间的关系进行研究，结果显示：不同的研发合作伙伴对于企业的创新类型和创新绩效影响不同；选择其他企业作为研发合作伙伴可以促进企业的渐进性创新，选择高校和科研院所作为研发合作伙伴可以促进企业的突破性创新，其中与科研院所的合作对于企业突破性创新的影响更显著；突破性创新和渐进性创新对于企业的创新绩效均有正向影响，生物医药产业突破性创新对于企业创新绩效的影响最大。

关键词

开放式创新　合作伙伴　渐进性创新　突破性创新　创新绩效

一、前　　言

在知识经济时代，企业仅仅依靠内部的资源进行创新活动已经难以适应

* 国家社会科学基金重大项目“新常态下产业集聚的环境效应与调控政策研究”（15ZDA053）；江苏省应用研究重大课题“江苏建设具有全球影响力的产业科技创新中心之标准、途径和机制研究”（16WTA002）。

快速发展的市场需求以及日益激烈的企业竞争。在这种背景下，“开放式创新”逐渐成为企业创新的主导模式。开放式创新范式下，外部技术合作成为企业有效获取技术创新所需关键资源的一个重要途径（陈劲和吴波，2012），研发合作模式和开放度成为有效管理企业技术合作获取外部资源的关键。开放式创新是将企业传统封闭式的创新模式开放，引入外部的创新资源。在开放式创新下，企业期望在发展技术和产品时，能够像使用内部资源一样共享外部创新资源，通过自身渠道和外部渠道来共同拓展市场。企业通过开放式创新，把外部创新和外部市场化渠道的作用，上升到和封闭式创新模式下的内部创新以及内部市场化渠道同样重要的地位，均衡协调内部和外部资源进行创新，通过积极寻找外部的合资、技术特许、委外研究、技术合伙、战略联盟或者风险投资等合适的商业模式来把创新思想变为现实产品与利润。提倡企业的开放式创新，对于政府、大公司、初创公司以及 VC 等创新生态链的各个产业主体都是有利的，政府可以在中长期内保证“万众创新”目标的实现，大公司本身可以实现更高效的创新，而初创公司和 VC 则可以为资本和创新成果找到出路。从企业创新史来看，企业创新模式总体上经历了三个发展阶段，从线性模式发展到互动模式，再发展到如今的开放模式，即从单一的、单向的内部研发，到结合考虑市场应用绩效等反馈因素的内部研发，再到既立足内部研发又高度重视外部创新资源利用与共享的开放式创新。

加强开放式创新，充分利用外部知识和技术是企业提升创新能力和企业绩效的重要途径，而开展合作创新最重要的就是选择合适的研发合作伙伴。创新模式主要分为基于知识的创新模式（Scientific and Technology - Based Innovation，STI）和基于实践的创新模式（Learning - by - Doing、by - Using and by - Interacting Based，DUI）（Lundvall，2007；Jensen、Johnson 和 Lorenz 等，2007）。每种创新模式所选择的研发合作伙伴有所不同，STI 模式的研发合作伙伴一般是高校、科研院所等，DUI 模式下研发合作伙伴一般是相关企业等（Parrilli 和 Heras，2016）。不同的创新模式会导致不同的创新类型，而不同的创新类型对于企业的创新绩效也会产生不同的影响，本文主要针对技术创新的不同类型进行分析，研究不同的研发合作伙伴选择与创新类型之间的关系，分析技术创新类型对企业创新绩效的影响。

二、相关文献综述

1. 开放式创新与传统创新

Chesbrough 和 Crowther（2006）将开放式创新分为内向型开放式创新和外向型开放式创新。Dahlander 和 Gann（2010）认为按照知识获取与释放的方式不同，开放式创新可以分为捕获、源化、销售和揭示四种形式。而 Lichtenthaler（2011）认为开放式创新突破了封闭式创新下的本地发明和本地商业化的局限，意味着技术的跨边界转移，从技术转移视角来看，开放式创新包括技术的外部获取和技术的外部商业化应用。Ye 和 Kankanhalli（2013）在分析开放式创新收益与挑战的基础上，认为开放式创新包括内向许可、联盟、开放式网络、用户社群四种实现机制。Felin 和 Zenger（2014）依据跨组织沟通渠道、创新激励和知识产权归属，将开放式创新分为基于市场、基于伙伴、基于竞赛以及基于用户或社群创新四种类型，并针对各种类型提出相应的治理措施。张永成等（2015）认为，开放式创新可以解构为三个维度：开放、合作与创新。

传统的创新主要是封闭式的创新，封闭式创新（Closed Innovation）是指企业依靠内部持续的高强度的技术研发获得强大的竞争优势，即企业通过自身基础和应用研究产生新创意和开发新产品，通过内部渠道确保对技术、知识产权的严格控制和垄断，以维持其核心竞争力（周立群和刘根节，2012）。Lazzarotti 和 Manzini（2009）认为封闭式创新是指企业仅仅就创新过程中的某单一环节对外获取资源，并且通过对耦关系实现；而完全开放是指企业向多元化的创新参与者开放整个创新过程；此外，专门化协作是指企业就某一单一的创新环节与许多不同的合作者进行合作；整合性协作是指企业开放其整个创新过程，但是仅仅与有限的少数合作者协作。Huizingh（2011）根据创新过程和创新结果是否开放将开放式创新分为三类：过程封闭结果开放的公共创新（Public Innovation）、过程开放结果封闭的私有开放式创新（Private Open Innovation）以及过程和结果均开放的开源创新（Open Source Innovation）。

封闭式创新与开放式创新在创新资源投入、创新研发、产品开发和产品投入市场四个过程中有显著的差异。从创新资源投入来看，封闭式创新的创新资源主要来自企业内部；而开放式创新下，企业的创新资源不仅来自企业内部，还有来自外部各种各样的资源，例如银行和金融机构的创新资金、高校科研院所的人才和设备等。从创新研发过程来看，封闭式创新下，企业的研发主要在企业内部进行，由企业内部研发部门负责；而开放式创新下，企业的研发则是广泛参与的创新，在企业内部，研发不仅仅是由研发部门负责，公司的每个员工都融入到企业的研发过程中，在企业外部，其他企业、高校、科研院所甚至是消费者都参与到企业的研发过程中。在产品开发过程中，封闭式创新下，企业主要基于内部技术进行产品开发；在开放式创新下，企业进行产品开发不仅仅依赖企业的固有技术，还会引进来自外部的技术，或与其他企业进行共同开发。在产品市场层面，封闭式创新下，企业主要关注现有的市场；而在开放式创新下，企业会更加关注新兴市场的开辟。封闭式创新与开放式创新比较如图 1 所示。

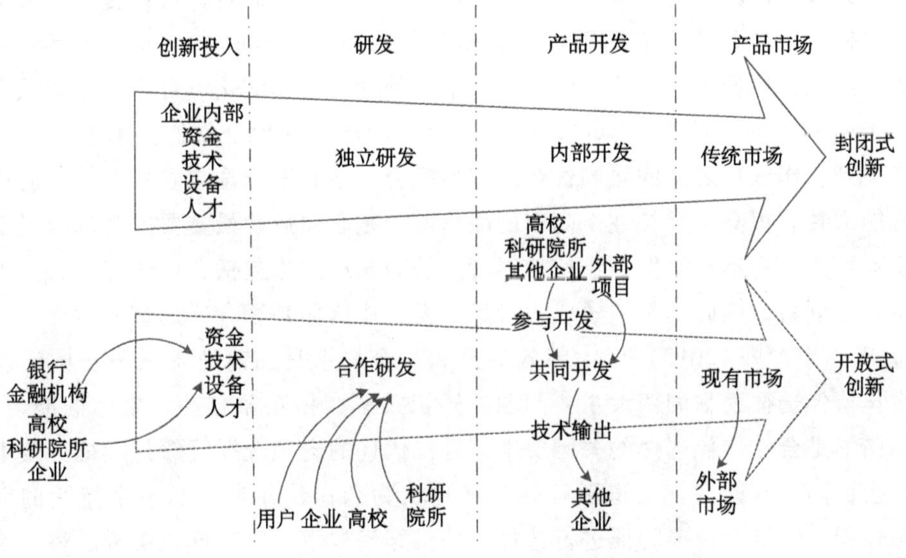

图 1 封闭式创新与开放式创新

一种创新模式是否有效，关键在于它能否显著提高创新绩效，Chesbrough（2007）认为，在封闭式创新模型中，技术探索与开发均在组织内部，市场收益和内部研发成本之差较为显著。然而，在当前的开放情境下，如果仍然采用封闭式创新模式，内部研发成本会由于资源费用增高、协调成本增加、失败风险增大而增加；同时，市场收益也会由于技术寿命的缩短、产品价格的降低以及技术的可模仿性提升而减少。而如果采用开放式创新模式，尽管存在着共同开发成本，以及技术转让所产生的耗散费用，但是由于开放式创新拓宽了组织获利的途径、机会和能力，比如分拆、技术许可、外部技术的内部商业化以及技术的售卖等，从而使得企业创新收益显著增加。Rass 等（2013）通过实证分析证明了开放式创新不仅对创新绩效有直接正向的影响，还通过社会资本这一中介变量对创新绩效产生间接正向影响。在 Chesbrough（2007）的开放式创新模型中，组织边界不再如封闭式创新一样完全封闭，组织内外创新资源可以选择性地流入或流出，研发活动不再局限于组织内部，而更多地依赖跨组合合作模式，创新的产品亦不再局限于原有的市场。

2. 研发合作伙伴选择

开放式创新最大的特点就是合作创新，对于企业而言，选择合适的研发合作伙伴是在开放式创新下进行合作创新的前提。Brouthers 等（1995）认为企业在选择研发合作伙伴时应该考虑互补性、合作文化、合作目标和风险共担四个方面的因素。Fauckner 和 Child（1998）认为合作伙伴的选择需要考虑到合作伙伴之间的协同优势或战略配合，战略配合意味着两个公司的核心能力具有很高的互补性，高度的战略配合是联盟成功最重要的基础。对于企业而言，在选择研发合作伙伴时考虑的因素还应当包括合作伙伴是否利于企业的创新，因此创新绩效成为考量研发合作伙伴是否合适的重要指标。喻金田、胡春华（2015）认为绩效提升和竞合关系是当前技术联盟协同研发合作伙伴选择面临的两大主要问题，知识共享、相互兼容性、主体的能力、承诺等是合作伙伴选择的关键要素，合作伙伴的合理选择能够持续提升技术联盟协同创新能力。王道平等（2015）认为合作伙伴选择是一个持续的动态过程，应结合标准特征进行选择，并贯穿于技术标准市场化实现的整个阶段；同时合作伙伴选择要"领先一步"，除要考虑阶段目标因素外，还要考虑最终目标实现的因素。因此，联盟领导企业应从联盟整体目标出发，合理规划成员企业资源，以保证标准设定所需资源的持续有效供应。叶琴等（2015）发现客户和供应商是中国装备制造企业最重要的合作创新伙伴（占调查企业的 50%），其次为大学和研究机构（占调查企业的 25%），第三为同行业企业（占调查企业的 10%），另有 15% 的企业没有合作创新伙伴。

而企业规模是影响企业合作创新伙伴选择的首位因子，其后依次为内部R&D活动、政府扶持力度和知识吸收转化能力。李柏洲、罗小芳（2013）发现企业原始创新能力虽不直接影响企业伙伴选择过程，但通过学研方参与原始创新的意愿间接影响企业伙伴选择投入及企业伙伴评价过程，企业伙伴选择投入及企业伙伴评价过程是企业与学研方建立正式合作关系的重要影响因素。企业规模特征、企业行业特征及企业所有权性质在不同假设路径中的影响均存在显著差异。

游达明、黄曦子（2014）围绕突破性技术创新合作伙伴选择及其评价问题，在总结前人研究成果的基础上，结合突破性技术创新特点和突破性技术创新合作伙伴选择的原则，从合作伙伴之间技术创新能力和资源互补性、兼容性以及承诺性三个方面设计了突破性技术创新合作伙伴选择评价指标体系。刘书庆、董雅文（2006）在分析虚拟企业制造合作伙伴选择研究现状及其存在问题的基础上，首先结合生产型企业产品实现过程不同阶段的特点，提出了虚拟企业制造合作伙伴选择过程模型；其次探讨了虚拟企业制造合作伙伴的评价准则，并在采用Delphi法进行循环调查和指标修改的基础上，利用相关度评价法确定出了虚拟企业制造合作伙伴评价指标体系；然后设计了虚拟企业制造合作伙伴三阶段、四步骤评价模型及其制造合作伙伴筛选方案，并结合某筑路机械制造企业实际，进行了其虚拟企业制造合作伙伴筛选实证研究。郑登攀、党兴华（2012）利用QAP回归方法分析了网络嵌入性（包括关系嵌入性和结构嵌入性）对企业选择合作技术创新伙伴的影响。韩国元等将微粒群算法和改进的TOPSIS方法相结合，提出了一种新的有限方案多属性决策方法——基于微粒群算法定权的改进TOPSIS法（刘书庆和董雅文，2006）。曹霞、张路蓬（2016）针对企业创新合作伙伴的选择过程阶段化、选择对象多样化、指标多层级、专家偏好性等特点，提出了基于改进信息熵与复合物元的创新合作伙伴优选决策模型。

通过总结以往的研究可以发现，学者们对于研发合作伙伴选择主要侧重于分析研发合作伙伴选择的动力机制和评价方法等，而对于研发合作伙伴选择与创新类型、创新绩效之间关系的研究很少。本文主要从研发合作伙伴选择入手，研究开放式创新下，企业研发合作伙伴对于企业创新类型和创新绩效的影响，试图为企业研发合作伙伴选择提供理论参考。

三、理论分析与研究假设

1. 创新主体之间的关系

按照目前学术界的分类，可以将创新主体分为以下六类：政府、企业、高校、科研院所、金融服务机构和中介服务机构。不同的创新主体所拥有的创新资源和要素各有不同，在创新系统中发挥的作用也各不相同。因此，进行合作创新，将各种创新资源和要素进行有机的整合合理利用、实现资源效率最大化、提高创新效率是开放式创新下的必然要求。对于企业而言，选择合适的研发合作伙伴对于企业发展具有重要影响。

对于研发合作伙伴，并不是越多越好。Vanhaverbeke（2006）的研究表明研发合作伙伴的数量与企业创新绩效之间呈倒 U 型关系。Piening 等（2015）认为创新合作联盟的多样性与企业创新绩效呈现倒 U 型关系。陈玉芬、陈劲（2008）认为对于科技驱动型产业的企业，开放度与创新绩效呈倒 U 型的二次型曲线相关关系，经验驱动型产业的企业，开放度对创新绩效呈正线性相关关系。过多的研发合作伙伴会造成监管和协调成本加大，使企业陷于不断的利益冲突和关系协调的事务中，无暇专注于企业创新。过多的研发合作也会导致企业在创新时被大量噪声干扰，增加决策的时间和难度，可能延误创新的最佳时机（孙笑明、崔文田和董劲威，2011）。因此，针对处于不同的产业和行业的企业而言，选择合适的研发合作伙伴是企业开展创新活动的关键。

开放式创新环境下，不同的研发合作伙伴拥有的知识、技能和资源各有不同，这就会导致在合作创新过程中产生不同的创新类型。熊彼特认为，创新不仅包括技术创新，还包括商业模式创新、组织创新、供应链创新等多种形式的非技术创新。而按照创新强度的不同进行分类，又可以将创新类型分为渐进性创新（Incremental Innovation）与突破性创新（Radical Innovation）。研发合作伙伴的异质性也会对不同类型的创新绩效产生影响（梁靓，2013）。因此首先需要确定不同类型的研发合作伙伴与创新类型的关系。本文认为各类创新主体之间的关系如图 2 所示。

从图 2 可以看出，高校和科研院所作为知识的生产者，产生的一般是原

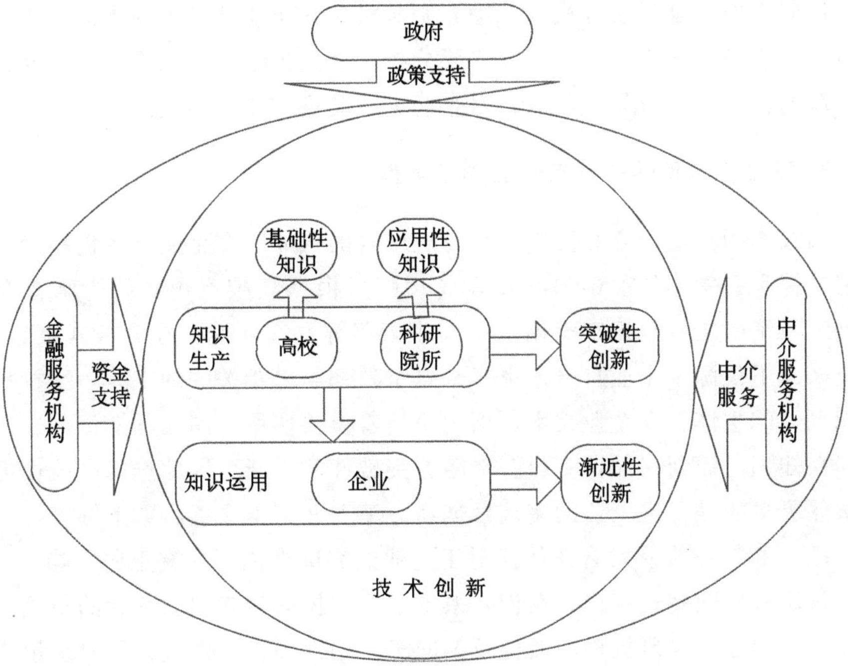

图 2　各类创新主体关系图

创性的技术和知识，其创新类型一般是突破性创新，其中高校与科研院所的差别在于高校产生的一般是基础性知识，而科研院所更加偏向于产生应用性知识；而企业承担着将知识转化为产品的任务，在转化过程中企业还会随着市场变化和客户需求，对产品进行相应的改进，因此企业的创新一般是渐进性的创新。作为知识的生产者和使用者，高校、科研院所和企业在创新研发活动中处于核心的位置，也是创新的主导者。

科技中介和信息服务机构是企业与其他科技资源配置主体之间沟通的桥梁，主要为企业的创新生产提供商业化或者公益性的信息资源和信息服务。充足的资金是企业得以持续创新和发展的保障，银行和其他金融机构为企业提供贷款服务和融资服务，以此来为企业提供财力支持，缓解企业经济压力。因此，金融服务机构和中介服务机构在企业创新过程中更多的是提供服务和金融支持，而很少直接参与企业技术创新活动。政府对国家支持的高新技术产业提供一定的财政优惠政策，为企业的创新生产投入一定的财力和公共信息资源，在企业创新活动中，政府一般扮演着创新政策的制定、创新环境的营造以及创新的推动者角色。

由于政府、金融服务机构和中介服务机构在企业技术创新中的作用主要是政策、服务和金融支持，本文主要分析开放式创新下，选择企业、高校和科研院所作为研发合作伙伴时，对企业创新类型和创新绩效的影响。

2. 研发合作伙伴选择与企业创新类型

高校作为科学研究和高等教育有机结合的载体，在企业技术创新活动中起着支撑和引领作用。Goldstein 等（2013）根据高校产出，认为高校在国家创新系统中主要承担知识创造、人才培养等八大功能。在开放式创新下，企业知识不仅源于企业自身，更多来自于外部与之相关联的主体。高校作为知识创造的主体，在企业技术创新中扮演着重要作用。高校的知识创造一般是新兴知识，而新兴知识一般会伴随着突破性的创新，因此选择高校作为合作伙伴更多的是促进企业的突破性创新。基于此，本文提出如下假设。

H_1：高校作为研发合作伙伴对于企业的突破性创新具有正向影响。

科研机构同高校一样，在创新系统中同样扮演着知识创造者的角色，与高校不同的是，科研机构一般比较偏向于应用性知识的创造，同时承担着将知识转化为技术的任务。在与企业合作时，科研院所更多承担着技术创造的角色，科研院所合作对于促进企业技术创新发挥着举足轻重的作用。科研院所的知识创造和技术创造过程一般会产生新技术和新产品，而很少会涉及对于产品改进的创新，因此，选择科研机构作为创新合作伙伴会促进企业的突破性创新。基于此，本文提出如下假设。

H_2：科研院所作为研发合作伙伴对于企业的突破性创新具有正向影响。

企业与企业之间主要是横向的合作关系，处于上游的供应商、销售商等作为企业的业务伙伴，主要为企业提供研发生产活动所需的原材料、机器设备、信息支持和服务支持；处于下游的经销商和承销商则主要为企业提供产品推广和销售等服务支持；其他一些企业例如广告公司、传媒等则主要为企业提供形象推广和产品推广的服务。企业之间的合作更多是进行产品服务上的改进，因此选择企业作为研发合作伙伴，更多的会产生渐进性的创新。基于此，本文提出如下假设：

H_3：企业作为研发伙伴对于企业的渐进性创新具有正向影响。

实际情况下，企业往往不是选择单一的创新伙伴，而是同时选择多个研发合作伙伴，在多个研发合作伙伴协同的情况下，能够激发企业的创新活力，做到创新资源的最大化利用，从而提升创新绩效。同时在多个创新主体合作的情况下，能够同时促进企业新产品的开发和已有产品的改进，因此，选择多个研发合作伙伴，不仅能够促进企业的突破性创新，还能促进企业的渐进性创新。基于此，本文做出如下的假设。

H_4：同时选择企业、高校、科研院所作为研发合作伙伴能够促进企业的渐进性创新。

H_5：同时选择企业、高校、科研院所作为研发合作伙伴能够促进企业的突破性创新。

3. 创新类型与企业创新绩效

简单的模仿式创新或者借鉴式创新已不足以使企业在市场上占据主动，只有突破性创新才能获得持久的竞争优势和更高的财务回报（张婧和段艳玲，2011）。突破性创新能够让企业获取更多的额外收益，Pilzer（1990）认为突破性创新能够为企业创造全新市场、改变消费者偏好甚至改变消费者行为，Robinson 和 Fornell（1985）研究发现突破性创新能够使企业获得更高的经济利益（如销售额）和产品经验，Lieberman 和 Montgomery（1998）认为突破性创新能够让企业在稀缺资源的获取上占据主动地位，Szymanski（1995）认为突破性创新能够使企业更快地了解消费者的需求和偏好，从而占据更大的市场份额，并制定更有效的营销组合策略。Henard 和 Szymanski（2001）认为产品优势是企业绩效的决定因素，企业的产品创新性越强，企业利润越高。基于此，本文提出如下假设。

H_6：突破性创新对于企业的创新绩效具有正向影响。

对于渐进性创新而言，虽然不如突破性创新那样可以使企业快速占据市场的主动地位，帮助企业开拓市场，但对于企业而言，渐进性创新也可以促进企业的创新绩效。一般情况下，渐进性创新与突破性创新相比，是属于改进性质的创新，因此首先其创新的成本较低，其次渐进性创新是在已有的、市场上较为成熟的产品技术基础上进行改进，易于被消费者所接受，而且也可以有效降低市场风险（张婧和段艳玲，2011；Shankar 等，1998），因此渐进性创新对于企业的创新绩效也具有正向的影响。基于此，本文提出如下假设。

H_7：渐进性创新对于企业的创新绩效具有正向影响。

综合上述理论分析，可以得出图 3 所示的概念模型，上述主要假设及其之间的关系如图 3 所示：

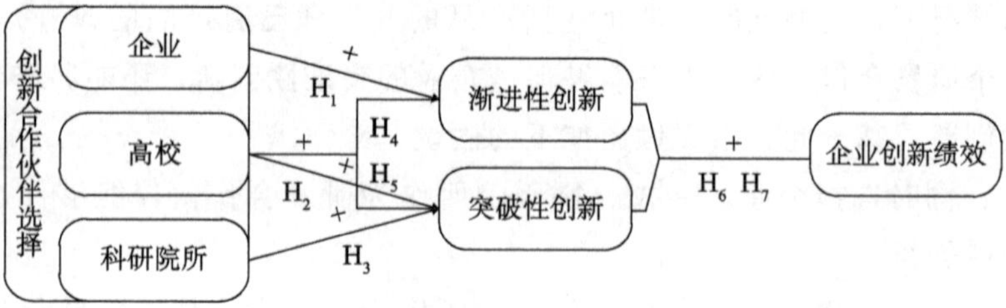

图3 主要假设及其之间的关系

四、实证研究与结果分析

1. 指标选择

（1）创新类型与创新绩效

参考 Meuer（2015）的方法，对于渐进性创新和突破性创新的衡量主要采用相关产品销售份额的方法，突破性创新主要采用新产品销售额占总销售额的比值来衡量，渐进性创新主要采用改进产品的销售额占总销售额的比值来衡量。企业创新绩效的衡量采用企业的专利申请量来衡量。

（2）研发合作伙伴

将研发合作伙伴分为三类，即企业、高校和科研院所，研发合作伙伴的度量采取企业外部研发支出作为代理变量，企业对高校、科研院所和其他企业的创新研发活动中支出采取二维变量，若企业有对外的研发支出，则其值为1，反之则为0。

（3）控制变量

将企业年龄、企业规模、所属细分行业、研发投入强度、行业类别作为控制变量，企业年龄用“企业经营年限的自然对数”来表征；企业规模用“员工人数的自然对数”来表征；所属行业主要分为五类战略性新兴产业，生物医药、新材料、装备制造业、电子信息和新能源；研发强度用“企业内部用于创新的 R&D 投入”来表征。

变量选择及描述见表1。数据来源于 2015 年江苏省高新技术企业创新能力评价的普查数据，基于数据的完整性，本文选取江苏省五个战略性新兴产业的 5633 家企业进行分析。数据类型包括：企业名称（name）、新产品

表 1　　变量选择及描述

变量名称	描述
渐进性创新（Incremental Innovation）	改进产品销售份额
突破性创新（Radical Innovation）	新产品销售份额
企业年龄（age）	从企业注册到 2015 年
企业规模（size）	企业员工数
研发投入强度（R&D）	企业内部用于创新的 R&D 投入
专利申请量（patent）	企业当年的专利申请数量

销售份额（New Product Sales）、改进产品销售份额（Improved Product Sales）、行业类别（industry）、企业年龄（age）、企业规模（size）、研发投入强度（R&D）、专利申请量（patent）等。其中部分数据的描述见表 2。

表 2　　变量数据描述统计

	样本量（obs）	最大值（max）	最小值（min）	平均值（mean）	标准差（std - dev）
Improved Product Sales	5633	1	0	0. 3654166	0. 3731028
New Product Sales	5633	1	0	0. 4143267	0. 3600978
Age	5633	74	1	12. 68667	6. 711538
Size	5633	16110	1	317. 4498	724. 8844
R&D	5633	1678550	0	15360. 87	56077. 64
Patent	5633	459	0	7. 919759	18. 12354
Enterprise	5633	1	0	0. 3209657	0. 4668891
University	5633	1	0	0. 3422688	0. 4745112
Institute	5633	1	0	0. 3580181	0. 4794601

2. 数据相关性分析

对各个变量进行相关性分析，利用 Stata 14 软件，得到各变量之间的关系如表 3 所示。

表 3　　变量之间相关性描述

	1	2	3	4	5	6	7	8
Incremental Innovation	1	—	—	—	—	—	—	—
Radical Innovation	-0. 8260 0. 0000	1	—	—	—	—	—	—

续表

	1	2	3	4	5	6	7	8
Age	-0.1020 0.0000	0.0547 0.0000	1	—	—	—	—	—
Size	-0.1369 0.0002	0.1440 0.0000	0.3123 0.0000	1	—	—	—	—
R&D	-0.1051 0.1711	0.1635 0.0008	0.2198 0.0000	0.7695 0.0000	1	—	—	—
Patent	-0.0610 0.0380	0.0920 0.0001	0.0678 0.0392	0.3455 0.0000	0.3383 0.0000	1	—	—
Enterprise	0.1587 0.0000	-0.1040 0.0000	0.0487 0.0003	0.1286 0.0000	0.1563 0.0000	0.1003 0.0000	1	—
University	-0.1375 0.0000	0.1755 0.0000	0.1137 0.0000	0.1796 0.0000	0.2034 0.0000	0.1549 0.0000	0.4802 0.0000	1
Institute	-0.1668 0.0000	0.2234 0.0000	0.0808 0.0000	0.2548 0.0000	0.2729 0.0000	0.1650 0.0000	0.4274 0.0000	0.4978 0.0000

从表3中可以看出，渐进性创新与企业的规模和年龄呈负相关，而突破性创新则与企业的规模和年龄呈正相关。这说明新企业和小企业更加注重对于产品改进的渐进性创新，而大企业的成立时间较久，更加注重突破性创新。研发投入与企业规模和年龄正相关，说明大企业和成立时间较久的企业对于研发的投入力度更大。

3. 实证模型

本文的实证分析分为两部分，首先检验不同的研发合作伙伴选择对于渐进性创新和突破性创新的影响，分别以新产品销售额代表突破性创新，以改进产品销售额代表渐进性创新，以这两者分别作为因变量，以研发合作伙伴选择作为自变量，同时将企业规模、企业年龄、R&D投入作为控制变量，构造计量回归模型。基本模型为：

$$Innov_i = \beta_0 + \beta_i X_i \quad (1)$$

式中，$Innov_i$分别表示渐进性创新（Incremental Innovation）和突破性创新（Radical Innovation），X_i表示不同的解释变量。

不引入控制变量时，模型1为：

$$Innov_i = \beta_0 + \beta_1 en + \beta_2 un + \beta_3 in \quad (2)$$

引入企业规模、企业年龄、R&D投入作为控制变量，模型2为：

$$Innov_i = \beta_0 + \beta_1 en + \beta_2 un + \beta_3 in + \beta_4 Size + \beta_5 Age + \beta_6 R\&D \quad (3)$$

同时考虑企业在同时选择企业、高校和科研院所时，对于企业创新类型的影响，得到模型3为：

$$Innov_i = \beta_0 + \beta_1 en + \beta_2 un + \beta_3 in + \beta_4 Size + \beta_5 Age + \beta_6 R\&D + \beta_7 en\&un + \beta_8 en\&in + \beta_9 un\&in + \beta_{10} en\&un\&in \quad (4)$$

接着是检验企业创新绩效与创新类型、研发合作伙伴之间的关系，以企业的专利申请量作为因变量，以创新类型、研发合作伙伴、R&D 投入、企业规模和企业年龄作为自变量，同时区分五大产业，则得到模型4为：

$$In\_performance = \beta_0 + \beta_1 incer\_inno + \beta_2 radic\_inno + \beta_3 en + \beta_4 un + \beta_5 in + \beta_6 Size + \beta_7 Age + \beta_8 R\&D \quad (5)$$

4. 实证分析

(1) 创新类型与企业研发合作伙伴选择

利用 Stata 14 软件对创新类型和企业研发合作伙伴选择进行回归分析，其中因变量为渐进性创新和突破性创新。自变量为企业研发合作伙伴选择：企业（enterprise）、高校（university）和科研院所（institute）为二维变量，即若企业与其他企业有研发合作伙伴关系，则 enterprise 变量值为1，否则为0；若企业与高校有研发合作伙伴关系，则 university 变量值为1，否则为0；若企业与科研院所有研发合作伙伴关系，则 institute 变量值为1，否则为0。控制变量为企业年龄、规模和研发投入。表4为总体分析结果，表5（a，b）为分产业的分析结果。

表4　创新类型与企业研发合作伙伴选择分析

	Model 1		Model 2		Model 3	
	Incremental Innovation *Coef.* (*t*)	Radical Innovation *Coef.* (*t*)	Incremental Innovation *Coef.* (*t*)	Radical Innovation *Coef.* (*t*)	Incremental Innovation *Coef.* (*t*)	Radical Innovation *Coef.* (*t*)
Enterprise	0.275666*** (23.41)	-0.2373847*** (-20.95)	0.2848581*** (24.2)	-0.24619*** (-21.71)	0.2911633*** (17.28)	-0.2268056*** (-13.99)
University	-0.1532413*** (-12.68)	0.1478816*** (12.72)	-0.1554557*** (-11.64)	0.152332*** (11.83)	-0.1683509*** (-9.76)	0.1912619*** (11.53)
Institute	-0.1690428*** (-14.58)	0.1937547*** (17.37)	-0.1855748*** (-15.3)	0.19394*** (16.59)	-0.166889*** (-10.42)	0.214335*** (13.92)

续表

	Model 1		Model 2		Model 3	
	Incremental Innovation *Coef.* (*t*)	Radical Innovation *Coef.* (*t*)	Incremental Innovation *Coef.* (*t*)	Radical Innovation *Coef.* (*t*)	Incremental Innovation *Coef.* (*t*)	Radical Innovation *Coef.* (*t*)
En & Un	—	—	—	—	0.0637588 * (1.65)	-0.0939094 ** (-2.53)
En & In	—	—	—	—	0.0312787 (0.74)	-0.078038 * (-1.92)
Un & In	—	—	—	—	0.1345202 *** (4.24)	0.1734952 *** (5.68)
En & Un & In	—	—	—	—	0.0048354 (0.16)	-0.0898814 *** (-3.03)
Age	—	—	-0.0423605 *** (-4.32)	0.003469 (0.37)	-0.0424134 *** (-4.31)	0.0028381 (0.30)
Size	—	—	-0.0255192 *** (-3.94)	-0.00042 (-0.07)	-0.0297483 *** (-4.31)	0.0038421 (0.62)
R&D	—	—	0.0040837 (0.77)	0.02614 *** (5.09)	0.0041673 (0.79)	0.0257297 *** (5.04)
R^2	0.1176	0.1237	0.1423	0.1448	0.1340	0.1405
Obs	5633	5633	5633	5633	5633	5633

注：*，**，*** 分别表示 10%、5% 和 1% 的显著性水平。( ) 内为 t 值。

从表 4 可以看出，模型 1 中，选择与其他企业合作对于企业的渐进性创新具有正向影响，而选择高校和科研院所作为研发合作伙伴则对企业的突破性创新具有正向影响，其中与科研院所的合作对于企业突破性创新的影响更大。在模型 2 中可以看出，企业规模与突破性创新和渐进性创新均有负向关系，说明相比于大企业，小企业的创新性更强；企业年龄与渐进性创新负相关，与突破性创新正相关，其中的原因可能是新企业在创业初期更加注重对于原有产品的改造，而缺乏对于突破性创新的投入，老企业则有更多的财力物力进行突破性创新；R&D 投入对于两类创新都有正向影响。模型 3 中可以看出，选择多个研发合作伙伴对于渐进性创新具有正向的影响，对于突破性创新而言，选择与高校科研院所合作正向影响较为显著，而当选择三者同时作为研发合作伙伴时，则有负向影响，说明研发合作伙伴的选择并不是越多越好。由于在创新合作中，各主体存在主次关系，因此进行研发合作时多个合作伙伴之间可能存在资源分配不平衡，同时大量的研发合作伙伴也会存在信息交流障碍，监管成本上升等，会负向影响创新绩效，因此对于企业而言应该选择最适合的研发合作伙伴，从而提升企业绩效。

表 5　　创新类型与企业研发合作伙伴选择分析（a）

	Biomedical Industry coef. (t)	Advanced Materials coef. (t)	Equipment Manufacturing coef. (t)	Electronic Information coef. (t)	Environmental Protection coef. (t)
Enterprise	0. 302817 *** (6. 89)	0. 248261 *** (12)	0. 230058 *** (11. 28)	0. 321172 *** (12. 49)	0. 426521 *** (4. 75)
University	-0. 11327 ** (-2. 37)	-0. 18275 *** (-8. 43)	-0. 11178 *** (-4. 9)	-0. 19885 *** (-6. 11)	-0. 20074 * (-1. 89)
Institute	-0. 14268 *** (-3. 09)	-0. 08809 *** (-4. 7)	-0. 19349 *** (-9. 49)	-0. 17814 *** (-6. 2)	-0. 2958 *** (-3. 18)
Age	-0. 01266 (-0. 28)	-0. 03055 * (-1. 84)	-0. 04704 *** (-3. 04)	-0. 03676 (-1. 59)	-0. 05509 (-0. 75)
Size	-0. 0425 (-1. 29)	-0. 00608 (-0. 53)	-0. 03052 ** (-2. 45)	-0. 02708 ** (-2. 28)	0. 007283 (0. 16)
R&D	0. 004426 (0. 19)	-0. 0015 (-0. 17)	0. 006577 (0. 67)	-0. 00675 (-0. 65)	0. 016213 (0. 4)
R^2	0. 2915	0. 0863	0. 1150	0. 1600	0. 1832
Obs	236	2006	1933	1311	147

注：*，**，*** 分别表示 10%、5% 和 1% 的显著性水平。() 内为 t 值。

表 5　　创新类型与企业研发合作伙伴选择分析（b）

	Biomedical Industry coef. (t)	Advanced Materials coef. (t)	Equipment Manufacturing coef. (t)	Electronic Information coef. (t)	Environmental Protection coef. (t)
Enterprise	-0. 2597668 *** (-5. 89)	-0. 23699 *** (-11. 69)	-0. 207 *** (-10. 31)	-0. 24603 *** (-10. 49)	-0. 32361 *** (-3. 73)
University	0. 2057945 *** (4. 3)	0. 184101 *** (8. 67)	0. 112445 *** (5)	0. 157629 *** (5. 31)	0. 195419 * (1. 91)
Institute	0. 1295194 *** (2. 79)	0. 118699 *** (6. 46)	0. 194932 *** (9. 71)	0. 224164 *** (8. 56)	0. 350057 *** (3. 9)

续表

	Biomedical Industry coef. (t)	Advanced Materials coef. (t)	Equipment Manufacturing coef. (t)	Electronic Information coef. (t)	Environmental Protection coef. (t)
Age	-0.0232267 (-0.52)	0.000877 (0.05)	0.008261 (0.54)	-0.0082 (-0.39)	0.078535 (1.11)
Size	0.0201948 (0.61)	-0.02177 * (-1.95)	-0.00898 (-0.73)	0.014987 (1.38)	-0.00273 (-0.06)
R&D	0.0417287 * (1.83)	0.025985 *** (2.95)	0.036332 *** (3.76)	0.026614 *** (2.81)	-0.02233 (-0.57)
R^2	0.3179	0.0957	0.1213	0.1800	0.1969
Obs	236	2006	1933	1311	147

注：*，**，*** 分别表示 10%、5% 和 1% 的显著性水平。() 内为 t 值。

从表 5（a、b）可以得到与表 4 相同的结论，即选择与其他企业合作对于企业的渐进性创新具有正向影响，而选择高校和科研院所作为研发合作伙伴则对企业的突破性创新具有正向影响。分行业来看，生物医药产业选择高校作为研发合作伙伴对于企业的突破性创新影响更大；节能环保产业选择其他企业作为合作伙伴对于企业的渐进性创新正向促进作用更大，选择与科研机构合作对于企业的突破性创新影响更大。

（2）研发合作伙伴选择、创新类型与企业创新绩效分析

采用模型 4 的方法，利用 Stata 14 软件并采用 OLS 估计法，结果如下：

表 6　　研发合作伙伴选择、创新类型与企业创新绩效分析

	Biomedical Industry coef. (t)	Advanced Materials coef. (t)	Equipment Manufacturing coef. (t)	Electronic Information coef. (t)	Environmental Protection coef. (t)
R&D	0.100361 (1.38)	0.104373 *** (3.91)	0.161751 *** (5.53)	0.108444 *** (3.6)	0.289273 *** (2.86)
Incremental Innovation	0.406543 (1.37)	0.087726 (0.71)	0.112481 (0.92)	0.149955 (1.23)	0.218014 (0.69)
Radical Innovation	0.576216 *** (1.96)	0.084559 (0.67)	0.131501 (1.06)	0.164681 (1.23)	0.415566 (1.29)

续表

	Biomedical Industry coef. (t)	Advanced Materials coef. (t)	Equipment Manufacturing coef. (t)	Electronic Information coef. (t)	Environmental Protection coef. (t)
Enterprise	0.202114 (1.33)	0.143966 ** (2.29)	-0.04203 (-0.68)	-0.07443 (-0.95)	-0.29991 (-1.28)
University	0.124694 (0.79)	0.053854 (0.91)	0.240952 *** (3.89)	0.205597 ** (2.35)	0.598367 *** (2.53)
Institute	-0.08794 (-0.59)	0.118966 ** (2.13)	-0.03992 (-0.65)	0.164021 * (1.91)	0.061074 (0.25)
Size	0.158161 (1.57)	0.190809 *** (5.69)	0.172826 *** (4.69)	0.225417 *** (6.63)	0.016567 (0.14)
Age	-0.09784 (-0.69)	-0.04432 (-0.9)	-0.09345 ** (-2.03)	-0.1613 ** (-2.39)	-0.29778 * (-1.65)
R^2	0.1154	0.1102	0.1493	0.1754	0.2444
Obs	236	2006	1933	1311	147

注：*，**，*** 分别表示 10%、5% 和 1% 的显著性水平。() 内为 t 值。

从表 6 可以看出，渐进性创新和突破性创新的系数均显著为正，说明渐进性创新和突破性创新均能促进企业的创新绩效，相比于渐进性创新，突破性创新更能促进企业的创新绩效。其中生物医药产业突破性创新的系数值为 0.576216，明显大于其他产业突破性创新的系数值，说明生物医药产业突破性创新对于企业创新绩效的影响最大。对于生物医药产业而言，在研发合作伙伴选择时，企业系数值为 0.202114，高校为 0.124694，科研院所为 -0.08794，说明选择企业和高校作为研发合作伙伴能显著促进企业的创新绩效。生物医药产业产品的创新一方面来源于新药研制，另一方面来源于对于已有药物进行剂型的改造，新药研制除企业自身参与研发外，往往还需要高校的参与，而剂型的改造一般而言是借鉴市面上已有其他药物的剂型，从而完成对另一药物的剂型改造，在这一过程中则更多需要与其他企业合作，因此生物医药产业选择企业和高校作为研发合作伙伴能够促进企业创新绩效。对于新材料产业而言，在研发合作伙伴选择中，企业、高校和科研院所的系数值分别为 0.143966、0.053854、0.118966，说明选择企业、高校和科研院所作为研发合作伙伴均能促进企业的研发绩效，其中选择企业和科研院所作为研发合作伙伴的结果较为显著（*t* 值分别为 2.29 和 2.13）。对于装备制造产业而言，研发合作伙伴选择中，企业、高校和科研院所的系数值分别为 -0.04203、0.240952、-0.03992，说明选择高校作为研发合作伙伴对于企业的创新绩效具有显著的正向促进作用，且结果较为显著（t 值为3.89）。对于电子信息产业而言，研发合作伙伴选择中，企业、高校和科研院所的系数值分别为 -0.07443、0.205597、0.164021，说明选择高校和科研院所均能促进企业的研发绩效，其中选择高校结果更显著（t 值为2.35）。对于节能环保产业而言，研发合作伙伴选择中企业、高校和科研院所的系数值分别为 -0.29991、0.598367、0.061074，说明选择高校和科研院所作为研发合作伙伴能显著提升企业的创新绩效，从上述结果中可以看出，在节能环保产业，相比于渐进性创新（系数值为0.218014），突破性创新（系数值为0.415566）对于企业创新绩效的促进作用更加明显，因此选择高校和科研院所作为研发合作伙伴能够通过促进企业的突破性创新，从而促进企业创新绩效。

五、结论与建议

主要结论：第一，新企业和小企业更加注重对于产品改进的渐进性创新，而大企业的成立时间较久，企业更加注重突破性创新。第二，选择与其他企业合作对于企业的渐进性创新具有正向影响，而选择高校和科研院所作为创新合作伙伴则对企业的突破性创新具有正向影响。其中选择高校作为研发合作伙伴对于企业的突破性创新影响最大的是生物医药产业，选择其他企业作为合作伙伴对于企业的渐进性创新正向促进作用最大的是节能环保产业，选择与科研机构合作对于企业的突破性创新影响最大的也是节能环保产业。第三，渐进性创新和突破性创新均能促进企业的创新绩效，相比于渐进性创新，突破性创新更能促进企业的研发绩效，其中生物医药产业中，突破性创新对于企业研发绩效的影响最大。选择研发合作伙伴均能促进企业的创新绩效，装备制造产业、电子信息产业和节能环保产业选择高校作为企业的研发合作伙伴均能显著促进企业的创新绩效。第四，从不同产业层面考虑，生物医药产业和新材料产业的企业选择企业作为研发合作伙伴对于企业创新绩效有促进作用；装备制造产业、电子信息产业和节能环保产业选择高校作为研发合作伙伴对于企业创新绩效有促进作用。

对策建议：第一，对于政府而言，要搭建产学研创新合作平台，促进企业合作创新。虽然选择不同的研发合作伙伴对于企业的创新绩效影响不同，但整体而言，选择研发合作伙伴进行合作创新均能促进企业的创新绩效。因此，要搭建产学研创新合作平台，促进企业与其他创新主体进行研发合作，同时通过平台发布信息，使企业能够找到符合其需求的研发合作伙伴。第二，对于企业而言，要分析内在需求，找准创新方向，选择合适的研发合作伙伴，而不是因为政府鼓励而盲目地选择研发合作伙伴。实际上研发合作伙伴并不是越多越好，若合作伙伴过多，带来的信息交流、合作监管等方面的成本也会影响企业的创新绩效。同时要根据自身产业特点和市场形式明确企业的定位，分析适合企业发展的创新类型，明确研发合作的方向。一般而言，依靠突破性创新的企业在进行创新研发活动时，应当更加注重高校或科研院所合作；依靠渐进性创新的企业应当更加注重与企业的研发合作。第三，高校和科研院所要更加注重基础性、产业共性技术研发，保持自身与企业在创新活动中的异质性和独特优势，从而在与企业的合作过程中能够源源不断地提供新知识和新技术，促进企业突破性创新和创新绩效提升。

参考文献

[1] 陈劲，吴波．开放式创新下企业开放度与外部关键资源获取［J］．科研管理，2012，33（9）：10－21，106.

[2] LUNDVALL B A. National systems of innovation：analytical concept and development tool［J］．Industry innovation，2007，14（1）：95－119.

[3] JENSEN M B，JOHNSON B.，LORENZ E. et al. Forms of knowledge and modes of innovation［J］．Research policy，2007，36（5）：680－693.

[4] PARRILLI M D，HERAS H A. STI and DUI innovation modes：Scientific－technological and context－specific nuances［J］．Research Policy，2016，45（4）：747－756.

[5] CHESBROUGH H，CROWTHER A K. Beyond high－tech：early adopters of open innovation in other industries［J］．R&D management，2006，36（3）：229－236.

[6] DAHLANDER L，GANN D M. How open is innovation?［J］．Research policy，2010，39（6）：699－709.

[7] LICHTENTHALER U. Open innovation: past research, currentdebates, and future directions [J]. Academy of management perspectives, 2011, 25 (1): 75-93.

[8] YE J, KANKANHALLI A. Exploring innovation through open networks: a review and initial research questions [J]. IIMB management review, 2013, 25 (2): 69-82.

[9] FELIN T, ZENGER T R. Closed or open innovation? Problem solving and the governance choice [J]. Research policy, 2014, 43 (5): 914-925.

[10] 张永成，郝冬冬，王希. 国外开放式创新理论研究 11 年：回顾、评述与展望 [J]. 科学学与科学技术管理，2015 (3): 13-22.

[11] 周立群，刘根节. 由封闭式创新向开放式创新的转变 [J]. 经济学家，2012 (6): 53-57.

[12] LAZZAROTTI V. AND MANZINI R. Different modes of open innovation: a theoretical framework and an empirical study [J]. International journal of innovation management, 2009, 13 (4): 615-636.

[13] HUIZINGH E. Open innovation: state of the art and future perspectives [J]. Technovation, 2011, 31 (1): 2-9.

[14] CHESBROUGH H W. The market for innovation: Implications for corporate strategy [J]. California management review, 2007, 49 (3): 45-66.

[15] RASS M, DUMBACH M, DANZINGER F, et al. Open innovation and firm performance: the mediating role of social capital [J]. Creativity and innovation management, 2013, 22 (2): 177-191.

[16] BROUTHERS K D, BROUTHERS L F, WILKINSON T J. Strategic alliances: choose your partners [J]. Long range planning, 1995, 28 (3): 18-25.

[17] FAULKNER D, CHILD J. Strategies of cooperation: managing alliances, networks, and joint ventures [M]. New York: Oxford university press, 1998.

[18] 喻金田，胡春华. 技术联盟协同创新的合作伙伴选择研究 [J]. 科学管理研究，2015 (1): 13-16.

[19] 王道平，韦小彦，方放. 基于技术标准特征的标准研发联盟合作伙伴选择研究 [J]. 科研管理，2015 (1): 81-89.

[20] 叶琴，曾刚，陈弘挺. 中国装备制造企业合作创新伙伴选择——基于

2013 年中国工博会 249 家参展企业的问卷调查分析 [J]. 地理科学进展，2015，34（5）：648－656.
[21] 李柏洲，罗小芳. 企业原始创新中学研合作伙伴的选择——基于影响因素及其作用路径视角的分析 [J]. 科学学研究，2013（3）：437－445.
[22] 游达明，黄曦子. 突破性技术创新合作伙伴选择及其评价 [J]. 系统工程，2014（3）：99－103.
[23] 刘书庆，董雅文. 生产型虚拟企业制造合作伙伴选择模型研究 [J]. 中国管理科学，2006，14（6）：77－85.
[24] 郑登攀，党兴华. 网络嵌入性对企业选择合作技术创新伙伴的影响 [J]. 科研管理，2012，33（1）：154－160.
[25] 曹霞，张路蓬. 基于改进信息熵的创新合作伙伴多级可拓优选决策分析 [J]. 统计与决策，2016（5）：61－64.
[26] VANHAVERBEKE WP W, BEERKENS B, DUYSTERS G. Explorative and exploitative learning strategies in technology based alliance networks [R]. Eindhoven: Technische Universiteit Eindhoven, 2006.
[27] PIENING E P, SALGE T O, SCHAFER S. Innovating across boundaries: a portfolio perspective on innovation partnerships of multinational corporations [J]. Journal of world business, 2015, 51 (3): 474－485.
[28] 陈钰芬，陈劲. 开放度对企业技术创新绩效的影响 [J]. 科学学研究，2008，26（2）：419－426.
[29] 孙笑明，崔文田，董劲威. 创新合作伙伴选择与创新绩效之间的关系 [J]. 科学学与科学技术管理，2011，32（11）：173－179.
[30] 梁靓. 开放式创新中合作伙伴异质性对创新绩效的影响机制研究 [D]. 杭州：浙江大学，2013.
[31] GOLDSTEIN H, BERGMAN E M, MAIER G. University mission creep? Comparing EU and us faculty views of university involvement in regional economic development and commercialization [J]. The annals of regional science, 2013, 50 (2): 453－377.
[32] 张婧，段艳玲. 市场导向对创新类型和产品创新绩效的影响 [J]. 科研管理，2011，32（5）：68－77.
[33] PILZER P Z. Unlimited wealth: The theory and practice of economic alche-

my [M]. New York: Crown Publishers, 1990.

[34] ROBINSON W T, FORNELL C. Sources of market pioneering advantages in consumer goods industries [J]. Journal of marketing research, 1985, 22 (3): 305 -318.

[35] LIEBERMAN M B, MONTGOMERY D B. First - mover (dis) advantages: retrospective and link with the resource - based view [J]. Strategic management journal, 1998, 19 (12): 1111 -1125.

[36] SZYMANSKI D M, TROY L C, BHARADWAJ S G. Order of entry and business performance: An empirical synthesis and re - examination [J]. Journal of marketing, 1995, 59 (4): 17 -33.

[37] HENARD D, SZYMANSKI D. Why some new products are more successful than others [J]. Journal of marketing research, 2001, 38 (8): 362 -375.

[38] SHANKAR V, CARPENTER G S. KRISHNAMURTHI L. Late mover advantage: How innovative entry outsell pioneers [J]. Journal of marketing research, 1998, 35 (1): 54 -70.

[39] MEUER J, RUPIETTA C, BACKES - GELLNER U. Layers of co - existing innovation systems [J]. Research policy, 2015, 44 (4): 888 -910.

（作者：戚湧、饶卓、朱婷婷，南京理工大学经济管理学院）

中国制造业企业对外直接投资动机

——华意压缩的案例研究

摘 要

本文采用了探索性单案例研究方法，以华意压缩机股份有限公司为案例研究对象，以该公司对西班牙 Cubigel 公司的跨国并购为研究主线，回顾了发展中国家对外直接投资相关的理论，分析了发展中国家对外直接投资的特殊性，通过对该公司的对外直接投资动机的分析进而推进中国制造业企业对外直接投资动机的解释。研究结果发现：中国制造业企业对外直接投资活动除了响应国家政策的号召之外，其动机主要是对生产技术和海外市场的寻求以及对战略资产的寻求。最后，通过本文的分析提炼出几点实践启示和理论价值。

关键词

制造业企业　对外直接投资动机　技术寻求　开辟市场

一、引　　言

制造业作为我国 GDP 的支柱产业，其生产总值在 GDP 中占比一度超过 40%，可以说，制造业的兴盛与否直接影响我国的国民经济。在过去几十年里，廉价劳动力一直是我国密集型产业的主要优势所在，但是现在成本优势正在逐渐消失。在当前生产能力大于市场有效需求的市场经济环境下，我国制造业行业出现“产能过剩”现象（韩国高，2011），大量国内制造业企业产能闲置率居高不下、缺乏核心技术支撑（欧阳芳，2013）、生产技术和研发能力相对较低（吴天明，2015）、人才匮乏，并且由于各国的政策保护，我国产品出口受阻，企业陷入增长无力的困境之中。可以说之前“中国制造”的黄金时代已不复存在了。从国际市场来看，自国际金融危机后，全球产业竞争格局重新调整，制造业竞争优势重塑，我国在全球新一轮的发展中面临着巨大的挑战。《中国制造2025》中指出，我国制造业大而不强，一方面，表现在企业自主创新能力、产业结构水平、核心技术的研发、信息化程度以及资源利用率等方面明显落后于发达国家水平；另一方面，全球贸易投资新格局的调整促使一些发展中国家积极布局全球市场，参与产业再分工，努力拓展国际市场，我国制造业同时遭遇发达国家和其他发展中国家的“双重压迫”，制造业进行转型升级和跨越式发展迫在眉睫。

自2015年提出供给侧改革，我国制造业企业更要在增强核心技术的研发、提高产品质量等方面作出努力。走出国门，实现国际化，是制造业企业利用、整合全球资源来缓解当前发展困境的有效途径。中国依靠创新驱动、发展全球化思维，促进以制造业为代表的传统经济结构转型升级，是一条非常突出的主线（睿彦，2015）。对以中国为代表的发展中国家来说，国际市场能够为企业提供更大的生存空间，是企业实现跨越式发展的平台。对外直接投资成为各国参与国际市场的重要方式之一，国际化经营成为各国企业的发展目标。

那么，结合企业自身来看，到底是什么驱使企业进行对外直接投资的行为呢？本文选择以华意压缩机股份有限公司（以下简称“华意压缩”）为案例研究对象，对中国制造业企业对外直接投资的动机进行研究分析，试图揭开中国制造业企业涌向海外投资的内在驱动因素。本文的研究主要集中在以下两个方面：第一，分析华意压缩并购Cubigel公司的动机；第二，探讨中国制造业企业对外直接投资的导向动机。

二、理论综述与研究框架

1. 理论综述

(1) 发展中国家对外直接投资理论

20世纪已经形成很多对外直接投资的经典理论，如垄断优势理论、内部化理论、国际生产折衷理论等，但这些理论都是基于发达国家的跨国公司进行研究的，对于发展中国家而言，这些传统理论不再普遍适用，需要特定的理论予以补充。20世纪80年代以来，发展中国家逐渐形成跨国公司，为了解释发展中国家的企业对外投资的行为，学者也陆续研究了一些相关理论（见表1）。

表1　　发展中国家对外直接投资理论一览表

理论	提出者	核心内容	贡献与不足
小规模技术理论	Wells①	发展中国家跨国公司的竞争优势表现在以下方面：小规模生产方式、劳动密集型生产技术、海外生产特殊的民族产品和物美价廉的营销战略	该理论对于分析经济落后的国家的企业在国际化的早期阶段如何在国际竞争中争得一席之地是颇有启发的，为发展中国家企业对外直接投资行为提供理论依据
技术地方化理论	Lall②	欠发达国家对外国技术进行消化、改进和创新，在形成技术过程中包含的创新活动会给企业带来新的竞争优势，具有更高的经济效益	该理论对于分析发展中国家企业国际化动机的意义在于，它强调了推动发展中国家国际化经营、形成竞争优势所特有的企业创新活动
技术创新产业升级理论	Cantwell和Tolentino③	该理论强调企业发展的根本动力来自于技术创新，从技术积累的角度解释发展中国家的企业对外直接投资行为，认为对外投资的发展遵循周边国家—其他发展中国家—发达地区的顺序进行	该理论较全面地解释了自20世纪80年代以来发展中国家，尤其是新兴工业体对外直接投资活动在区位、产业上的转变，对企业提升产业结构、提高国际竞争力具有普遍的指导意义

资料来源：①WELLS L T. Third world multinationals: the rise of foreign investment from developing countries [J]. Foreign affairs, 1983, 1 (1): 173-175.

②LALL S, CHEN E. The new multinationals: the spread of third world enterprises [M] // LALL S, CHEN E. New multinationals Spanish firms in a global context, 1983.

③CANTWELL J, TOLENTINO P E. Technological accumulation and third world multinationals discussion paper in international investment and business studies [J]. University of Reading, 1990 (139).

（2）发展中国家对外直接投资特点

相对于发达国家企业而言，发展中国家企业存在生产规模小、生产技术水平低等问题，因此也不能像发达国家企业利用自身的技术、品牌等优势进行对外投资，这也使得发展中国家的对外直接投资活动呈现出其独有的特殊性。第一，自21世纪以来，发展中国家对外直接投资发展迅猛，据《2015年世界投资报告》显示，2011年发展中经济体对外直接投资占全球直接外资流量的比例高达44.9%。第二，发展中国家对外直接投资的形式主要有绿地投资与跨国并购两种。绿地投资大多发生在发展中经济体之间的直接投资，跨国并购多是发展中国家对发达国家企业进行兼并收购，以此获得技术专利、研发体系、品牌和营销等无形资产。第三，发展中国家企业不具备垄断优势，其对外直接投资活动表现出的投资动机往往不是单一的，而是具有多样性与复杂性（李国正、陈雷和高波，2014）。

（3）发展中国家对外直接投资动机

对于发展中国家对外直接投资理论比较知名的有Wells（1977）提出的小规模技术理论、Lall（1983）提出的技术地方化理论等，而关于发展中国家对外直接投资动机的研究则尚未形成完整的理论体系。Dunning（1988）的传统动机分析中将企业对外投资动机分为市场寻求、资源寻求、效率寻求和战略资产寻求四种。Markusen（1996）表示企业为减少运输成本而进行横向动机对外投资。白远（2009）和冉光和等（2006）指出企业对外直接投资的动机往往具有多元化特征，区别只在于不同企业对多种驱动因素的排序不同。小岛清（1987）提出了自然资源导向型、市场导向型、生产要素导向型三种国际直接投资类型。Athreye和Kapur（2014）研究发展中国家企业对外直接投资主要是为了获取技术、品牌和人才等无形资产。余官胜（2014）对我国民营企业对外投资动机进行了实证研究，结论认为民营企业对发达国家投资的目的是为了开拓市场，对发展中国家对外投资则兼具开拓市场和生产转移两类动机，同时制造业企业对外直接投资也是兼具这两类动机。丁婉玲（2011）指出，中国企业对外直接投资的动机表现在拓展海外市场、寻求自然资源和战略资产三个方面。

国内众多学者对中国企业对外直接投资有所研究，但是基于中国制造业企业的对外直接投资动机的专门研究则相对较少。当前中国制造业企业遭遇发展困境，亟待突破，本文基于华意压缩的跨国并购案例对我国制造企业对外直接投资动机进行研究分析。

2. 研究设计

（1）研究方法

本文采用的是案例研究方法。案例研究是对难以脱离情境的现象进行探索分析的一种研究方法，主要回答“为什么”和“怎么样”的问题，也是属于一种实证研究。案例研究的目的主要是在对已有理论的复证过程中论证其理论的有效性，并在研究过程中产生新的观点。案例研究按照案例个数可以分为单案例研究和多案例研究，也可以分为探索性案例、描述性案例和解释性案例研究。

本文采用单一案例探索性研究，主要按照以下步骤进行分析：提出问题—确定研究命题—明确分析单元—资料搜集—研究启示。首先提出问题：中国企业巨大的海外投资量和外汇储备，除了经济全球化的驱使，就行业需求和企业本身而言，对外直接投资的动机到底是什么？之后确定研究命题：以我国制造业企业为代表研究企业对外直接投资的动机。明确分析单元：以华意压缩的海外并购活动为分析单元。接下来是搜集与命题相关的资料：本文采用深度访谈得到的一手资料与二手资料两者相结合的方法收集相关数据资料，相关二手数据资料来源于华意压缩机股份有限公司官网、中国商务部公布的《对外直接投资统计公报》、国家外汇管理局、《江西日报》、《中国企业报》、中国知网等，进而对研究命题进行具体分析。最后是根据研究提炼出研究启示，指出研究局限，并提出未来研究展望。

（2）案例企业的选择

本文选择华意压缩作为案例研究对象，主要是出于以下几点考虑：第一，华意压缩作为一家压缩机制造企业，其企业综合竞争力位居国内冰箱压缩机行业首位、全球行业第二位，同样面临着当前制造业产能过剩、核心竞争力不强、国际竞争力弱的困境。在经济下行的今天，华意压缩同样需要思考如何突破困境、消耗过剩产能这一难题。华意压缩面临的发展瓶颈是目前制造业企业所面对的共同问题，具有典型的代表性。第二，华意压缩成功收购 Cubigel 公司并且取得阶段性成效，整个海外并购过程以及并购后的整合处理相对成功。华意压缩收购 Cubigel 公司被欧洲著名商学院纳为 MBA 课程经典案例，具有较强的代表性和借鉴意义。故而，选择这样一家制造业企业作为本文命题的研究对象。

（3）分析框架

基于以上文献资料，作者认为企业在其发展过程中存在多种不同层面的需求。需求产生动机，动机产生行为，因此本文主要从企业需求方面来分析企业海外并购的动机（见图 1）。从企业自身层面来看，企业需求主要是从生产技术、专业人才、销售渠道、品牌影响力、海外服务平台、拓展产品线以及市场占有率七个方面进行分解，从社会宏观环境来看，在全球化大潮流下，国家政策鼓励中国企业走出国门，冲向世界。基于这些需求促使企业产生海外投资的各种动机，企业实行海外扩张往往不是单一动机的驱使，而是多个动机共同作用的结果。企业并购产生的协同效应则是判断企业海外投资绩效的指标之一。

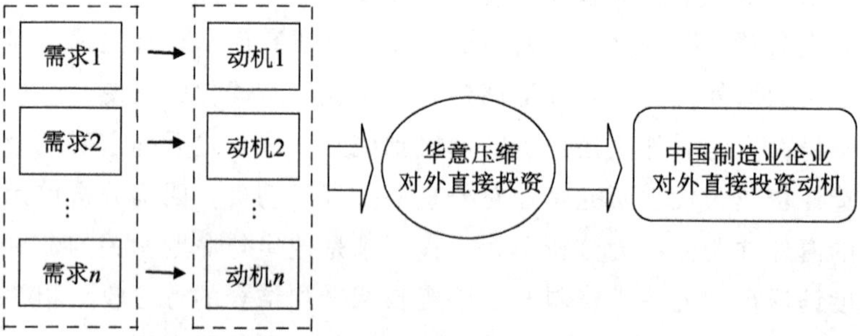

图1 本文的分析框架

三、案例描述①

1. 企业简介

（1）华意压缩机股份有限公司

华意压缩是一家冰箱压缩机专业制造企业，主要以研发和生产冰箱、冷柜、饮水机、制冰机及除湿机等制冷电器的各类压缩机为主营业务。该公司成立于1996年，并于同年在深圳证券交易所挂牌上市，成为中国股市第一支“无氟”新军，是江西省第二家、景德镇第一家上市公司。公司总部位于中国瓷都景德镇，下辖浙江嘉兴加西贝拉压缩机有限公司、华意压缩机（荆州）有限公司、华意压缩机（巴塞罗那）有限公司三家子公司。公司现有总资产为55亿元，员工6500余人，压缩机年产能力3500万台以上，企

① 资料来源：华意压缩机股份有限公司官方网站、华意压缩机股份有限公司（景德镇）实地访谈、《江西日报》、《中国企业报》。

业综合竞争力居国内冰箱压缩机行业首位、全球行业第二位。公司制造的压缩机各项技术指标均达到国际先进水平，产品先后通过 CE、VDE、UL 和 3C 等认证，其主要客户遍布国内外。国内客户主要包括海尔、美菱、海信科龙、美的、荣事达、新飞、澳柯玛、苏州三星、东芝（南海）、奥马、康佳、惠康、双鹿、TCL、索伊、华裕、华凌、沁园等；国外客户主要包括伊莱克斯、博世、西门子、尹黛喜、法格、VESTEL、Arcelik、BEKO Candy、Gorenje、Whirlpool、Snaige JSC（立陶宛 SnaigeJXSG）、CTI、COOL、'ARCE-LIK A S（土耳其阿奇立克 AT）等。

2012 年 7 月收购全球第四大轻型商用压缩机供应商西班牙 Cubigel 公司，进行海外投资，开拓欧洲市场。

2013 年以 3400 万台的年产量成功实现“全球第一大”家用电冰箱压缩机制造企业的目标。

2014 年整个华意系压缩机销量为 3786 万台，与 2013 年相比增长了 15%，进一步巩固了 2013 年全球第一大的领头地位，其出口销量也达到了约 1500 万台，占总产量 40%，较 2013 年增长了 18%。

2015 年上半年华意压缩海外业务增长了 10% 左右。目前，海外业务在华意压缩整体业务中的占比超过 20%。

华意已连续 12 年实现产销总量、产品性能、经济效益国内压缩机行业三个领先，规模、技术位居国际前列。目前，华意压缩的产品已经出口到全球 30 多个国家和地区，稳居中国冰箱压缩机海外出口首位。

（2）西班牙 Cubigel Compressors S. A. 公司

西班牙 Cubigel Compressors S. A. 公司（以下简称“Cubigel 公司”）成立于 1962 年，位于西班牙巴塞罗那，员工规模为 600 余人，企业主要生产、销售轻型商用压缩机。Cubigel 公司成立 50 余年来积累了丰富的制冷压缩机从业经验，其中有 20 年的时间是专门从事轻型商用压缩机的研发、生产和销售，企业影响范围遍布全球 70 多个国家，商业客户辐射全球 330 多家，与 Coca - Cola、Nestlé、Uuilever、Pepsi 等国际著名品牌都建立了合作关系。经过多年的努力经营，Cubigel 公司成为全球第四大轻型商用压缩机制造商，在欧洲轻型商用压缩机市场一度占有 27% 的份额，在全球市场达 10% 以上占有率。

Cubigel 公司 2011 年年初总资产为 4736.86 万欧元，2011 年年末总资产为 3757.60 万欧元；权益资本（净资产）2011 年年初为 1882.49 万欧元，

2011 年年末为 640.03 万欧元。从这些数据来看，当时 Cubigel 公司是处于亏损状态的，而且在华意压缩并购之时，Cubigel 公司的运营已经停滞了半年左右。

2. 华意压缩并购西班牙 Cubigel 公司

华意压缩选择 Cubigel 公司为标的公司主要是从以下几个出发点考虑的。

（1）西班牙 Cubigel 公司的销售规模适宜

Cubigel 公司的人工规模为 600 人左右，年销售规模也不大，收购所需的资本不会过高。

（2）Cubigel 公司与华意压缩产品有互补优势

收购 Cubigel 公司资产有助于华意压缩进一步拓展公司产品线。Cubigel 公司是生产轻型商用压缩机的大企业，商用压缩机是公司重要拓展方向之一，与华意压缩现有业务有着较强的互补性，而且西班牙巴塞罗那是华意压缩四大压缩机基地之一，是其在海外市场的大本营，也是华意压缩成功走出去的关键。华意压缩通过海外并购加速进入商用压缩机和移动压缩机领域，使得公司整体产品结构更加合理。

（3）华意压缩需要欧洲市场

华意压缩在并购 Cubigel 公司之前，中国品牌在全球轻型商用领域不够具有影响力，华意压缩要想成为全球规模最大的冰箱压缩机生产企业，成为全球轻型商用压缩机第一品牌，就必须要开拓欧洲市场。华意压缩董事、常务副总经理黄大文说："作为全球第四大轻型商用制冷压缩机企业，华意巴赛罗那公司 60% 的市场在欧洲本地。在被中方收购之前，这家公司在销售方面的最大特点是在欧洲没有死角，在全球到处都有空白。华意巴赛罗那的传统市场基本集中在欧洲，包括意大利、奥地利、德国、法国、捷克、瑞士、英国等，但中国以及北美洲、南美洲、非洲、澳大利亚市场，基本是空白。"

2012 年 7 月 17 日西班牙当地第三商业法院正式宣布长虹旗下的华意压缩在收购西班牙 Cubigel 公司资产的报价方案中最终胜出。华意压缩以 800 万欧元投资，并购运营西班牙 Cubigel 公司项目，其中 270 万欧元将用于收购 Cubigel 公司资产，530 万欧元用于收购后境外公司的生产经营。公司在西班牙的海外收购顺利完成，并在西班牙设立子公司，开展境外商用压缩机运营。这是中国家电企业首次在核心零部件上实现的跨国并购。

四、案例分析

1. 华意压缩跨国并购西班牙 Cubigel 公司的动机分析

通过对华意压缩进行的一手数据与二手数据的结合分析，在借鉴前人研究成果的基础之上，本文从需求产生动机、动机导致行为的管理思维角度将华意压缩对外直接投资的动机概括为技术导向型动机、市场导向型动机和战略资产导向型动机三个方面（见图 2）。

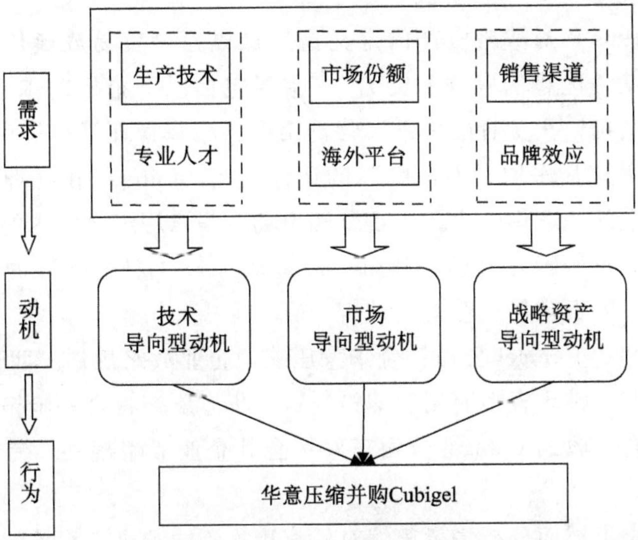

图 2　华意压缩对外直接投资动机

（1）技术导向型动机

以技术为导向动机驱使的对外直接投资主要是为了获取先进的生产技术和专业人才。从华意压缩的海外并购案例中也可以发现，其并购 Cubigel 公司最主要动机就是将其生产技术内部化。华意压缩并购 Cubigel 公司后在巴塞罗那成立海外技术研发中心、营销中心，实现华意与欧洲市场的完美对接，同时能迅速整合全球技术资源。此外，Cubigel 公司从事研发、生产和销售商用压缩机五十多年，拥有丰富的管理经验和大批优秀专业人才。技术导向型动机是华意压缩收购 Cubigel 公司的主要动机。

（2）市场导向型动机

这里所提的市场资源主要表现为市场占有率和海外服务平台的建设。华意压缩在进行对外直接投资之前就已经向海外市场出口销售产品，此次收购 Cubigel 公司不仅是为了保护现有的海外市场，其更看重的是 Cubigel 可以作为公司拓展海外业务发展的绝佳平台，在西班牙建立海外服务平台，实现区域售后服务。这样一来可以将 Cubigel 公司作为欧洲业务的中心基地，实现进退两全的完美境地。“进”可以在巴塞罗那设立研发中心和营销中心，贴近海外市场，建立物流基地，大大节省运输成本和时间成本；“退”能更加拉近与客户之间的距离，提供更优质的本土化服务和更有效的售后服务保障，提高客服的服务质量，及时满足客户的需求。

（3）战略资产导向型动机

Amit（1965）对战略资产的定义是“难以通过贸易或模仿获得的，且能成为企业竞争优势的资源和能力”，主要包括以下指标需求：技术能力、优质的成本结构、买卖者的关系、营销渠道、品牌管理等。华意压缩与 Cubigel 公司合并之后采取“双品牌”的运作模式。Cubigel 在欧洲市场纵横多年，有着较强的品牌影响力，主攻欧洲市场；华意压缩在国内的品牌效应较大，则主要立足于国内市场。利用“双基地”与“双中心”的品牌优势同时双向发展，贴近市场，覆盖全球。

此外，并购 Cubigel 公司符合华意压缩的企业战略规划。西班牙 Cubigel 公司主要生产、销售轻型商用压缩机，这与华意压缩将进一步拓展产品线的方向不谋而合，收购 Cubigel 公司正好符合其企业战略规划，完善企业的整体产品结构。

具体从需求层面分析华意压缩对外直接投资的动机，相关的案例支撑数据如表 2 所示。

综合以上分析不难发现，华意压缩并购西班牙 Cubigel 公司存在多种动机：在技术需求方面，企业关注的是对外直接投资能够引进先进的生产技术和优秀的研发人才；在市场方面，企业关注的是如何提高市场份额以及海外服务平台的建设；在战略资产方面，企业关注的是如何获取更丰富的营销渠道、增强品牌影响力。针对华意压缩而言，并购 Cubigel 公司并不是出于经济因素，更重要的是通过跨国并购的对外投资方式获取技术、市场、品牌等无形资产，以及并购之后产生的协同效应，如产品线的拓宽。华意压缩要想在当前产能过剩的恶性竞争之中成功突围，就必须要让企业的产品与其竞争

表 2　　华意压缩并购 Cubigel 公司的动机

动机	需求要素	案例支撑
技术导向型动机	技术	华意压缩收购 Cubigel 公司资产，除了生产设备、模具及配件等固定资产，专利权、商标权、科学发现等无形资产，还包括与产品研发生产相关的产品图纸、技术标准以及与供应商、高校等签署的各种技术协议等。这意味着华意压缩将获得 Cubigel 公司成熟的研发技术、品牌效应、营销等各种资源。收购 Cubigel 公司不仅可以将其一流的生产技术内部化，还可以降低外部市场交易成本
	人才	Cubigel 公司专注商用压缩机五十多年，其中二十年专门从事轻型商用压缩机研发、生产和销售，培养大批专业人才，人才方面存在着很大的优势。华意压缩以 Cubigel 为载体设立技术研发营销中心，汇集更多的海外优秀技术人才参与产品开发，实现与世界冰箱顶级水平的零距离对接
市场导向型动机	市场占有率	Cubigel 公司是全球第四大轻型商用压缩机制造商，其轻型商用压缩机占全球市场 10% 左右市场占有率，其在欧洲轻型商用压缩机市场份额高达 27%
	海外服务平台	华意压缩在境外没有售后服务区域，售后服务往往需要运回国内，成本太高。竞购 Cubigel 公司，其可以在西班牙设立子公司，有良好的生产基地，增设海外服务平台，实现区域售后服务。对客户而言，在欧洲大量的出口产品的质量可以得到更有效的保障，提高客服的服务质量，及时满足用户需求；对企业自身而言，还能够降低时间、资金成本，提高企业经营效率和市场敏捷性
战略资产导向型动机	销售渠道	华意压缩的产品出口量占总产量 40%，为消耗产能、促进出口，需要拓宽销售渠道。Cubigel 公司在全球拥有 330 家商业客户，辐射西班牙周边七十多个国家，与 Coca - Cola、Nestlé、Unilever、Pepsi 等国际著名品牌建立了合作关系
	品牌效应	Cubigel 公司与 Coca - Cola、Nestlé、Unilever、Pepsi 等国际著名品牌建立了合作关系
	拓展产品线（经营协同）	Cubigel 公司生产的轻型商用压缩机与华意压缩现有业务存在较强的互补性，符合华意压缩的战略规划。并购 Cubigel 公司对于进一步拓宽公司产品线起着推波助澜的作用，将产品线拓宽至商用压缩机和移动压缩机领域，丰富企业产品类别，形成整体覆盖家电压缩机和商用压缩机的完整产品线布局，逐步掌握市场发展的主导权

者形成差异化。就这个行业而言，其更多地注重企业在新产品、新技术等方

面领先于竞争对手，形成差异化，增强竞争优势、占领海外市场、引领行业发展。所以，技术寻求以及市场开拓是华意压缩对外直接投资最主要的两个动机，而这些动机背后最根本的目的就是推进中国制造企业的“国际化”战略。

2. 中国制造业企业对外直接投资的混合动机分析

综合以上对华意压缩的对外直接投资活动动机的分析，并结合上述的文献资料，本文从社会宏观、行业中观层面对中国制造业企业对外直接投资的动机进行分析（见图3）。

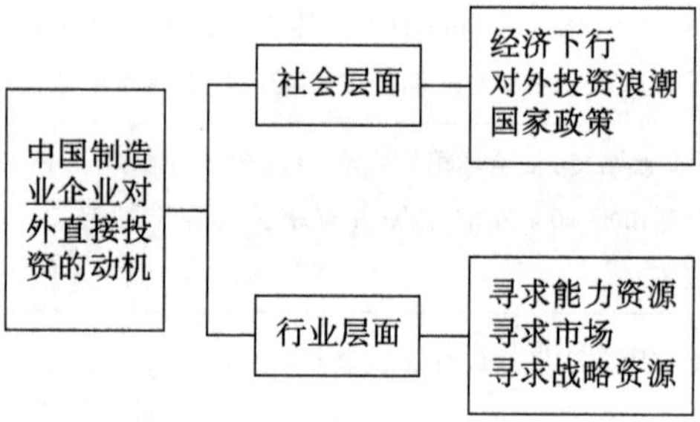

图3 中国制造业企业对外直接投资的动机分析

（1）社会层面动机分析

从社会宏观方面来看，中国企业对外直接投资是一个大趋势。目前，中国经济下行，发展的外部经济环境充满不确定性，新兴产业的兴起，传统产业转型升级是中国经济发展的必然趋势。中国自加入WTO以后外汇储备不断增加，人民币升值，对外直接投资流量逐年递增，中国企业形成一股对外投资的浪潮。而且国家为鼓励我国企业走出去，制定了很多相关政策，如“十二五”规划中明确提出“集中力量，集中资源，培养一批在国际市场上与跨国公司同台竞争的大企业大集团”的政策、2015年印发的《中国制造2025》中实现制造强国的战略目标等等。近年来国家提出供给侧改革，制造业企业也必须从供给侧提高研发水平和产品质量，对发达国家企业进行跨国并购是企业获取技术资源的重要形式。

（2）行业层面动机分析

制造业一直以来都是我国的立国之本、兴国之器、强国之基，但是目前我国制造业大而不强。一方面，面临着利润增长空间薄弱、核心技术缺失、市场竞争力下降等窘境；另一方面，随着成本优势的消失，许多外资企业纷纷撤离中国，向东南亚和印度等国家转移，其他发展中国家制造业纷纷向外扩张，我国制造业陷入双面夹击的困境，转型升级亟不可待。在全球经济一体化的今天，建立核心技术、海外扩张是制造业唯一的出路。

第一，寻求能力资源。所谓能力资源主要包括技术、人才、管理和营销四个方面的能力。以寻求能力资源为动机的对外投资大多发生在新兴市场经济国家企业对发达国家的投资。造成我国制造业困境的主要原因是我国制造业关键技术对外依存度较高，尚未建立核心技术，例如一支圆珠笔，直至2016年我国制造业企业只能生产出笔杆和笔帽，而最核心的笔芯技术和材料多年来高度依赖进口。小到一支圆珠笔，大到各种大型机械，我国的核心技术都要受制于外国，制造业要想转型升级首要解决的问题是掌握核心技术自主权，所以寻求技术是我国制造业企业对外直接投资的最主要驱动因素。在人才需求方面，中国制造业自主创新机制不强，专业人才匮乏。国际市场上精英聚集、人才济济，企业可“侵入”国际市场“打捞”专业人才，充实企业精英团队，增强企业研发技能。

第二，寻求市场。以市场为导向的对外投资是指跨国公司在特定地区投资建厂，更好地为当地或临近国家市场提供服务或销售产品。一般而言，制造业企业在进行对外直接投资之前就已经通过出口贸易向海外市场销售产品，但是随着关税的提高、出口成本增加，出口已经无法消耗当前制造业过剩的产能，因此这些企业通过对外投资寻求海外市场，在当地进行经营活动。这种以寻求市场为驱动因素的对外直接投资包含两个方面：一是巩固、扩大原有的市场份额；二是开辟海外市场，寻求新的市场需求。通过开辟或扩大企业的市场占有率增加产品的营销渠道，扩大产品的需求量，输出企业产能。

第三，寻求战略资源。以寻求企业战略资源为驱动因素的对外直接投资，其主要目的是通过在海外的经营活动获取战略资产，增强现有的资产组合，实现企业的长远战略目标，提高企业的竞争地位，进而提升国际竞争力。以此为动机的对外直接投资往往是为了增强企业的多元性，拓展产品线，增加企业的营销渠道。因此此种动机驱动的跨国公司通常采取企业并购的对外直接投资方式，通过企业并购获得扩大市场、降低交易成本等有利因素，企业并购产生的各种协同效应可以有效地提高制造业企业生产过程的经济性，提高企业的战略灵活性。

五、研究总结与展望

1. 理论价值与实践启示

（1）本研究的理论价值

第一，本文发现中国制造业企业对外直接投资的动机通常是非经济因素，主要包括寻求能力资源、寻求市场、寻求战略资产以及社会宏观环境的推动。从制造行业来看，寻求能力资源主要是对生产技术、专业人才、研发体系等无形资产的获取，从企业供给侧方面进行改革；寻求市场是为了开辟和扩大市场资源、扩大市场需求，这主要是制造业从需求侧降低产能；寻求战略资产则是为了丰富企业产品的多元化和协同效应，提高企业的经营能力。而从社会环境大趋势来看，我国外汇储备居高不下，中国制造业面临发展困境，亟待转型升级，对外直接投资是大势所向、形势所迫。

第二，本文阐述了发展中国家对外直接投资特有的特殊性，通过对华意压缩的对外直接投资活动的案例研究，总结出我国制造业企业对外直接投资的动机。事实上，不同行业的对外投资活动的驱动因素是不一样的，本文以大型制造业企业华意压缩为研究对象而纵观整个制造业的对外直接投资的动机，这种研究方法是具有典型的代表性和极高的有效度。

（2）本文对其他企业对外直接投资的实践启示

第一，中国制造业企业积极寻求海外发展机会，提高企业国际竞争力。制造企业面临当前产能过剩、出口受阻、结构重整、环境污染等重重困难，国际化是制造企业转型升级的绝佳机会。在实施“走出去”战略过程中，要结合研发、生产、销售尽可能多地获取核心技术、营销渠道、管理经验等资源。不仅有利于企业核心竞争力的提升，也可以带动我国的产业升级，减缓国内市场的饱和危机。

第二，关注全球战略布局，发挥企业自身优势。相对发达国家，中国企业在海外布局略显单薄，有待关注。全球化的风靡、互联网的发达、国际产业的再分工，中国制造业紧跟市场发展潮流，提高生产线的信息化、智能化、数字化、全球化水平，增强企业自身的竞争优势，发挥优势向海外市场蔓延。

第三，选用合适的对外直接投资方式。企业对外直接投资形式主要分为新建工厂（绿地投资）和收购两种。华意压缩采取了跨国收购的对外直接投资形式，分别实现了管理、技术、经营等方面的协同效应，恰当的对外直接投资形式对其国际化起到了不容小觑的作用。选择正确的投资方式对企业海外投资事业有着事半功倍的效果。

2. 研究局限与展望

单一案例研究法本身的局限性是无法避免的。本论文选择华意压缩这个具有代表性企业作为研究对象，有助于本文主题的深入研究，但是单一案例的研究结论在推广性和普适性上还是存在一定的局限性。在以后的研究中可以采用跨案例研究进行更深入的剖析，提高研究结论的有效性和普适性。

由于华意压缩是上市公司，在数据获取这一方面存在局限性，数据大部分是从其官网公告、新闻报道等获取的二手数据，这尤其不利于协同效应的分析，这方面显得较为单薄。而且并没有对西班牙子公司进行调研，对其了解的不够彻底。在今后的研究中争取能够对研究对象进行更深入、更细致、更具体的了解，提高处理二手数据的能力，完善和提升研究的分析，进一步增强研究的效度和信度。

参考文献

[1] 韩国高，等．中国制造业产能过剩的测度、波动及成因研究［J］．经济研究，2011，12：18－31.

[2] 欧阳芳．持续金融危机下中国制造业企业国际化战略研究［D］．武汉：湖北工业大学，2013.

[3] 吴天明．跨国公司 FDI 驱动因素分析及其对中国企业的启示［D］．昆明：云南大学，2015.

[4] 睿彦．中国制造业何去何从？［J］．中国制衣，2015（2）：12－17.

[5] 中国商务部．中国对外直接投资统计公报［R］．中国商务部．

[6] 李国正，陈雷，高波．发展中国家（地区）对外直接投资的新特征与思考［J］．湖南科技学院学报，2014（2）：128－130.

[7] DUNNING J H. The eclectic paradigm of international production：a restatement and some possible extensions［J］. Journal of international business

studies, 1988, 19 (1): 1 – 31.
[8] MARKUSEN A. Sticky places in slippery space: a typology of industrial districts [J]. Economic geography, 1996, 72 (3): 293 – 313.
[9] 白远. 中国企业对外投资的动机演变——宏观与微观层面的分析 [J]. 国际经济合作, 2009 (4): 10 – 14.
[10] 冉光和, 李敬, 万丽娟. 中国企业对外直接投资动机与绩效评价体系研究 [J]. 世界经济研究, 2006 (7): 66 – 71.
[11] 小岛清. 对外贸易论 [M]. 天津: 南开大学出版社, 1987.
[12] ATHREYE S, KAPUR S. Introduction: the internationalization of Chinese and Indian firms: trends, motivations and strategy [J]. Journal of statistical mechanics theory & experiment, 2014, 9 (9): 703 – 709.
[13] 余官胜, 林俐. 民营企业因何动机进行对外直接投资? ——基于温州微观企业数据的二值选择模型实证研究 [J]. 国际经贸探索, 2014, 30 (20): 74 – 84.
[14] 丁婉玲. 中国制造企业对外直接投资的动机与进入模式研究 [D]. 杭州: 浙江大学, 2011.
[15] 冯雪飞, 董大海. 案例研究法与中国情境下管理案例研究 [J]. 管理案例研究与评论, 2011, 4 (3): 236 – 241.
[16] AMIT R, SCHOEMAKER P J H. Strategic Assets and Organizational Rent [M] // Unions, labor and industrial relations in Africa: Center for International Studies, Cornell University, 1965: 33 – 46.

（**作者**：宋冬雪，江西财经大学工商管理学院）

大数据背景下的移动人力资源管理研究

摘　要

互联网的飞速发展带动了社交网络、移动互联、电子商务和云计算的兴起，此类新兴服务赋予了人类社会的数据种类和规模前所未有的增长速度，大数据时代正式到来。作为一个时代标志的大数据，必然给企业人力资源管理带来一系列的变革与挑战。本文将对大数据概念、特征进行剖析，在对大数据研究与应用的国内外现状进行分析整理的基础之上，探究大数据对其时代产物——移动企业人力资源管理的影响，并为人力资源管理应对大数据的挑战提出相关建议。

关键词

大数据　企业管理　移动人力资源管理

一、引　言

随着互联网的飞速发展，以博客、社交网络为代表的新型信息发布方式不断涌现，以及云计算、物联网等技术的兴起，数据正以前所未有的速度不断地增长和累积，大数据时代已经来到（孟小峰，2013）。学术界、工商界甚至于政府机构都已经开始密切关注大数据问题，并对其产生浓厚的兴趣。

与此同时，大数据的迅猛发展给企业人力资源管理带来了一场前所未有的变革，充分利用设备采集、分析与利用大数据，以实现移动化和信息化企业管理的移动人力资源管理，已经成为企业人力资源管理在大数据时代发展的必然趋势（刘追，2014）。越来越多的企业家开始意识到，“移动互联”已不仅仅是一种使用工具，更是一种“移动互联思维”，企业家应充分关注如何运用这种新型思维方式调整乃至重塑企业现有的商业和人员管理模式，以增强企业的核心竞争力，使企业获得可持续性发展（中国人效研究中心，2014）。

二、大数据的定义与特征

1. 定义

“大数据”一词，最早由美国 NASA 的研究人员 Michael Cox 和 David Ellsworth 于 1997 年提出（何克抗，2014）。目前，对于大数据的概念尚未有一个公认的明确定义。不同的企业、机构和数据科学家，通过对大数据特征的阐述和归纳，尝试定义大数据，如表 1 所示。

表 1　　大数据相关定义

企业/机构/学者	定义
维基百科	所涉及的资料量规模巨大，无法透过目前主流软件工具在合理时间内达到撷取、管理、处理，并整理成为帮助企业经营决策更积极目的的资讯
百度百科	大数据，或称巨量资料，指的是所涉及的资料量规模巨大到无法透过目前主流软件工具，在合理时间内达到撷取、管理、处理并整理成为帮助企业经营决策更积极目的的资讯
国际数据公司（IDC）	为更经济地从高频率的、大容量的、不同结构和类型的数据中获取价值而设计的新一代架构和技术
Gartner 公司	大数据是高容量、高生成速率、种类繁多的信息价值，同时需要新的处理形式去确保判断的作出、洞察力的发现和处理的优化
麦肯锡公司	大小超出了典型数据库软件的采集、储存、管理和分析等能力的数据集
孟小峰	将大数据与数据库的概念进行对比，并将两者分别比喻为“大海捕鱼”和“池塘捕鱼”，从数据规模、数据类型、模式和数据的关系、处理对象以及处理工具几个方面分析了大数据这一概念
涂子沛	“大数据”之“大”，并不仅仅指“容量大”，更大的意义在于通过对海量数据的交换、整合和分析，发现新的知识、创造新的价值，带来“大知识”、“大科技”、“大利润”和“大发展”

续表

企业/机构/学者	定义
Mike Gautlieri	提出 SPA（Store、Process、Access）框架进行描述，认为大数据是具备高性能存储、处理和使用所有数据的前沿领域，其可以支撑行业的高效运营、决策支持、风险规避和服务用户
John Rauser	大数据就是超过了任何一个计算机处理能力的庞大数据量
《科学杂志》	代表着人类认知过程的进步，数据集的规模是无法在可容忍的时间内用目前的技术、方法和理论去获取、管理、处理的数据
国际数据公司	3 个 V，即大量化（volume）、多样化（variety）和快速化（velocity）
IBM、国际数据公司	关于第 4 个 V 的说法并不统一，国际数据公司认为大数据还应当具有价值性（value），大数据的价值往往呈现出稀疏性的特点；而 IBM 认为大数据必然具有真实性（veracity），这样有利于建立一种信任机制，有利于领导者的决策

尽管各企业、机构等对于大数据的定义不尽相同，但这些定义都体现了一个普遍共识，即从种类繁多、数量庞大的数据之中，快速获取信息（刘智慧，2014）。在整合前人定义的基础之上，本文将大数据定义为：超出了传统方式分析和处理能力的（Zikopoulos 和 Eaton，2011），兼具数据量大、高运转速率和多样性特点的信息集合（Beyer 和 Lancy，2014）。

2. 特征

一般而言，大数据的特征可用四个 V 来描述，前三个 V 分别为大量化、多样化和快速化（孟小峰和慈祥，2013；林志刚和彭波，2013），第四个 V 的定义仍存在争议。

（1）数据体量巨大（volume）

随着互联网的普及，网络空间中的数据体量不断扩大，数据集合的规模已经从原来的 GB、TB 到了 PB，而网络大数据更是以 EB 和 ZB 等单位来计数了。国际数据公司的研究报告指出，全球大数据在未来十年将增加 50 倍，管理数据仓库的服务器的数量将增加 10 倍以便适应大数据增长（王元卓，2013）。WinterCorp 的调查也显示，最大数据仓库中的数据量每两年增加 3 倍（年均增长率为 173%），照此增长速度计算，2015 年最大数据仓库中的数据量将逼近 100PB（王珊，2011）

数据量之所以如此巨大，主要有三个原因：第一，各种仪器的使用使人们感知到更多的事物，这些事物的部分甚至全部数据可以被存储；第二，通信工具的使用使人们能够全时段进行联系，机器—机器（M2M）方式的出现，使得交流的数据量成倍增长；第三，集成电路价格的下降使很多东西都有了智能的成分（陶雪娇，2013）。

（2）数据种类繁多（variety）

随着传感器种类的增多，社交网络、智能设备以及电子商务等的流行，数据的类型开始变得更为复杂。数据类型不仅包括传统的关系数据类型，以网页、视频、音频、E-mail、文档等形式存在的未加工的、半结构化的和非结构化的数据也被包括在内，数据种类从单一化向多样化转变。

目前，大数据已形成结构化数据、半结构化数据和非结构化数据三大类型，其中以非结构化数据的增长为最。至2012年年末，非结构化数据占互联网整个数据量的比例超过了75%。

（3）流动速度快速化（velocity）

关于速度，通常的理解是数据的获取、存储以及挖掘有效信息的速度。考虑到“超大规模数据”和“海量数据”的大规模特点，强调数据是快速动态变化的，形成流式数据是大数据的重要特征，数据流动的速度快到难以用传统的系统去处理。

一方面，网络大数据的演变现象往往呈现出非线性状态（如突发涌现等），因此难以对其变化进行有效评估和预测。另一方面，网络大数据一般以数据流的形式产生，具有很强的时效性，用户只有对数据流有良好的掌控才能使这些数据得到充分的利用（王元卓，2013）。

（4）第四个V

关于第四个V，目前仍存在争议。国际数据公司和Oracle认为大数据还应具有价值性（value）（孟小峰、慈祥，2013；陈如明，2012）。IBM公司则认为大数据应体现真实性（veracity），但社交网络发表的言论可能带一些情绪化的内容，不一定真实准确，因此需要考虑这些数据的可预测性（谢国忠，2013）。

通过上述分析可得出，大数据的“4V”特征表明其不仅仅是数据海量，对于大数据的分析将更加复杂、更追求速度、更注重实效。

三、大数据国内外研究概况

1. 大数据国内外研究现状

大数据不仅成为工业界和政府机构的关注对象，在学术界也成为了新兴的热点问题，且国内外学者已取得了一些研究成果。

在国外学者的推动下，大数据方面的专刊在国际顶级学术刊物相继出版，对大数据的特征、技术与应用进行探讨：《自然》杂志 2008 年出版专刊“Big Data”，对大量快速涌现的数据给数据分析处理带来的巨大挑战进行了分析；随后，《科学》杂志 2011 年推出了名为“Dealing with data”的专题，讨论数据洪流所带来的挑战，并强调了大数据的有效分析、组织和利用将极大地推动社会的发展。与此同时，国外出现了一些阐述大数据基本概念与思想的专著，如舍恩伯格和库克耶所著的《大数据时代》，克鲁贝克所著的关于商业领域中大数据的专著《量化：大数据时代的企业管理》(2013)。

与国外相比，国内关于大数据的研究起步稍晚，尚未形成整体力量。但在国家对大数据发展的大力支持下，我国大数据也呈现蓬勃发展的态势(陶雪娇，2013)。

1993 年我国国家自然科学基金首次支持对数据挖掘领域的研究项目。2011 年第十五届亚太知识发现和数据挖掘国际学术会议在深圳举办，会议就数据挖掘、知识发现、人工智能、机器学习等相关领域的主题进行交流讨论。2012 年 6 月 9 日中国计算机学会常务理事会决定成立大数据专家委员会。2012 年 10 月成立首个专门研究大数据应用和发展的学术咨询组织——中国通信学会大数据专家委员会，推动了我国大数据的科研与发展。

大数据相关文献和著作呈现增长态势。李国杰等人（2012）介绍了大数据的研究现状与意义，并在分析大数据应用与研究所面临的问题与挑战的基础上，对大数据的发展战略提出相关建议。朱志军等人编著《转型时代丛书：大数据·大价值、大机遇、大变革》（2012）一书，介绍大数据产生的背景、特征和发展趋势，并从实证的角度探讨了大数据对社会和商业智能的影响。

通过上述文献分析，可以看出国内外关于大数据的研究内容主要集中在以下几个方面：一是大数据基础问题研究，主要探讨大数据的概念、特征分析、大数据带来的机遇与挑战，以及相关行业发展现状与趋势分析等问题；二是大数据技术应用问题研究，主要聚焦于大数据应用发展现状与趋势分析；三是出版了一批包括《大数据时代：生活、工作和思维的大变革》、《爆发：大数据时代预见未来的新思维》等在内的关于大数据应用的战略分析、哲学审视等方面的著作（钟瑛，2013）。

然而，大数据相关研究还存在着诸多薄弱的部分，突出表现在以下几个方面：第一，大数据概念的内涵和外延还未有一个清晰准确的界定；第二，大数据研究的文献多集中于技术方面，从经济管理、信息传播等角度进行研究的文献数量较少、质量不高、系统性不强；第三，针对大数据应用发展所面临的数据搜集处理难题、用户数据安全难题、用户隐私保护难题等缺少有效的研究和深入的探讨，这些行业发展基本难题无法破解，将会在一定时期内阻碍和制约大数据产业的正常发展。

2. 大数据的相关工具与技术

由于大数据的体量庞大，传统的数据分析处理技术已无法满足其需求，新的处理工具和新技术的出现成为必然（涂新莉，2014）。

目前的大数据处理工具中，较为常用的有 Apache 的 Hadoop 的块处理平台、HPCC（High Performance Computing Cluster）系统，以及高性能的自适应分析平台 Hadapt。关于上述三大平台的比较如表 2 所示。

表 2　　Hadoop、Hadapt 和 HPCC 的比较

处理工具	核心组件	优点	缺点
Hadoop	MapReduce 编程框架和 HDFS 分布式文件系统	出现得比较早，使用得比较成熟，应用范围广，开源；采用大规模廉价服务器集群，数据的存储和服务也分为 HDFS 和 HBase 两个层次，从而最大限度地利用机器资源；低成本、高可扩展性、容错性以及无须构建预定义模式，精于数据处理和分析以及原始数据的存储，索引编制、模式识别、推荐引擎建立和分析中使用较多	追求高吞吐率的同时也带来了批量处理的延迟，且对 MapReduce 的数据处理有很强的依赖性，大公司使用开源项目要考虑技术支持、技术保密性

续表

处理工具	核心组件	优点	缺点
Hadapt	hybrid storage engine，Hadoop，HDK	Hadapt结合了Hadoop和关系数据库管理软件的优点，既可在私有云上运行又可以在公共云上运行；每个节点的结构化数据存储在RDBMS中，非结构化数据存储在HDFS中，这样Hadapt可在Hadoop层和关系数据库层之间自动划分查询执行任务；HDK允许分析者创建高级的SQL分析功能统一结构和灵活的模式性能可减少分析用例的复杂性	Hadapt通常采用的方法是扩充型连接件连接起两个不同的系统，这样做的结果是带来了一定的延迟，因而这种方法显得很孤立
HPCC	Thor集群、Roxie集群及ECL、ECL IDE、ESP等组件	HPCC是一种分布式密集数据处理平台，可充分满足数据密集型计算需求，提供了大数据流管理服务，组件间相对独立，处理数据高速并行，以数据为中心的语言；可靠性高、扩展性好，亚马逊已经部署HPCC在其云计算平台上	HPCC未能在开源社区让更多的大型企业和开发者看到它处理大数据的优势，开发生态环境有待改善

资料来源：涂新莉．大数据研究综述［J］．计算机应用研究，2014（6）．

关于大数据的处理技术，其基础是“云计算”，同时，“云计算”也是大数据分析的支撑技术。而分布式文件系统则是整个大数据的底层数据贮存支撑架构。在分布式文件系统的基础上建立分布式数据库，方便了数据管理，提高了数据访问的速度。此外，可视化技术也使得不同种类、不同需求的数据可以通过各种大数据分析技术进行分析整理，从而得出有益信息，并利用各种可视化技术使结果更为形象地呈现在数据用户面前，以满足用户的各种需求。

四、移动人力资源管理的国内外研究概况

移动互联时代的到来，转变了企业管理思维与运作模式，企业在新的互联网思维运作模式下重新寻找有效的管理方式和途径势在必行，这与移动互联密不可分。随着移动互联网的接入，传统人力资源管理理念在去中心化、用户为尊、瞬时反馈、自我学习、情感链接、极简主义、数据决策、人才体

验、共赢生态以及长尾理论十个方面为互联网精神所撼动（Wong，2014）。移动人力资源管理开始成为未来人力资源管理发展的一大趋势。

目前移动人力资源管理已在招募与甄选、培训与开发、绩效以及薪酬管理等重要人力资源管理模块发挥作用。由于招聘是人力资源管理中的第一模块，因此在移动人力资源发展初期，其应用软件在招募与甄选方面的功能相较于其他功能的应用更为广泛。国内 51Job、中国人力资源、Baijob（百度招聘）和 CHiTONE 等招聘网站陆续在 2011 年推出手机移动客户端（iResearch，2012）。

随着应用软件发展的不断深化，2013 年薪酬管理、时间控制和绩效考核方面的功能应用开始快速发展，并超越招聘应用软件（Credit Union National Association，2013）。在员工绩效和薪酬管理等方面，移动互联也在逐渐成熟。调查显示，智能手机、平板电脑等终端正在成为员工生产率和满意度提高以及实时决策的有效工具。同时，为员工利用移动终端获取薪酬信息和人力资源管理数据提供帮助，也变得越来越重要（VDC Ins. 和 ADP Ins.，2011）。2011 年 ADP 领先推出包括虚拟查看薪酬信息、退休储蓄、时间和考勤、远程访问公司内网等功能在内的 ADP 移动方案应用程序（ADP Mobile Solutions），该程序可在 iOS、Android 和 RIM 平台上运行。

此外，李志军（2014）指出企业培训也是移动人力资源管理的重要着力点。早在 2007 年，移动互联企业学习已经起步，首个试水移动培训的企业是美林证券。它通过黑莓智能手机的使用实施员工授课培训，在培训时间大幅度节省的同时，实现了雇员学习水平的提高，培训效率明显提升（Brown，2010）。德勤在一份报告中指出：移动培训正在兴起，31% 的大组织机构开始在培训策略中融入移动互联（Kuehner - Hebert，2014）。

通过对移动人力资源管理的文献整合发现，国外涉及移动人力资源管理、移动学习、移动薪酬、时间跟踪、移动招聘雇佣等关键词的研究文献已经具备了一定的积淀。尤其涉及移动学习和移动雇佣方面的相关研究起步较早，相较而言，国内相关研究却极为鲜有，尚未形成较专业的理论系统（李志军，2014）。

五、大数据时代下的移动人力资源管理

1. 大数据时代移动人力资源管理的现状

大数据不仅为学术界开辟了新的研究领域，更为原有研究领域带来新的血液与冲击。大数据时代的到来，使以领导为导向的传统管理模式向以客户为中心转变，使以薪酬和晋升为主的单纯的员工激励模式向倡导自由、开放、平等的人性化激励机制拓展，与此同时，也使企业集权制管理逐步向基于客户满意度经营的管理理念不断改善（中国人效研究中心，2014）。

大数据奠定了实现移动人力资源管理的基础，大数据的使用使得各项移动人力资源管理工作建立在客观数据分析之上。在移动人力资源管理的各个模块合理利用“大数据”的分析方法，有助于对模块间的业务关系进行及时分析，对今后可能的人力资源状态（特别是企业外部人力资源状态）进行预测，将可能得出包括人员流动分析预测、绩效考核结果分析、培训需求及效果分析等各项内容（黄诗龙和项杰，2013）。

大数据在移动人力资源管理中的作用主要表现在以下几方面：一是原始数据（如员工的基本信息、学历信息、就职情况、离职率等）的记录，这些数据是员工个人素质的反映，是人才招聘的重要参考信息；二是能力数据的分析，通过员工的晋升情况、岗前培训考核等数据对员工接受知识和技术的能力进行客观的分析；三是效率数据的获得，通过工作任务完成效率、单项任务完成时间等对员工工作效率进行评估，提供员工培训计划的建设性参考意见；四是潜力数据的挖掘，通过主管评价、业绩提升率等数据分析，对员工的发展潜力进行评估，以助于企业对员工的技能开发和职业生涯规划（刘追，2014）。

目前很多公司已经搭建了如 E－mail、BBS 论坛、聊天室、朋友圈、建议区等便捷的沟通平台和畅通的沟通渠道，以便于员工通过自己的移动设备随时访问人力资源、福利分配比例、账户信息和收益，进行加班申请、出差申请、查看薪资福利计划和绩效信息等。此外，移动人力资源管理还促进了移动学习，使任何地点、时间进行的员工个人意愿性和可用性的“个性化学习”得以实现，从而促进企业管理的全面改革，提升彼此工作效率。

2. 大数据时代移动人力资源管理面临的挑战

大数据给企业管理，特别是人力资源管理带来了新的机遇，但同时也带来了挑战。

（1）数据采集难问题

在大数据时代，数据的占有和利用对于企业至关重要。然而，随着企业与外界的关联性日益加强，企业边界变得模糊，数据搜集范围变大，这些都使得企业越来越难以采集准确有用的数据。

（2）数据质量难以甄别

数据量大不一定就代表信息量或者数据价值的增大，也可能意味着信息垃圾的泛滥。企业人力资源关乎员工与企业的发展，其数据清洗过程必须更加谨慎，因此在质与量之间需要仔细地考量和权衡，以确保数据的高质量。

（3）数据隐私诱发伦理危机

隐私问题由来已久，计算机的出现使得越来越多的数据以数字化的形式存储在电脑中，互联网的发展则使数据更加容易产生和传播，数据隐私问题越来越严重。

六、结　论

本文在结合多个企业、机构与学者给出的“大数据”定义的基础上，提出大数据是超出了传统方式分析和处理能力的（Zikopoulos 和 Eaton，2011），数据体量大、运转速度快和类型多样化的信息集合这一定义。

文中对国内外关于大数据的相关文献进行了整理，发现我国在大数据领域的研究虽然较国外仍处于落后地位，尚未形成完整的理论体系，但其发展基础坚实，发展速度也较快。在此基础上本文提出大数据背景下企业人力资源管理的新趋势——移动人力资源管理，并阐述其应用现状，指出大数据时代下，移动人力资源管理已在人力资源管理各大模块中发挥着重要的作用。

最后，本文以此为出发点，进一步提出移动人力资源管理面临的挑战，以期为移动人力资源管理在企业中的应用提供理论依据与实践指导。

参考文献

[1] 何克抗．大数据面面观［J］．电化教育研究，2014（10）：8－16.

[2] 黄诗龙，项杰．“大数据”点亮人力资源管理系统的“大智慧”——结合新华社人力资源大数据实践探析［J］．中国传媒科技，2013（23）：76－78.

[3] 李国杰，程学旗．大数据研究：未来科技及经济社会发展的重大战略领域——大数据的研究现状与科学思考［J］．中国科学院院刊，2012，27（6）：647－657.

[4] 李志军，史媛瑜．移动人力资源管理文献述评［J］．中国人力资源开发，2014（16）：15－19.

[5] 李贺，袁翠敏，李亚峰．基于文献计量的大数据研究综述［J］．情报科学，2014（6）：148－155.

[6] 刘追，张佳乐，王德智．大数据时代移动 HR 的应用、挑战及对策［J］．中国人力资源开发，2014（16）：10－14.

[7] 刘智慧，张泉灵．大数据技术研究综述［J］．浙江大学学报（工学版），2014，48（6）：957－972.

[8] 林志刚，彭波．大数据管理的现实匹配、多重挑战及趋势判断［J］．改革，2013（8）：15－23.

[9] 马建光，姜巍．大数据的概念、特征及其应用［J］．国防科技，2013，34（2）：10－17.

[10] 孟小峰，慈祥．大数据管理：概念、技术与挑战［J］．计算机研究与发展，2013，50（1）：146－169.

[11] 覃雄派，王会举，杜小勇，等．大数据分析——RDBMS 与 MapReduce 的竞争与共生［J］．软件学报，2012，23（1）：32－45.

[12] 陶雪娇，胡晓峰，刘洋．大数据研究综述［J］．系统仿真学报，2013（s1）：142－146.

[13] 涂新莉，刘波，林伟伟．大数据研究综述［J］．计算机应用研究，2014，31（6）：1612－1616.

[14] 王元卓，靳小龙，程学旗．网络大数据：现状与展望［J］．计算机学报，2013，36（6）：1125－1138.

[15] 王珊，王会举，覃雄派，等．架构大数据：挑战、现状与展望［J］．计算机学报，2011，34（10）：1741－1752.

[16] 谢国忠．大数据时代下的企业管理与创新［C］// 创新驱动：新机遇新挑战——2013 年全国企业管理创新大会资料汇编．北京：全国企业管理创新大会，2013.

[17] 朱志军，闫蕾．转型时代丛书：大数据·大价值、大机遇、大变革［M］，北京：电子工业出版社，2012.

[18] 钟瑛，张恒山．大数据的缘起、冲击及其应对［J］．现代传播（中国传媒大学学报），2013（7）：104－109.

[19] 中国人效研究中心．“绩效”VS“人效”：移动互联时代下的人力资源管理博弈［EB/OL］．（2014－07－03）．https：//wenku. baidu. com/view/abfdaa58844769eae009ed86. html.

[20] 托夫勒．第三次浪潮［M］．北京：中信出版社，2006.

[21] 迈尔－舍恩伯格．大数据时代［M］．上海：浙江人民出版社，2012.

[22] DAVID G. Big data［J］．Nature，2008，455（7209）：1－136.

[23] BEYER M A，LANEY D. The importance of ‘big data’：a definition［EB/OL］．（2012－06－21）https：//www. gartner. com/doc/2057415/importance－big－data－definition.

[24] JONATHAN T O，GERALD A M. Special online collection：dealing with data［J］．Science，2011，331（6018）：639－806.

[25] KLUBECK M. 量化：大数据时代的企业管理［M］，北京：人民邮电出版社，2013.

[26] IRESEARCH. Three trends of online recruiting：personalized recommendation，diversified competitors［J］．Mobile Recruiting，2012，7（12）．

[27] ZIKOPOULOS P，EATON C. Understanding big data：analytics for enterprise class hadoop and streaming data［M］．McGraw－Hill Osborne Media，2011.

（作者：唐倧，江西财经大学工商管理学院）

新常态下的北京第三产业结构优化与创新发展研究*

摘　要

在社会经济发展的转型期，中国经济必然会出现增长速度的调整及结构的优化。北京在实施京津冀协同发展的战略上，也面临着“经济空间”扩大、产业结构优化和创新发展的新挑战。第三产业在北京产业结构中占首要位置，2015 年北京第三产业的增加值已占北京 GDP 的 79.8%。本文首先对北京经济新常态的特征进行了定性分析和描述，然后对北京第三产业的子产业结构进行了定量化分析，明晰北京第三产业中的主导产业，凸显出北京经济“高精尖”的典型特征，最后对北京第三产业结构优化与创新发展提出建议。

关键词

经济新常态　第三产业　结构优化

一、问题的提出

从字面上理解，所谓经济的“常态”应该是一个经济体运行的“经常

* 2015 年北京社会科学基金研究基地项目“京台产业结构与就业结构关联机制比较研究”（15JDJGB023）、2012 年国家社科基金青年项目“我国高端装备制造业转型升级的模式及实现路径研究”（12CGL006）阶段性研究成果。

性状态”或“稳定性状态”的简称，也应该是一个经济体在“某一特定时期或阶段”内运行的“经常性状态”或“稳定性状态”的简称。依此定义，经济的“新常态”由于有一个“新”字，那就一定是相对于“上个时期或阶段”经济运行的状态而言的，或者是相对于“历史时期或阶段”经济运行的状态而言的。我们知道，人类社会经济的发展受到诸多因素的影响，这些因素不仅在维度上难以穷尽，而且在内涵或形式上也无法完全控制或重复，即人类社会经济发展的历史不可能简单重复。从这个意义上来说，有别于“上个时期或阶段”的经济运行状态，一旦趋于稳定，并可以维持一段时间，那就是经济运行的“新常态”。北京第三产业在京津冀一体化的战略下，面对经济新常态的环境，如何实现结构优化与创新发展，就是本文的关注点。

二、北京经济的新常态特征分析

当下中国经济的新常态始于2011年，大概可持续到2025年。它是相对于上一个发展阶段，即改革开放之后的前32年（1979—2010年）而言的。北京经济在新常态下，应该具备一个什么样的特征？

1. 北京经济新常态的特征分析

2007年年初爆发的国际金融危机结束了大稳定的“旧常态”，使全球经济进入了“新常态”。中国经济也不能独善其身，年均经济增长速度放缓，但仍将保持在7%—8%的中高速。与改革开放后的前32年年均增长9.9%的高速增长阶段相比较，年均增长速度大概回落2—3个百分点。但与世界其他国家或全球经济增长速度相比，这一增长速度仍处于领跑状态。根据国际货币基金组织2014年10月的预测，2014—2019年世界经济年均增长速度将为3.9%，其中发达国家为2.3%，新兴经济体为5%。北京经济在此背景下，呈现三大特征。

第一，北京经济增速降低，城市资金总量全国第一。吃资源饭、环境饭、子孙饭的旧发展方式难以为继，正在让位于以转型升级、生产率提高、创新驱动为主要内容的科学、可持续、包容性发展。京津冀地区及部分大中城市大气污染严重，雾霾等极端天气增多，已成百姓的切肤之痛。生态系统退化，水资源紧张。

第二，经济增长结构发生变化，北京将打造“高精尖”经济，即：高附加值、精细化服务、尖端制造经济体系结构。北京第三产业在整个产业结构中占有绝对优势，“十二五”末，即到2015年，北京第三产业的国内生产总值已达18302亿元，其比重已经上升到79.8%，北京产业结构接近发达国家水平。到2015年，三次产业结构已由2012年的0.8∶22.7∶76.5变为0.6∶19.6∶79.8，这种结构基本已经达到西方发达国家的水平。

第三，人口老龄化这一对供给和需求有双重打击的重要因素，已经开始长期影响北京经济发展。北京的老龄化率也达到20%左右，老龄化导致创造财富者日少，享受或消费财富者日多，加上社会保障福利条件的刚性约束，经济增长放缓，社会矛盾尖锐已难避免。可以通过提高劳动生产率、科技创新、提高退出劳动年限、人口在世界范围内的流动配置等方式，在一定程度上抵消负面影响，推动发展、渡过难关。

2. 北京第三产业结构分析

北京第三产业保持稳步增长，其所占比重不断上升。北京第三产业自2010年开始，无论从数量上（见表1）、还是从第三产业的结构调整和质量上（见表2），均保持持续增长，呈现产业优化的态势，就是说三大产业之间的结构不断优化，呈现高度化趋势；同样，第三产业内部各产业之间也呈现合理化和细化，新技术产业带动发展、相互融合特征明显。

表1　2010—2015年北京第一、二、三产业所占国内生产总值的比重　单位：%

项　目	2010年	2011年	2012年	2013年	2014年	2015年
第一产业	0.9	0.9	0.8	0.8	0.7	0.6
第二产业	24.1	23.4	22.7	22.3	21.4	19.6
第三产业	75.0	75.7	76.5	76.9	77.9	79.8

资料来源：根据2010—2015年度北京市统计公报所公布的数据整理得到。

从表1中看出，2010—2015年北京第三产业的绝对值呈现持续增加趋势，相对比重总体也呈现上升趋势。而第一产业和第二产业的绝对值尽管呈现持续增加趋势，但是所占的比重持续下降。北京第三产业已经成为北京经济增长和产业结构调整的动力，到2015年年底，北京第三产业增加值已经占整个产业的79.8%，产业结构接近发达国家水平。

表 2　2010—2015 年北京第三产业中部分产业所占国内生产总值比重　单位:%

项　目	2010 年	2011 年	2012 年	2013 年	2014 年	2015 年
1. 交通运输、仓储和邮政业	4.6	5.3	4.4	4.5	4.4	4.2
2. 信息传输、计算机服务和软件业	9.0	9.3	9.0	9.0	9.7	10.3
3. 批发和零售业	13.6	13.3	12.8	12.2	11.5	10.5
4. 金融业	13.3	12.8	14.6	14.5	15.4	17.1
5. 房地产业	6.8	6.8	7.0	6.9	6.2	6.3
6. 租赁和商务服务业	7.0	7.1	7.4	7.9	8.0	7.7
7. 科学研究、技术服务和地质勘查业	6.6	7.1	7.0	7.4	7.8	7.9
8. 水利、环境和公共设施管理业	0.5	0.5	0.5	0.6	0.6	0.8
9. 居民服务和其他服务业	0.6	0.7	0.7	0.7	0.8	0.5
10. 教育	3.5	3.6	3.7	3.9	4.0	4.2
11. 卫生、社会保障和社会福利业	1.7	1.9	1.9	2.1	2.2	2.5
12. 文化、体育和娱乐业	2.2	2.1	2.2	2.3	2.2	2.3
13. 公共管理和社会组织	3.4	3.1	3.2	3.0	2.7	3.2

资料来源：根据 2010—2015 年北京统计公报的数据整理得到。

从表 2 中看出，2010—2015 年，除批发和零售业，房地产业，交通运输、仓储和邮政业，居民服务和其他服务业，租赁和商务服务业五个外，金融业等八个子产业的相对值所占比例均有所提高。在 2015 年超过 1000 亿元的产业有金融业，批发和零售业，信息传输、计算机服务和软件业，科学研究和技术服务业，租赁和商务服务业，房地产业六个子产业。其中金融业“一业独大”，为 3926 亿元，接近 4000 亿元，与第二产业相当；批发和零售业，信息传输、计算机服务和软件业分居二、三位，分别为 2400 亿元和 2372 亿元。具体情况如下：

①交通运输、仓储和邮政业 GDP 占比下降了 0.2 个百分点，总值为 957 亿元，比 2014 年增加了 4%。说明该产业在此期间是快速发展的产业，成为北京的骨干产业。

②信息传输、计算机服务和软件业所占 GDP 上升了 0.6 个百分点，总值为 2372 亿元，比 2014 年增加了 12%。说明该产业在 2015 年增速加快，已经成为北京经济的主导产业，产业发展空间巨大，带动能力增强，位列北京第三大产业，符合北京科技创新中心的发展定位，也是“高精尖”经济结构的体现。

③批发和零售业所占 GDP 又降低了 1 个百分点，总值为 2400 亿元，比 2014 年下降了 1.2%。说明该产业受北京非首都功能疏解的影响，尽管增速为负，但是总量较大，依然是第二大主导产业。

④金融业所占 GDP 上升了 1.7 个百分点，总值为 3926 亿元，比 2014 年增加了 18.1%。成为北京第三产业中的第一大产业，并保持稳定增长。说明北京作为金融总部的所在地，金融业的“金都”，吸金、吸人效应明显。

⑤房地产业所占 GDP 增长了 0.1 个百分点，总值为 1438 亿元，比 2014 年增加了 4.2%。尽管北京房地产限购政策的实施对北京的房地产有较大的影响，但是它依然保持增长，呈现出北上广深的“地贵房热”的特点，是北京的重要骨干产业。

⑥租赁和商务服务业 GDP 占比又降低了 0.3 个百分点，总值为 1766 亿元，比 2014 年下降了 1.7%。说明该产业在 2015 年受非首都功能疏解的影响，增速为负。

⑦科学研究和技术服务业 GDP 占比提高了 0.1 个百分点，总值为 1820 亿元，比 2014 年增加了 14.1%。说明该产业在 2015 年快速发展，符合北京的定位和发展，成为北京的骨干产业。

⑧水利、环境和公共设施管理业 GDP 占比提高了 0.2 个百分点，总值为 180 亿元，比 2014 年增加了 13.3%。说明北京在 2015 年重视水利、环境保护和有关公共设施的投入，但是力度有限，该产业也成为北京的新领域产业。

⑨居民服务和其他服务业 GDP 占比下降了 0.3 个百分点，总值为 115 亿元，比 2014 年增加了 2%。说明北京在此期间重视发展生活性服务业，但是力度有限，该产业也成为北京的新领域产业。

⑩教育业 GDP 占比提高了 0.2 个百分点，总值为 965 亿元，比 2014 年增加了 11.8%。说明北京在此期间重视发展教育事业，增速较快，该产业也成为北京的骨干产业。

⑪卫生、社会保障和社会福利业 GDP 占比提高了 0.3 个百分点，总值为 577 亿元，比 2014 年增加了 13.72%。说明北京在此期间重视发展卫生、社会保障和社会福利事业，增速较快，该产业也成为北京的新领域产业。

⑫文化、体育和娱乐业 GDP 占比提高了 0.1 个百分点，总值为 527 亿元，比 2014 年增加了 3.5%。说明北京在此期间重视发展文化、体育和娱

乐业，该产业也成为北京的新领域产业。

⑬公共管理和社会组织 GDP 上升了 0.5 个百分点，总值为 735 亿元，比 2014 年增加了 8.6%。说明北京在 2015 年增加了民生投入、提高了社会保障质量，加强了公共管理服务，该产业也是北京的新领域产业。

综上所述，教育和文化、卫生事业也保持快速发展，并持续增长，这种状况与发达国家第三产业发展状况非常相似。

3. 金融业和计算机软件业成为北京“高精尖”经济的发展主导产业

第三产业中的主体产业稳步壮大，主导作用日益显现。“十二五”期间，金融业，批发和零售业，信息传输、计算机服务和软件业成为北京市现代服务业的三大主导和支柱行业。其中 2015 年北京市金融业实现增加值 3926.3 亿元，同比增长 18.1%，占第三产业的 17.1%，其增速最快、占比最大，为北京第三产业中第一大子产业；第二大子产业为批发和零售业，实现增加值 2400.3 亿元，同比下降 1.2%，占第三产业的 10.5%，其为限制性发展产业；第三大子产业为信息传输、计算机服务和软件业，实现增加值 2372.7 亿元，同比增长 12%，占第三产业的 10.3%，其为鼓励和扶持发展产业，产业占比分布见表 3。

表 3　2013—2015 年主导产业、骨干产业、新培育产业的占比分布

项　目	产业内涵	比重		
		2013 年	2014 年	2015 年
主导产业	金融业，批发和零售业，信息传输、计算机服务和软件业	37.6%	36.6%	37.9%
骨干产业	租赁和商务服务业，科学研究、技术服务和地质勘查业，房地产业，交通运输、仓储和邮政业，教育业	30.6%	30.4%	30.3%
新培育产业	水利、环境和公共设施管理业，居民服务和其他服务业，卫生、社会保障和社会福利业，文化、体育和娱乐业，公共管理和社会组织	8.7%	8.5%	9.3%

从表 3 中看出，2013—2015 年北京三大主导产业中，因批发和零售业受到政策限制，增速降低，但是其他两大主导产业增速超过 10%，发展势

头明显。

三、经济新常态下的北京第三产业结构优化与创新发展

北京的产业结构调整、优化与第三产业的发展密切相关，同时也与京津冀都市圈的产业结构重构有关；北京的产业结构调整促进了第三产业的快速发展，第三产业不仅会优化北京的产业结构，而且会优化京津冀的产业结构，北京第三产业创新发展过程中呈现如下的规律和关系。

1. 第三产业及其内部结构与后工业化进程的对应关系

北京第三产业的形成与发展依赖于第一、第二产业，同时又大大促进第一和第二产业的发展。科技创新的动力，尤其是信息技术、网络通讯的快速发展又促进北京第三产业的发展。最终的结果是保持第一、第二、第三产业都发展，各产业国内生产总值都增加，这种发展态势将继续保持，并在更大的范围内辐射到京津冀都市圈。2015 年北京第一、第二、第三产业的国内生产总值分别为 140. 2 亿元、4526. 4 亿元、18302 亿元，比 2010 年北京第一、第二、第三产业的国内生产总值 124. 3 亿元、3323. 1 亿元、10330. 5 亿元都多。

2. 北京第三产业内部各产业结构与生活水平提高进程的对应关系

2015 年按常住人口计算，全市人均地区生产总值达到 106284 元（按年平均汇率折合为 17064 美元），已经达到欧美发达国家的水平。金融、贸易、信息、中介服务以及生活服务等现代服务业的发展，促进了第三产业内部各产业的协调和融合发展。

3. 第三产业发展与经济发展阶段的关系

在经济发展进程中，从传统的以农业为主的经济向现代化经济转变，第一产业的比重不断下降，第二产业的比重持续增加。工业化从开始到完成，第二产业的比重由上升到下降；在工业化中期，第二产业已达到相当规模，人民生活达到小康水平，经济处于起飞的开始阶段，第三产业将成为增长最

快的产业部门，其占国内生产总值的比重将逐渐超过第二产业，进而成为促进经济增长的第一推动力。目前，北京经济已处于西方国家的经济发达阶段，处于西方发达国家水平，第三产业将会快速、持续地发展。

4. 工业化完成之后第三产业的发展趋势

工业化完成之后，整个社会进入后工业社会或称信息社会，适应新的产业革命和高层次的消费需求，新兴行业不断产生，并加入到第三产业领域。信息业、咨询业、卫生保健业及其相关服务业将形成独立的、具有较高增加值率的行业，并迅速发展起来，这些行业在第三产业内部所占份额将提高；与之相应，传统的服务业如商饮业的比重将有所下降，运输邮电业保持稳定的比重。这种发展趋势从表 2 中已经得到验证，表明北京经济已经进入后工业社会阶段。

5. 京津冀一体化下北京第三产业的发展趋势

在京津冀都市圈中，北京的产业结构是“三、二、一”，天津和河北是“二、三、一”，在这样一个大区域下，北京的第三产业不仅要促进北京第一、第二产业的发展，更要促进天津、河北的第三、第二、第一产业的发展，实现产业协同发展。充分发挥北京第三产业的优势，促进京津冀都市圈中工农业生产的社会化和专业化水平的提高，优化区域内的生产结构，通过市场机制实现京津冀都市圈中“三、二、一”产业结构的融合与协同。

6. 互联网思维下的北京第三产业的新发展

互联网已不再是新经济，尤其是新一代信息技术以物联网、云计算、下一代通讯网络为代表的新一轮信息技术革命。信息技术与第三产业的不断融合，催生出新的产业模式和服务业态，促进第三产业的升级换代。应努力打造以现代服务业和高新技术产业为双引擎、以现代制造业和基础服务业为双支撑、以都市型工业和现代农业为重要补充的产业格局，进一步提高创新能力，转变经济发展方式，调整产业结构，优化空间布局，提升产业综合竞争能力，完善城市综合服务功能，实现京津冀都市圈全面协调可持续发展。

四、结　　论

北京经济增长转型面临三大阵痛：金融去杠杆化、房地产去泡沫化、环境去污染化。疏解非首都功能，逐步形成高附加值、精细化服务、高端制造的“高精尖”经济结构。北京经济的新常态是由一组新常态构成的画卷：一是增长速度的新常态，“从高速增长转为中高速增长”；二是经济结构的新常态，“经济结构不断优化升级”，第三产业占主导地位，高新技术产业和金融业比重不断上升，新型城市化不断推进；三是经济增长动力的新常态，“从要素驱动、投资驱动转向创新驱动”。

在京津冀协同发展这个国家战略的指导下，不仅要考虑北京自身的产业结构，而且要考虑京津冀区域中的产业结构。在新的空间上确定北京第三产业的发展重点和发展方向。完善产业政策体系，加快产业结构优化升级，不断扩大第三产业规模，加快服务业发展，形成北京“高精尖”经济结构，全力提升质量和水平。国务院2014年发布了《国务院关于加快发展生产性服务业促进产业结构调整升级的指导意见》（国发〔2014〕26号）。对北京来说，以第三产业转型升级需求为导向，在京津冀一体化下，在发展生活性服务业的基础上，进一步加快生产性服务业发展，引导企业进一步打破“大而全”、“小而全”的格局，分离和外包非核心业务，向价值链高端延伸，实现京津冀都市圈中的产业逐步由生产制造型向生产服务型转变。因此，“十三五”期间，继续坚持优化第一产业、做强第二产业、做大第三产业，推动产业融合发展，构建京津冀都市圈现代产业体系。

在京津冀一体化的框架下，北京要起到“带头大哥”的作用，发挥第三产业对第一、第二产业的发展具有促进作用，努力扩大生产性服务业、战略性新兴产业、高端制造业、文化创意产业和旅游业等，辐射津冀，推动京津冀产业之间的良性互动。充分发挥北京第三产业的优势，增强河北第一产业、第二产业的发展后劲，促进天津第二产业、第三产业的升级和专业化水平的提高，优化京津冀区域的生产结构，促进京津冀市场充分发育，从而促进整个京津冀区域经济持续、快速健康发展。在“十三五”期间，北京将从注重功能集聚为主向集聚、疏解与辐射并重转变，从注重单方保障为主向双向服务共赢发展转变，更积极地发挥好辐射带动作用，推动京津冀一体化协同发展。

参考文献

[1] 北京市统计局、国家统计局北京调查总队，北京市 2013 年国民经济和社会发展统计公报［R/OL］．(2014 - 02 - 13)．http：//www. bjstats. gov. cn.
[2] 北京市统计局、国家统计局北京调查总队，北京市 2009 年国民经济和社会发展统计公报［R/OL］．(2010 - 02 - 02)，http：//www. bjstats. gov. cn.

（作者：唐少清、段祥伟、刘立国、姜鹏飞，北京联合大学商务学院）

大数据驱动下的企业信息化管理创新探析

摘　要

市场经济条件下，那些实现了信息化管理、善于利用信息技术提高效率、降低成本并从中获利的企业才能在激烈的竞争中脱颖而出。在互联网技术快速发展的今天，大数据时代已经来临，大数据技术俨然已成为企业进一步提高信息化管理水平的切入点。本文从分析我国信息化管理发展状况为起点，指出我国企业信息化大致经历了单机应用、部门级应用、系统级应用、企业间的信息化应用这四个阶段，同时对比国内企业与美国互联网巨头企业，我国企业对于大数据挖掘和应用存在起步较晚、技术前瞻性不足的特点，提出在大数据时代下的企业首先要以思维转变为前提，以提高企业数据分析处理能力为保障，科学有序地开展基于大数据分析的企业新型化信息管理工作。

关键词

信息化　大数据　管理创新　信息挖掘

一、引　言

企业传统的信息化管理主要是对其信息资源和业务流程进行整合，以提高生产运营效率，但是伴随着互联网、物联网技术和社交网络高速发展，各种庞大的信息被数字化，大数据在学术界和工业界受到了极大关注，在以云计算为代表的技术创新引领下，这些原本很难收集和使用的半结构化和非结构化数据开始容易被利用起来，大数据也在逐步为人类创造更多的价值。传统的信息化管理模式很难适应大数据的时代，已经无法满足快速和高效处理海量数据的需要。因此企业需要建立以大数据为驱动的信息化管理机制，推动企业信息化管理进入全新阶段。

二、企业信息化管理发展现状

1. 信息化管理涵义

在现今全球经济一体化的大背景之下，信息化已经成为了当今社会和经济发展的必然趋势。信息技术的发展使得信息化在社会中普及与应用，社会劳动生产率迅速提升，企业的管理也逐步迈入现代化。信息化的概念来源于日本，是日本学者在参照工业化这一词后提出的，认为信息社会是信息产业高度发达且在产业结构中占据优势的社会，信息化是一个由工业社会向信息社会演进的动态发展过程。从广义角度来说，企业信息化管理是指在生产、经营和决策、研究和开发、市场营销、人力资源管理的各个方面，综合信息技术、信息网络和信息系统，通过对信息和知识资源有效开发与利用，由此调整或重组企业组织结构与业务模式，服务企业经营发展目标，提高企业利润与竞争力的一种方式（卫俊儒和王元亮，2014）。张莉莉（2006）认为狭义的企业信息化是指企业广泛利用电子信息技术，深度开发和利用企业的信息资源，不断提高经营以及决策的效率和水平，实现内部生产和管理的自动化，从而提高效率和竞争力的过程。现代企业通过信息化管理，能够及时采集、传输、处理和存储信息，如果把物资、财务、计划、销售、库存等大量管理信息由人工处理的方式转变为用现代化工具处理，企业的信息化水平会达到更高的层次。综合来看企业的信息化管理涉及企业的方方面面，将管理的组织、手段、方式、理念等方面同企业信息化等要求进行相融合，包含了财务预算管理、人力资源管理、生产运作管理、客户关系管理、物流管理、物质资源管理等。

2. 我国企业信息化管理发展状况

我国企业信息化管理历程整体上遵循信息化阶段式的发展规律，其信息化可大致划分为四个阶段：一是单机应用阶段，计算机的发明可谓开启了一个新的时代，在网络还没发达之前，计算机最初被企业使用只是提高了局部的工作效率。二是部门级应用的初级阶段，在这一阶段，计算机的数量极大增加，并且开始互联，增加信息的共享，企业开始尝试多用户的信息化应用，如数据库管理系统开始应用于企业。但这一阶段由于信息化应用多是集中在某一部门，被称为“信息孤岛”，部门之间缺乏互通互联和信息共享，影响了深层次的信息集成与数据挖掘。三是系统升级阶段，进入20世纪90年代，我国企业的信息化应用逐渐进入系统应用阶段。这一阶段的最主要特点是企业内部的“信息孤岛”被打破，企业管理者对内部信息的集成更为重视，许多较高层次的企业信息化应用，如ERP、产品生命周期管理系统等开始进入很多企业，这些集成应用给企业带来了显著的经济效益和管理的进步。四是信息化阶段，是指大约在进入21世纪之后的时期，我国企业普遍进入了企业间应用的信息化阶段。这一阶段的显著特点是基于互联网的信息化应用技术的普及。在Internet技术及VPN技术不断发展完善的基础上，基于供应链管理的思想，具有一定信息化基础的企业开始尝试对供应链上游、下游等信息的综合集成与利用，加强信息集成的力度与范围，实现供应链上下游等企业间信息的共享。

三、大数据时代下企业新型信息化

1. 大数据时代的到来

大数据通常指10TB（1TB＝1024GB）规模以上的数据量。大数据分析技术产生于互联网，服务于海量数据的挖掘和分析。对于大数据而言，更重要的是指处理这些海量数据的技术——如何挖掘出这些数据蕴含的巨大的商业价值，如何实现本行业的价值增值。因此，“大数据”时代并不是掌握数据，而是利用数据挖掘组织中需要的信息。最先利用大数据的是美国互联网巨头，以Google为代表的互联网公司首先提出了MapReduce技术框架，利用廉价的PC服务器集群，大规模分布式地处理批量事务。受此启发，Apache开发了支持大数据存储和计算的开源框架Hadoop。现在，大数据分析正愈来愈广泛地应用于电子商务、金融保险、医疗健康、市场营销、预测预警等行业或领域，在分析非结构化数据上，大数据显示了独特的优势。

目前，国内百度、腾讯和淘宝等公司的数据仓库都采用了 Hadoop 平台。2010 年 IBM 收购了数据分析公司 Netezza，开始拓展商业方面的市场；2012 年甲骨文公司发布了运行在 Hadoop 上的 NoSQL 数据库；微软宣布与致力于 Hadoop 开发的 Hortonworks 公司建立合作关系。此外，还有 ClickFox、Cloudera 等新兴的大数据企业也如雨后春笋般涌现出来。种种迹象表明，大数据正向我们扑面而来，企业信息化管理需要积极迎接大数据时代的到来。

2. 信息化管理思维更新

大数据正在改变我们的一切，其中最重要的是从改变我们的思维方式开始，引发思维大变革，新型的企业信息化管理需要融入大数据思维。曾经以往的数据只是我们形容客体事物量大小的度量工具，而如今却成为了挖掘事物之间联系的宝贵财富，大数据引领下的企业信息化管理思维变革主要体现在以下几个方面：

（1）数据化管理从部分到整体的变革

李庆军（2007）认为传统的信息化管理强调把整体分割为部分来进行管理，比如企业产品的生产到入库环节有专门原材料采购管理、生产运作管理、仓储配送管理，这些环节化管理体现的局部管理模式各自进行着自己的数据分析，同时也只是对一些重要环节重点监控而忽视了中间间隙部分的重要性。大数据思维用整体的眼光看待一切，由原来时时处处强调部分到如今强调“一个都不能少”，不能只有精英，而其他只能“被代表”。正如长尾理论所说的在销售产品时，厂商关注的是少数几个所谓“VIP”客户，“无暇”顾及在人数上居于大多数的普通消费者。而在网络时代，由于关注的成本大大降低，人们有可能以很低的成本关注正态分布曲线的“尾部”，关注“尾部”产生的总体效益甚至会超过“头部”。

（2）从大数据中挖掘出数据信息间的关联关系

在大数据时代，由于数据量特别巨大，几乎都是海量，要找出所有量与量之间的因果关系几乎是不可能的，因此只好把它们封装起来作为一个黑箱，我们只关注这个黑箱的宏观行为，不甚关注其内部机制。人们通过比对来发现数据之间的相关关系，找到宏观行为中具有显著相关的数据之间的变化关系。这些相关数据之间在黑箱内经过了十分复杂的相互作用，而大数据的作用在于能挖掘出它们深层次的关联关系，这是传统的数据化管理很难做到的。

（3）关注信息的动态发展

在小数据时代，采集的数据都是某个时间点的静态数据，现如今数据信息是动态变化的，从原来的固化在某一时间点的静态数据到现在的随时随地采集的动态数据，实时反映当下的动态和行为，随着时间的演进，系统也走向动态。大数据时代基本上可以做到在线采集数据，并能够迅速处理和反映当下的状态，因此能够反映出实际的状态。大数据时代的最大特点就是采用各种智能设备，随时随地采集到各种即时数据，并通过网络及时传输，通过云存储或云计算进行即时处理，基本上不会滞后。新型的信息化管理也必须关注数据和信息间的动态发展关系。

3. 以大数据为中心的企业信息化管理

大数据处理和分析技术的出现改变了传统信息化管理模式，为企业管理带来了深刻的变革。我国企业现有的信息系统大都关注流程的建设，通过系统来固化流程，例如，ERP，PDM/PLM 等系统及其应用。由于数据集成和成本问题，成功运用基于大数据的商业智能的企业很少，而高效低成本大数据技术的出现有望改变这一现状，充分发掘数据这一企业最重要的资源。大数据突破了数据源、数据形式的限制，可以为业务和生产提供实时而有预见性的分析（王群和朱小英，2015）。通过大数据分析，可以获取深入准确的洞见，改变依靠经验和直觉的决策方式；可以动态优化供应链，降低采购成本；可以获取优质客户，进行精准的销售和服务。

英特尔公司 2012 年建立的基于 Hadoop 的大数据平台，可以处理 2000 亿个服务器事件，通过分析收集的历史数据，减少了每个芯片必须进行的 19000 个测试。通过收集芯片制造过程中的信息，发现了许多缺陷，并及时进行了修复。这种预见式的工艺分析，仅一条生产线就为英特尔节约了大约 300 百万美元的生产成本。采用传统数据仓库的企业可以将现有平台与 Hadoop 进行集成，将数据连接到 Hadoop 软件上，同时处理结构化和非结构化数据。Hadoop 与具有并行处理能力的数据仓库相结合，可以组成扩展性极强的低成本大数据平台，实现数据的高速装载和移动，其中混合系统是大数据应用发展的一个重要方向。

大数据时代，企业必须重新审视自己的信息和数据管理策略，根据自身的业务和需求部署并不断调整大数据处理和分析架构，建立数据驱动的决策机制，实行以数据为中心的信息化管理战略。现在，数据已经成为企业除人力和资本外的重要资产和宝贵资源，有效开发和利用数据信息，可以为企业创造更大的财富和价值。

四、基于大数据的企业信息化管理创新

1. 增强企业数据化分析能力

大数据时代要提高企业数据化分析能力，首先要推进基于大数据的信息化平台建设。这需要企业各管理部门、业务部门的全员参与，更需要企业管理者的全力支持，在员工思想方面需要分层次进行大数据方面的认知培训，使企业各层面的人能够全面了解到，并且倡导信息化规划与建设的全员参与，争取企业管理者的支持，尤其是“企业一把手”的支持。针对整体性数据的收集、统计以及分析对企业决策可能产生的潜在价值，企业在了解自身在信息化中的人才、技术、设施情况的基础上，要为大数据信息管理基础平台建设做好充分的准备。不仅要增加信息系统对数据的处理、存储、分析等技术，还要重视对数据资源的扩展和融合，为企业的管理决策和发展提供前所未有的推动力。

其次要重视技术人才队伍的建设，麦肯锡公司预测美国到 2018 年需要深度数据分析人才 44 万至 49 万，缺口 14 万至 19 万人，需要既熟悉本单位需求又了解大数据技术的管理者 150 万，人才缺口更大。大数据时代下推进企业信息化管理需要建立一支知识结构合理的人才队伍，学习掌握大数据时代的各项新技术、云计算等多种新理念。随着企业信息化的实现，培养具有大数据分析与处理能力的技术人员是发挥企业信息管理系统能力的关键。同时，有实力的企业可以引进一些国际化人才，充分借鉴国外企业先进的大数据和信息化管理技术。

2. 科学有序地开展大数据分析和信息挖掘工作

第一，根据企业应用场景，确定不同业务投入大数据的优先级，找准大数据的切入点。企业应该考虑数据能够在哪些领域实现业绩的大幅提高；能在哪些领域实现企业运营效率的提升，这些都是开展大数据挖掘工作首先需

要思考的议题。企业高管需要和各业务的整体负责人、数据专家一起开展研讨会，分析哪些业务投入大数据可以使得业务的绩效提升最为显著，从而确定不同业务投入大数据的优先级，找准大数据的切入点。

第二，在确定不同业务投入大数据优先级的基础上，需考虑如何通过数据产品来帮助提高企业绩效。“数据产品”比“数据工具”更加强调易用性和用户体验（伍锐，2015），把数据当做产品项目来建设，使大数据思想融入企业的方方面面。企业数据用户在实际运用大数据的时候，组织人员往往更关注的是大数据的产品在哪些方面可以直接提升绩效，而不太注重大数据这些产品背后的逻辑、分析模型等。在理解原理的基础上往往会帮助组织更好地运用大数据。

第三，根据应用场景和数据产品的输出选择数据模型，通过数据挖掘的方法来实现海量数据的商业智能分析。在进行商业智能化建设时，可能会面临很多数据源带来大量低质量数据的问题，这时企业需要理解原始数据与数据分析之间的差距，消除低质量数据，并成功实现商业智能以获得更佳决策。

第四，建立高质量的数据采集、整合标准，形成企业数据资产。要让企业的数据成为长期的数据资产，应认识到大数据的世界不只是一个单一的、巨大的计算机网络，而是一个由大量活动构件与多元参与者元素所构成的生态系统。终端设备提供商、基础设施提供商、网络服务提供商、网络接入服务提供商、数据服务使能者、数据服务提供商、触点服务、数据服务零售商等等一系列的参与者共同构建的生态系统，数据资产的系统化管理很重要。

五、结　　语

自从麦肯锡公司首次提出大数据时代到来的观点，大数据在各行各业的运用证明了其巨大的价值。在大数据时代，对企业信息化管理的创新既是机遇也是挑战，以流程化为标志的企业传统信息化管理面临着转型的难题。然而以目前技术条件来看，大数据的利用成本也是极高的，例如利用 Hadoop 来完成大数据业务，NASA 需要为 45 天的数据存储服务支付超过 100 万美元，数字广告公司 Quantcast 同样也是花费了巨额的资金用在 Hadoop 技术上，根据自己的需求定制系统。就目前来说，企业大数据业务需要先考虑自身经营状况然后按需定制、视能发展。随着大数据应用领域的扩大，相关难题也等待解决，也许不远的将来，掌握与处理大数据会成为企业必备技能。

参考文献

[1] 卫俊儒，王元亮．大数据时代下的企业管理模式的创新探析［J］．信息系统工程，2014（11）：56.

[2] 张莉莉．我国企业信息化的发展现状及对策研究［D］．太原：太原理工大学，2006.

[3] 李庆军．企业信息化评价研究［D］．西安：西安电子科技大学，2007.

[4] 王群，朱小英．大数据时代企业人力资源管理创新思考［J］．沈阳工业大学学报（社会科学版），2015（3）：255－259.

[5] 伍锐．大数据时代下企业管理模式的创新［J］．中小企业管理与科技旬刊，2015（17）：3.

[6] BRYNJOLFSSON E，HITT L. Productivity，profit and consumer welfare：three different measures of information technology's value［J］．MIS quarterly，2016.

[7] BRESNAHAN T，BRYNJOLFSSON E. Information technology，work place organization，and the demand for skilled labor：firmlevel evidence［J］．Quarterly journal of economics，2002，117（1）：339－376.

（作者：危亮，江西财经大学工商管理学院）

大数据环境下的颠覆性技术识别

摘　要

本文在辨析颠覆性技术和科技大数据概念特征的基础上，对国内外识别遴选颠覆性技术做法进行了梳理，结合实际工作提出了识别颠覆性技术的准则，构建基于“收集→筛选→评价→决策”的颠覆性技术遴选方法，并对若干领域的颠覆性技术进行了识别遴选。

关键词

大数据　颠覆性技术　识别

在建设世界科技强国的征程中，应在注重全面提升国家科技综合实力的基础上，结合跨越发展需要，适度关注颠覆性技术发展。颠覆性技术能够打破传统技术发展路径，使技术及其应用效能产生质的飞跃，具有独特的引领发展能力和巨大的发展价值。颠覆性技术的发现与识别，是培育发展颠覆性技术的前提。在现代科技信息爆炸式增长的背景下，着眼把握重大技术机遇抢占竞争先发优势，本文针对如何构建识别遴选颠覆性技术的方法作了一些探索和思考。

一、颠覆性技术与科技大数据

颠覆性技术能够给人类生产生活方式带来深刻变革，能够使战争改变“游戏规则”和战略均衡发生倾斜。鉴于颠覆性技术的“技术红利”，有必要不断加深对颠覆性技术的辩证认识，加深对当代科技发展规律的理解，以便于更好地辨识新的颠覆性技术机遇。

1. 颠覆性技术

颠覆性技术概念源于商业领域，相关概念包括颠覆性创新、渐进性技术等。在军事领域，颠覆性技术被认为是指能够打破现有技术体系，改变已有战争形态和作战方式，并能根本地改变人类对战争的认识。综合各类研究，颠覆性技术是指打破现有认知模式，将替代现有传统或主流技术，对社会、经济、军事等领域产生颠覆性影响的创新技术。颠覆性技术不是传统技术的线性延续，而是表现为新技术的发明和应用（Bower 和 Christensen，1995；Danneels，2004；吴集、沈雪石和赵海洋等，2015）。

通过对无线电、核武器、互联网、隐型飞机等案例分析，总结出颠覆性技术的若干独特属性如下：一是超越性，颠覆性技术是对渐进性技术创新的跨越式发展，不同于传统的概念和机理；二是不确定性，颠覆性技术成功受自身研发、应用环境、社会认同等多种因素影响；三是对抗性，在新老技术的较量过程中螺旋式上升，颠覆性技术通过技术竞争体现优势；四是前沿性，颠覆性技术大多是各个领域的研究前沿，需要依靠一批顶尖科学家开展挑战性研究。这些属性可为辨析颠覆性技术提供依据。

2. 科技大数据

大数据是具有规模大（volume）、类型多（variety）、速度快（velocity）和价值高（value）特征的数据集合（迈克－舍恩伯格和库克耶，2013）。大数据技术是研究具有大数据特征的数据集结构、存储、表现、管理以及应用的基本理论和实现方法。目的是使用户能够从各种各样类型的数据中快速获得有价值信息。随着对大数据认识的加深，人们不仅认识到目前大数据处理问题的挑战，更认识到大数据已上升到作为战略性信息资源的重要地位，被认为是现代科学研究中有别于经验范式、理论范式和模拟范式的第四范式。

当前，人类正迎来以创新创造为特征的知识社会形态，科学技术呈现爆炸式发展态势，各类新兴前沿技术信息呈现大数据特征。作为科技信息载体的学术期刊、发明专利、技术标准等信息量，仅单一的文献数据库就达10TB 量级，且由于科技发现呈加速态势每年更新 20%，一些国际的科技信息服务商如汤森路透公司等，汇集数千类期刊、数千万专利信息以及维护各类 TB 甚至 PB 级别科技数据。这些海量数据以及散布于互联网、媒体等科技信息数据集具有典型的“4V”特征，推动了科技大数据概念的产生。

二、颠覆性技术识别的挑战及国内外现状

科技大数据的发展趋势使得从不断涌现的科技动态中，敏锐捕捉具有潜在颠覆性影响的技术成为极具挑战性的工作。为此，国内外研究建立了技术预测、文献计量、技术预警等方法体系，用以预测和识别颠覆性技术。

1. 技术预见

技术预见通过系统研究科学、技术、经济和社会在未来的长期发展状况，以选择那些能给经济和社会带来最大化利益的通用技术。技术预见是识别新兴技术包括颠覆性技术机遇的系统方法，是规划和调整科技发展战略与发展重点的基础。因此，国内外科技管理部门高度关注，组织实施了多轮大范围技术预见。

美国总统办公厅科技政策办公室 1990 年成立国家关键技术委员会，负责组织进行技术预见，从 1991 年开始向总统和国会提交双年度的《美国国家关键技术报告》。国家科学基金会每五年提出一次“科学技术五年展望”，定期向国会报告。日本从 1971 年开始，每五年组织实施一次全国范围的技术预测调查。2015 年日本进行了第 10 次技术预测，得出了 5 个主要结果，包括 10 个最重要的技术方向、10 项未来竞争的关键技术等。中国科技部 1997 年和 2003 年分别启动了两轮国家层面的技术预见工作。2003—2006 年科技部组织有关专家开展的国家技术路线图研究，梳理了国家科技发展的 5 项战略需求，在此基础上通过对每个领域 400—500 名专家开展技术预见，总共获得 794 项候选技术发展重点（沈雪石、吴集和安波，2014）。

2. 知识计量

知识计量以一定时期内公开发表的科研论文、发明专利、化合物和基因测序结论等信息，通过词频统计、聚类分析、引用热度等计量学方法梳理出技术热点及重点技术。知识计量主要有论文计量、专利计量、影响因子分析等，能够为发现颠覆性技术提供依据。

基于知识计量的技术识别案例包括：2014 年汤森路透根据德温特世界

专利索引数据库和 Web of Science 数据库的计量结果，发布《2025 年的世界：10 项革新预测》报告，预测了万物互联网、新型太阳能、DNA 测绘、电动载人飞行器等未来十年的重大科技突破。2015 年 5 月汤森路透发布的《开放的未来：2015 全球创新报告》中，对 12 个技术领域的全球科技文献和专利数据进行深入分析，并提出了智能驾驶、精准医疗、智慧城市等应关注的重大技术。

3. 技术预警

技术预警（technology warning）是指对潜在对手可能形成颠覆性技术成果及应用事先发出警报的行动和过程。从国内外实践看，技术预警是由专门机构如美国国防部高级研究计划局、颠覆性技术办公室、战略能力办公室等实施的有针对性的颠覆性技术识别活动，在具体识别方法上形成了专门的技术预警流程与方法。

美国国家科学院下属国家研究委员会于 2005 年 5 月发布的《在全球技术进步时代避免技术突袭》的研究报告，首次系统谈及“技术预警”概念，研究报告提出了脑机接口、纳米、MEMS、基因治疗技术等值得关注的颠覆性技术，并提出了建立美国国家技术预警系统的设想与建议。2013 年美国国防部高级研究计划局发布《推动技术突袭：世界变化中的持久任务》报告，在回顾五十多年来推动颠覆性发展的历程上，提出高超声速、网络空间、多域异构集成电路、Micro－PNT、生物电子芯片、神经网络科学等具有潜在颠覆性影响的技术（DARPA，2013）。

此外，头脑风暴、专家会议等方法也被应用于颠覆性技术识别，如麦肯锡研究院发布的《2025 年前可能改变生活、企业与全球经济的 12 项颠覆性技术》、新美国安全中心发布的《游戏规则改变者：颠覆性技术与美国国防战略》等研究。这些工作表明，为挖掘颠覆性技术所具有的“技术红利”，世界主要国家和组织都在尝试采用各种方法，在全球化信息爆炸背景下努力识别和捕获新的技术机遇。

三、大数据环境下颠覆性技术预警的思考

针对大数据环境下颠覆性技术识别，结合具体研究案例和国内外研究，

对颠覆性技术预警方法设计和初步应用进行探索。

1. 颠覆性技术预警的方法设计

在分析颠覆性技术产生和发展的特点，以及已有遴选方法如技术评估、技术预见和技术预警等基础上，首先构建判断潜在颠覆性技术的准则：一是需求贴合度，即贴合未来军事和产业发展需求，可适应未来战争和产业发展形态，并在其中发挥颠覆性影响的技术；二是技术潜在效益，即通过潜在颠覆性影响推演，在影响程度和影响面上具有一定程度共识的技术；三是技术关注度，即具有技术新颖性，目前成熟度较低，未引起关注或关注度不够的技术；四是技术可行性，即技术本身必须具有可行性，在一定时间周期内可投入应用。依据判断潜在颠覆性技术的准则，按照技术预警的“收集（collecting）、筛选（screening）、评价（evluating）、决策（deciding）”的思路构建综合分析方法，见图1。

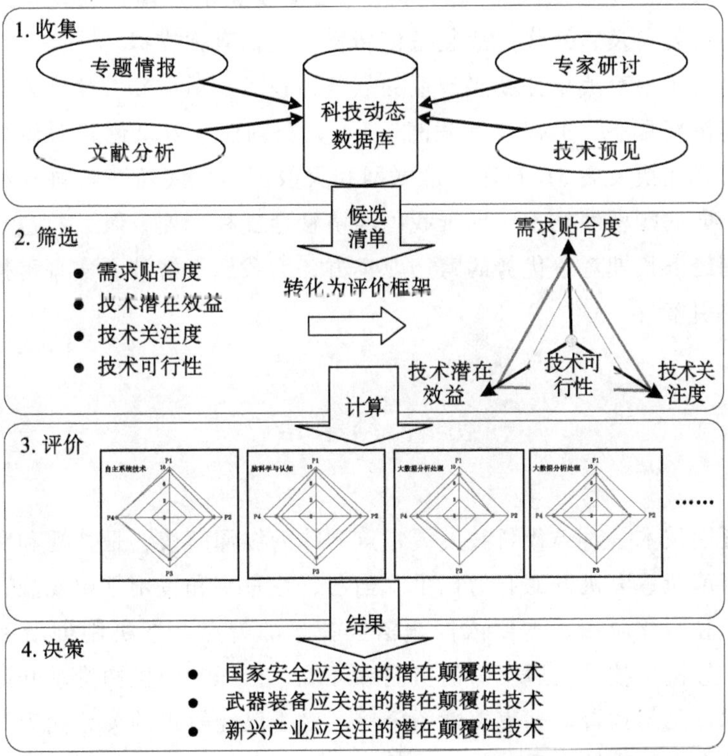

图1　基于“收集→筛选→评价→决策”的颠覆性技术遴选流程

2. 应关注的潜在颠覆性技术

基于上述分析框架，从战略安全、装备创新和产业发展三个角度梳理出以下应关注的潜在颠覆性技术。

一是事关国家长久战略安全的颠覆性技术。未来20—30年，维护我国国家战略安全，尤其需要像新中国成立初期“两弹一星”的新型“镇国之器”，确保新形势下传统领域的战略安全，以及空天、海洋和网络空间非传统领域的战略安全。要关注空天安全、海洋安全、导弹突防、定向能/动能、网电空间技术等战略领域，积极推动重大技术突破与国家安全长远建设需求的有机结合，力争形成新型“杀手锏”武器。

二是引发武器装备重大创新发展的颠覆性技术。深入把握量子、网络、材料、制造、认知与仿生等前沿技术发展和交叉融合态势，带动新型作战力量建设和信息化武器装备创新发展。发展这些技术在提升装备杀伤力、知识与信息、敏捷、速度以及生存力等能力度量要素的效能，为新概念、新机理、新形态装备及新一代主战装备创新发展提供有力支撑。

三是孵化培育战略性新兴产业的颠覆性技术。适应新一轮产业革命发展和国家经济新常态，把握“互联网+”、大众创业、万众创新对新兴产业的巨大推动，加快发展3D打印、能联网和大数据等代表新一轮科技和产业革命发展方向的颠覆性技术，助推我国经济社会支柱产业升级，打造一批能够形成我国经济长期竞争优势的跨产业集群，为我国经济社会实现可持续发展提供新的引擎。

四、结束语

颠覆性技术是对当代科技发展特点规律的纵深解读，是把握和利用新科技和军事革命重大机遇的有力抓手。当前，在军事和民用领域发掘、培育颠覆性技术和孵化应用，需要依据颠覆性技术的特点开展机制创新和管理创新，建立颠覆性技术发展所需的机制和环境，依托专门机构推动开源情报分析、技术预见与预警、垂直搜索引擎等。对于已经辨识的关系国家战略安全和经济社会发展命脉的重大颠覆性技术，要充分借鉴两弹一星、载人航天等军民结合的成功做法和有效机制，统筹谋划军队科技发展计划和国家科技发展计划，大力推动颠覆性技术发展。

参考文献

[1] BOWER J L, CHRISTENSEN C M. Disruptive technologies: catching the wave [J]. Harvard Business Review, 1995, 73 (1): 43-53.

[2] DANNEELS E. Disruptive technology reconsidered: a critique and research agenda [J]. Journal of product innovation management, 2004 (21): 246-258.

[3] 吴集，沈雪石，赵海洋，等. 紧紧抓住颠覆性技术发展机遇，积极抢占新“三大革命”战略制高点 [J]. 国防科技，2015，36 (3)：23-26.

[4] 迈尔-舍恩伯格，库克耶. 大数据时代：生活，工作与思维的大变革 [M]. 盛杨燕，周涛，译. 杭州：浙江人民出版社，2013.

[5] 沈雪石，吴集，安波. 装备技术体系设计理论与方法 [M]. 北京：国防工业出版社，2014.

[6] 美国国家研究委员会. 在全球技术进步时代避免技术突袭 [R]. 2005.

[7] DARPA. Driving technological surprise: DARPA's mission in a changing world [R/OL]. (2013-04-24). http://www.darpa.mil/.

（**作者**：吴集、沈雪石、刘书雷，国防科技大学国防科技与武器装备发展战略研究中心；刘慧超，国防科技大学科研部）

大数据时代下的人力资源绩效管理创新研究

摘　要

大数据的应用随着信息技术的发展已成为现代化的特征。在人力资源管理方面，大数据的应用能够有助于员工潜力的挖掘，组织架构的优化以及绩效管理的互联网化，并在很大程度上提升人力资源管理的整体效率。但是，大数据带来机遇的同时，也伴随着更为复杂的挑战。当然，不可否认的是，若在人力资源管理领域，真正且正确地运用大数据的概念，对于推动人力资源管理的变革、促进人力资源管理模式的创新等方面具有重要的作用，这对于企业整体而言是具有战略意义的。本文从产生大数据的背景出发，分析何为大数据，论述企业人力资源管理中的大数据的概念和运用，并探讨大数据时代下的企业绩效管理变革与创新，以及人力资源绩效管理融入大数据时代应注意的问题。

关键词

大数据　人力资源绩效管理　创新　实践运用

一、引　言

大数据是信息技术不断发展的产物，对于企业而言，大数据是一种信息资产，一种基于全新处理模式的资产，拥有这种资产的组织具有强大的决策力、洞察力和流程优化能力，并且这种资产自产生伊始就处于一种高增长的状态。直至2016年，通过谷歌词频统计发现，大数据已成为高频率使用的词语。在现实应用中，大数据主要被用来描述和定义信息爆炸时代产生的海量数据，并在书面表示中命名为与之相关的一些技术创新与发展。

在某种程度上说，如今的世界已处于大数据环境下，从宏观的政府管理到微观的企业人力资源管理，其管理方式都发生了本质的变化。其中，由传统的人力资源信息管理的主观性、界限模糊性转变成了创新性、客观性的大数据管理阶段。大数据时代下的人力资源管理可以通过大量的实际经营数据分析来弥补传统的粗放式人力资源管理模式。而作为人力资源管理模块的核心部分——绩效管理，其数据的收集、结果分析的客观性都显得十分重要，并且绩效管理的科学性和有效性有赖于大数据的分析。

在大数据时代背景下，要使人力资源管理中的绩效管理模块真正成为策略和战略制定的有效工具，就必须提高人力资源策略制定的科学性、执行的有效性以及反馈的及时性，而这种状态的实现必须基于业务数据的客观分析和绩效指标设定的合理性。在现实的人力资源管理过程中，企业可以依据大数据的实现，开发相应的数据分析模型，建立高效的系统网络，并将对应的数据应用于报表和进行相应的数据分析。将这一系列的措施和方法应用于工作分析、招聘、培训和考核等人力资源管理的方方面面，从而提升人力资源绩效管理数据的真实性和有效性，使人力资源管理在企业运营过程中创造更大的价值。大数据下的人力资源绩效管理其实主要就是对海量数据进行分析和整理，用数据来表明各部门的绩效水平，提高各部门的反馈能力，优化企业内部资源配置，保障管理层决策的实施。基于此，完善和创新大数据时代人力资源绩效管理水平，是企业和管理者必须关注的问题。

二、企业人力资源管理中的大数据文献综述

1. 大数据的基础概念

随着信息时代的发展，大数据成为这个时代的一个特征。对于大数据的

描述，通常定义为海量的数据，并且这些数据在合理时间内，是无法通过人力来获得并被整理成人们所需的信息的。大数据有“4V”特点，即大量（volume）、高速产生（velocity）、多样性（variety）、真实性（veracity）。根据美国互联网数据中心的显示，互联网上的数据以每两年翻一番的速度增长着。大数据时代下，能够理解和运用数据的人才为企业所迫切的需要，而人力资源管理部门作为企业引进、培养、考核人才的核心部门，正确对待大数据下的数据人才显得尤为重要。换而言之，大数据时代下的企业人力资源管理的主要任务和目标就是将“大数据”思想应用于人力资源管理实践中，利用大数据的数据、思想价值推动人力资源管理的变革，最终实现人力资源管理的高效率。

（1）大数据的本质

大数据技术作为新兴的数据处理技术，其基本特征主要表现为以下四个方面：多样化的数据类型、海量的数据、高速的处理能力、灵活的处理和分析数据能力。信息爆炸时代产生的海量数据孕育出了大数据时代，大数据技术的产生就是为了分析所有有关数据，利用强大的数据搜集和处理能力，通过全面分析数据提炼有用、有价值的数据，预测未来事态的发展趋势，为企业未来的发展做好准备和分析，为企业管理者的决策提供有力支持。

目前，有关于大数据的界定，学术界和业界具有不同的看法，就其定义而言，较为权威的观点是维基百科给出的解释：大数据或称巨量资料，指无法在允许的时间里用常规的软件工具对内容进行抓取、管理和处理的数据集合。美国麦肯锡咨询公司给出的大数据的定义是：大数据指的是大小超出常规的数据库工具获取、存储、管理和分析能力的数据集。并特别强调，并不是说一定要超过特定 TB 值的数据集才能算是大数据。研究资讯机构 Gartner 则认为：大数据是需要新处理模式才能具有更强的决策力、洞察发现力和流程优化能力的海量、高增长率和多样化的信息资产。

（2）大数据的特征

就大数据的整体特征而言，道格·莱尼 2001 年指出，数据增长有三个方向的挑战和机遇，即海量（volume）、高速性（velocity）和多样性（variety），形成最初的“3V”特征。之后，研究者进一步把“3V”扩展到了“4V”，布赖恩·霍普金斯和鲍里斯·埃韦尔松撰写的报告《首席信息官，请用大数据扩展数字视野》就从不同视角对“4V”进行表述，他们提出大数据还应有易变性（variability）特征。维克托·库克耶编写的《大数据时代》以及国际数据公司（IDC）均认为，大数据则还具有价值密度低、商业价值高的价值性（value）特点。IBM 则认为大数据必然还具有真实性（veracity）特征。2014 年 IBM 发布了《践行大数据承诺：大数据项目的实施应用》白皮书，在该报告中进一步扩展大数据的特性，首次提出将大数据的特性由“4V”扩展为“Vs”，“Vs”增加了数据黏度（viscosity）特征。

（3）大数据的属性

大数据主要具有技术和社会两种属性。大数据在诞生之初其实是以 IT 行内的一个技术术语的形式而存在的，更多体现的是其技术属性。如麦肯锡、Gartner 以及 IBM 等虽然是大数据的推崇者和主要的发展推动者，但事实上，他们对于大数据属性的界定基本上也是基于技术层面。在大数据的技术属性方面，Gartner 在 2011—2013 年发布了多个与大数据有关的白皮书，如“Hype Cycle for Big Data，2012”，明确定义了大数据的技术生命周期，指出大数据不只是一项单一存在的技术，它要传达的是一个概念，整合后便形成了一套技术。当然，有更多的学者提出，大数据是由一系列的现代信息技术构成的技术体系，主要有云技术（虚拟化技术，海量数据的存储和管理技术，非关系型的数据库、实时流数据处理、智能分析技术等）、分布式处理技术、存储技术（大数据存储和大数据分析）、感知技术（传感器技术，指纹识别技术，无线射频识别技术）等等。

同时，大数据还具有社会属性。这种社会属性在艾伯特·拉斯洛·巴拉巴西的《爆发：大数据时代预见未来的新思维》一书中得到详细的论述，“大数据，代表更强的数据流动能力，代表着社会化程度的增强；大数据下，每个人都是自媒体，个性化增强；大数据意味着大范围的连接，网络化增强”。以上表明，大数据受社会化的影响，与人、社会建立了广泛密切的联系，并且时刻发生着关系，这些联系和关系展示了人类行为的规律性，从而使得大数据具有了社会属性。

2. 大数据和人力资源管理模式结合的现状

大数据与社会发展中的不同领域的结合，所呈现的具体的内容也不同。作为以“人”和“事”结合为主要内容的人力资源管理领域，产生的大量数据的类型大致可以分为以下四类（田莉莉，2014），具体如表 1 所示。

表1　　人力资源管理中构成大数据的数据类型

数据类型	主要指标	大数据类型
基础数据	年龄、受教育信息、专业技能、实践经历、现任职务、所在班组	结构化数据为主，少数为半结构化和非结构化数据
能力数据	培训经历、培训考核情况、解决问题时的效率、参与竞赛结果、奖惩情况等	半结构化和非结构化数据为主
效率数据	工作任务完成效率、单项任务完成时间、坏件率、故障率等	多为结构化和半结构化数据
潜力数据	工作效率提升率、收入涨幅水平、职称提升频率、业绩提升率等	多为结构化和半结构化数据

虽然当前大数据技术得到了非常迅猛的发展，但是运用在企业人力资源管理实践中还存在很大的不足和很多方面的挑战，具体如下：

（1）大数据技术在人力资源管理中尚未普及

在很多企业中，仍然奉行着传统的人力资源管理模式，采用的依旧是机械化的、过于程序化的管理理念和管理方式，对人的管理更多建立在主观观念上，缺乏基于数据分析的客观性（田平，2014），不利于企业的长期发展。

（2）缺乏大数据思维的管理理念

很多企业管理层的习惯性思维阻碍了大数据技术的发展。陈旧的思想观念使得他们不能正确认识大数据时代企业人力资源管理的环境与传统人力资源管理环境的不同。传统的人力资源管理模式通常只将眼光局限在企业内部，只考虑企业内部的企业环境，并以此为依据制订相关的人力资源策略。但是，大数据时代的到来可以为企业的发展带来新机遇，可以借助数据平台的先进技术帮助企业在激烈的竞争中赢得发展先机。

（3）大数据技术平台构建缺乏

若要高效地实现大数据这一新型的数据处理模式，必须要有与之相匹配的服务平台。但是，大数据服务平台的建立并不是普通制度的建立，它因技术性强、前期投入成本大等特点，对企业的规模要求也特别严格，这就需要与政府部门、社会机构和专门的技术研究机构进行联合建设。但是，目前大数据技术服务平台的构建仍然受到资金和政策的双重阻碍，具有大数据技术服务平台的企业为数不多。这很大程度上限制了大数据在企业人力资源管理中的推广及运用。

三、大数据时代下的企业绩效管理变革与创新

1. 大数据对企业绩效管理的影响

（1）挖掘员工潜力，提高交互式能力

通过对公司员工绩效情况的数据收集和挖掘，决策人员可以分析员工绩效数据及其他数据间的潜在联系，以便确切地了解影响员工绩效状况的原因，并在此基础上制定相应的激励方案和制度，从而有效调动员工的积极性。如惠普公司抛弃单一的绩效评估系统，在引入社交网络技术后，动态地、持续地收集员工的反馈意见及建议。这样一种交互式的方式能促进员工全身心地投入工作中，进而在一定程度上有效地开发自身潜能，提高领导对员工工作的满意程度，并长久地改善员工工作效率，加强员工工作能力，使之成为凝聚力。

（2）优化组织架构，实现扁平化的管理大数据时代

通过现代的网络技术媒介，企业组织架构将更加扁平化，而人力资源管理系统的存在将使得员工跨越部门、层级和地域成为可能，这会加快并拓展数据传递的速度与质量。同时，对于思维敏捷且活跃的年轻知识型职工，可以通过大数据条件下的网络实现自我管理。企业在分析人力资源绩效数据时，能够获得对绩效管理有用的关键信息，这些信息如果能被充分运用，在团队的沟通和交流中将作为催化剂以有效解决各种争端，从而有利于企业领导者与员工之间建立良好的、开放的关系，促成企业良好组织结构及员工文化的形成。

（3）职位多元化，增加组织成员晋升机会

大数据时代可能促进新职位的产生，如首席数据官、数据科学家、数据分析师等，他们的主要职责是管理企业拥有的以及其他的数据资源，挖掘、分析和利用这些数据为企业创造价值。因此，面对企业复杂多样的绩效管理数据，人力资源部门无需进行分析和解读，只需进行简单地收集和提取，这样他们将从以往重复且低效的绩效管理任务中跳脱出来，从而大大提高管理效率。

（4）管理工具高效化，提高工作的整体效率

传统人力资源管理部门对绩效相关信息的处理效率低，同时处理手段过于主观粗糙，很难对员工的绩效、素质等内容作出客观公正的评价。大数据时代下，绩效管理工具将变得更加多元且高效，如绩效仪表盘、基于“云计算”技术下的“共同体 GTT 企业云管理平台”等。

（5）考核目的多元化，利于企业建立高弹性的薪酬制度

大数据时代下得到的考核结果再不仅仅是薪酬奖金、职务晋升的必要依据，更是成为员工长远职业发展的指导标杆。一方面，通过对绩效数据的收集处理，从而有效地测试出员工和岗位的匹配程度，帮助企业合理有效地利用人力资源，形成企业强有力的人力资本；另一方面，员工可通过考核反馈了解自己的兴趣，并充分利用企业中的发展机会。

（6）考核指标合理化，提高员工的工作满意度

传统的人力资源管理思维模式较绩效管理而言更注重绩效考核，所以制定的绩效指标体系往往偏离企业战略和实际。另外，虽然大部分企业偏向于大量且细致的考核指标，但是过多的指标往往使员工抓不住工作重心。基于“大数据”背景下的考核指标将从全局出发，企业通过数据收集分析确定企业战略目标，然后进行层层分解，甚至可为每位成员设置具体的衡量指标，而考核指标不再是面面俱到，而是突出工作重点、凸显员工个性，更具合理性。

2. 大数据背景下企业人力资源绩效管理创新策略

（1）绩效计划方面的创新

绩效管理的第一环节是绩效计划，它是绩效管理过程的起点。在这个环节的主要工作任务和目标是企业与员工一起确定目标，这种目标包括绩效目标和发展目标，并依据目标制定具体的行动计划。

①企业战略和绩效目标的确定。该环节中企业战略目标的确定是关键，同时绩效目标的制定是否合理也影响着整个绩效管理过程是否能够顺利实施（汪燕丹，2015）。传统人力资源部门对企业战略目标确定仍以结构化数据以及先验性思维为主，所以很难对企业战略进行准确的定位，更不用说站在企业战略的高度上，将战略合理分解为具体的任务或目标，然后再落实到各个部门以及员工个人（李琳，2014）。通过挖掘“大数据”价值，将在很大程度上避免这种绩效管理方向性的失策和失误。发挥大数据的作用，主要体现在：一方面，人力资源部门可利用大数据资源洞悉企业所面临的风险和挑

战，同时对竞争对手的战略进行预测和分析，再结合企业实际制定出合理的战略目标，这是一个动态的过程，企业可利用绩效仪表盘等技术进行动态的战略调整（吴绍棠、龙玎和夏天，2014）；另一方面，人力资源部门可以利用大数据技术对企业的战略目标进行分解，从而实现目标的合理性，如基于“云计算”技术的 HRMS，是通过对组织内部流程的输入端和输出端的关键参数进行设置、取样、计算、分析，将企业的战略目标分解为可操作的工作目标，然后将绩效标准分解到每个员工身上，最终明确个人的各项绩效考核指标。

②加强员工理解和员工参与。大数据思维模式下，企业将收集的数据、分析过程和解释在网络平台公示，不仅加强了员工对企业战略目标、部门目标、个人目标的理解，而且促进了员工共同参与的积极性，从而提高管理效率。

（2）绩效实施

在这一环节，管理者要对被管理者的工作进行监督指导，对发现的问题及时予以解决。整个绩效期间内，双方持续的沟通是很重要的。

①加强后台监督。对于能够有效把握印象管理的员工而言，传统的绩效监督方式实际上早已收效甚微。但是大数据时代下，由于协同工具的大量采用，如 E－mail、即时通信等办公软件的应用，使得管理者对员工的工作行为进行全面监控成为一种可能。

对于协同工具的使用，从中获取的数据包括：一是协同软件中的操作行为，如登录次数、登录频率、页面访问量、访问深度等；二是协同事件的响应行为，如发起协同数量、参与协同数量、协同响应速度等；三是其他操作行为，如文档修改、文件分享等。除了协同软件外，企业也可利用电脑和智能手机上的大数据痕迹，建立一个个“员工数据点”，通过这些数据点对员工行为模式进行分析，这些行为模式包括员工与上级领导互动的频率等。另外，企业还可获取大量的图片、音频、视频等半结构化或非结构化的数据，深度挖掘还原员工的实际工作状态。因此企业通过深度挖掘“大数据”价值，将实现对员工高效的监督，提高管理者绩效管理水平（徐艳，2016）。

②提高绩效指导水平。在绩效实施阶段，管理者需要对员工进行工作指导，该环节对管理者的辅导水平和及时性提出了一定的要求。随着大数据技术的发展，一方面管理者可通过网络平台进行辅导改进，打破时间和空间的界限，做到及时有效；另一方面，员工可进入企业共享平台或以大数据为媒

介的虚拟学习中心，实现自我辅导和改进。

(3) 绩效考核

①关键绩效指标的确定。关键绩效指标是用于沟通和评估被评价者绩效的定量化或行为化的标准体系，如何选择合理的考核指标成为决定绩效管理成效的大前提。在传统思维模式下，人力资源部门所确定的考核指标并不能准确评估员工业绩，也无法起到很好的激励作用。随着大数据思维模式的转变，绩效考核指标的确定主要以数据来说话，更具客观合理性，如"顾客满意度"、"及时率"、"废品率"等指标。目前，一些大型企业如Google、亚马逊、沃尔玛，通过聚合KPI、海量财务和运营数据的数据仓库应用，进行深入的分析和确定，取得了良好的效果。

②绩效考核流程优化。利用大数据技术对绩效结果进行考核，客观公平且节约成本。如HRMS技术在绩效考核阶段将员工的绩效结果与KPI进行比对，自动匹配后快速得出考核结果。因此，基于大数据技术的绩效考核流程将更加标准化和系统化，考核结果客观公平，大大降低企业的绩效管理成本（唐魁玉，2014）。

③考核工具的灵活选择与应用。大数据时代下，云计算技术应运而生，基于云计算技术的绩效管理系统可实现员工特性与绩效考评工具的特点自动匹配；同时根据被考评者的职位特点，对考评工具进行灵活选择。比如，360度绩效考评法从多角度进行综合评价，注重员工的发展和潜能（裴新明，2015）。关键业绩指标考核是一套自上而下的体系，突出不同部门的KPI指标不同的特点和重点。关键事件法通常作为其他绩效考评工具的辅助工具。因此，云计算技术帮助绩效考评的实施者准确和灵活地选择考核工具，从而提高绩效管理水平（周秀菊，2015）。

④考核方法的创新与应用。360度反馈评估法是一种全面评估员工的考核方法，评价者包括上级主管、同事、下属、客户，还包括员工的自评等。大数据时代下，利用互联网进行360度评估是一种新型的、有效的反馈模式。特别是对研发人员和服务人员来说，满意度调查是考核的一项重要的指标。基于网络平台对顾客进行满意度调查，一方面可使考核结果趋于客观合理；另一方面，企业可通过对大数据的收集分析，把握市场动态。

⑤考核平台的创新与应用。企业通过配备大数据化的系统管理软件对员工进行在线考核：一是人力资源部门可通过系统实时收录员工的工作情况和相关资料，保障数据及时有效（唐魁玉，2014）；二是员工可通过系统进行

工作流程汇报，这些汇报数据也可作为考核的部分依据，打破传统绩效考核的单向性。

（4）绩效反馈与应用

①绩效反馈。在绩效反馈阶段，管理者就员工绩效结果、存在的问题和指导意见进行面谈。但是员工往往处于被动层面，同时员工对管理者的绩效反馈得不到重视。大数据时代通过建立企业网络申诉平台很好地解决了这一问题：一是员工可通过平台就绩效反馈意见提出请求，二是员工可通过该平台对管理者的绩效工作进行反馈，从而提高管理者绩效管理水平，同时加强员工在下一阶段的绩效实施。

②绩效结果应用。传统人力资源管理部门认为绩效管理就是绩效考核，重视考核结果在薪酬、职位晋升方面的依据作用，忽视其在员工个人发展上的引导作用。挖掘大数据背后的潜在价值，将促进企业从绩效考核到绩效管理的变革：一是通过大数据技术，挖掘绩效数据背后的规律，同时对员工未来的工作业绩进行预测和指引，使员工了解实际技能、职业发展所需的知识和技能，从而达到员工能力提升和工作需要之间的动态平衡。二是绩效考核数据档案化，将员工绩效、培训、奖励、违规等情况进行汇总，利用大数据生成员工成长曲线图，利用大数据对其特性、工作倾向、工作态度等内容进行分析，使员工了解自我，理性地进行职业定位和选择，促进员工个人发展。

四、人力资源绩效管理融入大数据时代应注意的问题

一项新技术的产生和运用带来的不仅仅是机遇，与之相对应产生的也可能是更为复杂的挑战，需要解决的问题更是层出不穷，就大数据融入人力资源绩效管理应注意的问题而言，主要需要注意以下两个方面的问题。

1. 权衡大数据带来的收益与支出

一个项目的实行或者一项新技术的运用，首先考虑的就是其可行性，即权衡规模的有效性，收益和成本的差值，如何实现利益的最大化目标。但是大数据在人力资源管理的实际应用中，一些中小型企业罔顾收益与支出的平衡，盲目跟风，急切地、不计后果地在人力资源管理系统中引入大数据，错

误地推崇拥有大数据就等同于拥有商业先机这一管理理念（刘勇，2015）。然而，这种盲目跟随大流建造的基于数据的信息管理系统却消耗了企业大量的财力。这样的行为完全忽视了收益与成本的关系，最后造成人力资源管理系统的瘫痪，甚至导致企业整体的资金链的断裂。因此，在今后的发展过程中，企业首先要考虑大数据与人力资源管理系统结合的必要性和可行性，避免盲目跟风，用谨慎认真的态度权衡利弊。

2. 人力资源的共享与安全

大数据时代的到来带来的一个很大的弊端，也是最受争议的话题之一——安全问题。目前针对大数据安全问题的应对措施及技术虽然不断地被提出，但其共享与安全问题仍然未得到有效解决。大数据的人力资源系统也同样存在着安全隐患。例如，大数据时代的招聘新模式——网络招聘，即人力资源部通过网络获得应聘者的所有数据信息，这些信息不仅包括与工作有关的数据，还包括与生活有关的大量隐私数据、财务数据等，这些关于应聘者和员工的种种数据如何保护，被访问的权限如何设置等都应该引起企业的高度重视，这些数据一旦泄露或丢失，后果将不堪设想。所以，数据安全问题将成为今后人力资源管理系统创新的重点。

五、总　结

随着经济社会的发展，在知识经济占主导地位的现在，大数据已经成了时代的标志和特征，网络信息技术已经渗透到社会生产和生活的各个层面，对社会的影响也在日益加深，给企业带来的挑战也是巨大的。作为企业人力资源的管理者，面对大数据时代，必须更新观念，建立有效的企业人力资源绩效管理体系，基于人性化管理和大数据化管理方法，建立专业化的人力资源绩效管理信息系统，充分借助大数据时代的信息技术为企业的人力资源绩效计划、考核、反馈等工作服务。

参考文献

[1] 汪燕丹. 大数据时代的企业绩效管理 [J]. 经营与管理，2015，12：

56 – 58.
[2] MANYIKA J, CHUI M, BROWN B, et al. Big data: The next frontier for innovation, competition, and productivity [EB/OL]. (2011 – 05). http: //www. mckinsey. com/Insights/MGI/Research/Technology and Innovation/Bigdata The next frontier for innovation.
[3] World Economic Forum. Big data, big impact: new possibilities for international development [R/OL]. http: //www3. weforum. org/docs/WEF TC MFS Big Data Big Impact Briefing 2012. Pdf.
[4] UN Global Pulse. Big data for development: challenges & opportunities [R/OL]. http: // www. unglobalpulse. org/projects/Big Datafor Development.
[5] GROBELNI M. Big data tutorial [EB/OL]. (2012 – 10 – 02). http: //videolectures. net/eswc2012 grobelnik big data/.
[6] 田莉莉. 试论新时期企业如何做好人力资源管理工作 [J]. 中小企业管理与科技, 2014 (8): 30 – 31.
[7] 田平. 大数据变革企业管理思维的路径研究 [J]. 经济师, 2014 (3): 264 – 265.
[8] 李琳. 大数据时代人力资源的创新管理 [J]. 领导科学, 2014 (10Z): 56 – 57.
[9] 吴绍棠, 龙玎, 夏天. 绩效管理的变革与创新研究 [J]. 湖北经济学院学报, 2014 (1): 83 – 88.
[10] 徐艳. 大数据时代企业人力资源绩效管理创新 [J]. 江西社会科学, 2016 (2): 182 – 187.
[11] 唐魁玉. 大数据时代人力资源管理的变革 [J]. 中国人力资源社会保障, 2014 (3): 57 – 58.
[12] 刘勇. 大数据在人力资源管理中的创新应用与潜在困局 [J]. 人力资源管理, 2015 (6): 11 – 12.
[13] 安鸿章. 企业人力资源管理师 [M]. 北京: 中国劳动社会保障出版社, 2013.
[14] 曹毅. 论未来人力资源发展新趋势 [J]. 中国市场, 2015 (14): 37 – 38.
[15] 陈莉玥. 大数据时代人力资源管理创新模式研究 [J]. 现代商贸工业, 2014 (17): 24 – 25.
[16] 郭晶, 倪肖纳. 人力资源管理中组织创新探讨 [J]. 人力资源管理,

2014 (8): 61 - 62.

[17] 郝颖慧. 数据时代人力资源特点与方法 [J]. 北方经贸, 2014 (6): 256.

[18] 黄俏颖. 大数据时代的企业绩效管理 [J]. 现代国企研究, 2015 (20): 22.

[19] 李红卫, 徐时红. 绩效考核的方法及关键绩效指标的确定 [J]. 经济师, 2002 (5): 152 - 153.

[20] 刘玉娇, 孟飞. 当今经济时代企业人力资源管理的创新问题 [J]. 企业研究, 2013 (16): 104 - 106.

[21] 孟小峰, 慈祥. 大数据管理: 概念、技术与挑战 [J]. 计算机研究与发展, 2013 (1): 146 - 169.

[22] 彭艳. 大数据时代企业生存之管理模式创新 [J]. 网友世界, 2014, (8).

[23] 潘丽晶. 有关大数据时代下职业生涯管理的思考 [J]. 人力资源管理, 2014 (8): 161 - 162.

[24] 裴新明. 大数据环境下人力资源管理技术手段的变革 [J]. 经营管理者, 2015, 30: 148 - 149.

[25] 王媛媛, 孙佩. 浅谈知识经济时代的人力资源管理创新 [J]. 知识经济, 2012 (12): 6 - 9.

[26] 王定红. 大数据时代的循证式人力资源管理 [J]. 中外企业家, 2013 (8): 157 - 158.

[27] 万腾飞, 翟天意. 大数据环境下人力资源管理的变革研究 [J]. 企业研究, 2014 (16): 152 - 154.

[28] 熊怡. "大数据" 时代的人力资源管理创新 [J]. 中国电力教育, 2014 (6): 24 - 27.

[29] 王燕. 云计算技术在人力资源管理系统中的应用 [J]. 电子测试, 2013 (14): 271 - 272.

[30] 迈尔 - 舍恩伯格, 库克耶. 大数据时代 [M]. 盛杨燕, 周涛, 译. 杭州: 浙江人民出版社, 2013.

[31] 周英杰. 浅谈企业人力资源绩效管理中存在的问题与对策分析 [J]. 青年与社会, 2013 (1).

[32] 许岗. 大数据管理与国企绩效考核 [J]. 财经界 (学术版), 2016

(4)：297－298.
[33] 杨俊辉，宋合义．任务结构对职业兴趣与领导绩效之间关系的影响［J］．江西财经大学学报，2013（6）：36－43.
[34] 周秀菊．大数据语境下对企业绩效评价指标体系的思考［J］．企业改革与管理，2015（17）：53－54.
[35] 张小鑫，李雷．大数据时代下企业人力资源管理模式创新研究［J］．经营管理者，2015（2）：205－206.
[36] 赵恩学．新经济时代企业人力资源管理创新问题研究［J］．科技致富向导，2014（3）：111－112.
[37] 周光华．基于“大数据”价值对人力资源管理的思考［J］．科技广场，2013（12）：104－107.
[38] 张伟．中关村“挥师”大数据王国［N］．中国高新技术产业导报，2012－12－17.
[39] Big data［EB/OL］．（2012－10－02）．http：//en. wikipedia. org/wiki/Big_ data.

（作者：肖素萍，江西财经大学工商管理学院）

大数据时代网络营销模式研究综述

摘 要

大数据时代使传统网络营销模式面临新的发展要求，要使已有的网络营销模式适应这一环境的变化，基于大数据分析的网络营销模式就变得十分的重要。本文对当前有关大数据时代网络营销模式的相关研究文献进行了梳理和分析，进而从大数据时代网络营销模式创新研究、大数据时代网络营销模式的精准性以及效果性研究三个方面进行了总结，最后对大数据时代网络营销模式进行了展望，提出该领域未来的研究方向。研究方向主要包括结合大数据时代下网络营销模式的精准性和效果性进行综合研究，从不同视角对大数据时代下网络营销模式的效果性进行研究，以及抓住大数据时代的发展机遇，加强网络营销模式的系统性研究，实现大数据时代网络营销模式真正的时效、精准、效果三者统一。

关键词

大数据　网络营销模式　大数据时代网络营销模式

一、引　言

大数据已经深入到了社会生活的各个方面，对时代的发展也带来了深远的影响，其中大数据时代网络营销模式的研究成为当前研究的热点课题之一。随着大数据时代的来临，网络营销发生了巨大的变化。其中包括网络营销模式的变化。面对大数据时代带来的海量数据，网络营销模式如何充分发挥数据带来的机遇，从而促进网络营销模式的发展成为热门话题。与传统的网络营销模式相比，大数据时代网络营销模式对海量数据的搜集、分析、存储以及结合相应挖掘技术等更加重视，为企业网络营销模式的发展提供更加精准、个性化的信息。与此同时，数据本身具有数量大、数据种类繁多、信息处理速度快、数据价值高但价值密度低四个特点（徐子沛，2012），因此在大数据时代，网络营销模式要重视精准性，更要重视其效果性，充分浓缩大量的信息，并进行精准的分析，对于实现大数据时代下网络营销模式的发展创新十分的重要。

首先，文章对大数据时代网络营销模式相关概念进行研究，包括大数据、营销模式的定义；对网络营销模式的类别以及大数据时代下网络营销模式的特征进行了归纳总结。其次，对大数据时代网络营销模式创新进行了梳理和研究；再次，对大数据时代网络营销模式的精准性、效果性进行了梳理和研究，并在梳理分析的基础上对各个研究进行了相应的归纳总结。最后，在前面相关分析的基础上，对大数据时代下网络营销模式的发展进行了总结和展望。

二、大数据与网络营销模式的相关概述

1. 大数据的定义

“大数据”一词是20世纪80年代美国人提出来（Buxton、Goldston 和 Doctorow，2008），2008年9月《科学》杂志发表名为“Big Data：Science in the Petabyte Era”的文章，此时，“大数据”这个词才为大家广泛传播。对于大数据的定义，众说纷纭，麦肯锡将大数据定义为在一定的时间内，使用传统数据库软件无法对数据内容进行搜集、存储、管理以及分析的数据集合。《科学》杂志在2008年出版的专刊中，将大数据定义为“代表着人类认知过程的进步，数据集的规模是无法在可容忍的时间内用目前的技术、方法和理论去获取、管理、处理的数据”（孙海华，2015）。维基百科将大数据定义为由于大数据容量规模巨大，运用当前主流软件工具，难以在合理时间内为企业经营决策提供完整分析过程的资源。这三个观点都认为大数据是

数据的集合，并从分析技术层面上进行理解。科学家 Rauser 对大数据的定义是由于其庞大的数据量，任何计算机的处理能力都无法达到的水平，其强调的是大数据的容量之大。比较有影响力的是研究机构 Gartner 对大数据的定义，其认为大数据在通过新的处理模式的基础上，能获得决策力、洞察力以及流程能力的增强，同时又具备多样性、快速增长性以及数据量大的信息资产。该定义不仅对大数据的特征进行了强调，还关注到通过对数据的有效处理，获得更加精准、具有时效性的信息资源。但同时，由于数据容量之大，给数据的处理也带来了巨大的挑战。这与大数据的特征也有密切关联，在大数据时代，普遍认同的是大数据的“4V”特征：数量大（volume big）；多样化（variable type）；快速化（velocity fast）；价值高和密度低（valuehigh and low density）（陶雪娇、胡晓峰和刘洋，2013）。

通过以上有关大数据的定义研究发现，无论如何定义大数据，都可以看出大数据不同于新技术和新产品，只是数字化时代呈现的一种现象，与 21 世纪初提出的“海量数据”概念的性质一样，但是两者还是存在一定的差异的，大数据主要包括海量数据处理、海量交互数据以及海量交易数据。本文主要将大数据定义为：基于大数据主要特征的基础上，通过运用科学的大数据处理技术，能够增强大数据精准性、效果性等价值的信息资产。

2. 网络营销模式的定义

对于网络营销模式定义的研究首先要从网络营销定义的相关研究入手，Samiee 早在 1998 年就将网络作为全球性主要的媒介，是最重要的全球市场营销工具；Javenpaa 和 Tractinsky 等人认为具有全球性和传播性的网络是传播工具中最为理想的国际互动营销；Bakos 定义目标市场为交换双方进行价格、产品等信息交换的中间组织信息系统。对于网络营销的研究还在发展，还未形成网络营销的统一定义。以上观点都将网络作为市场营销的一个重要工具。Mohammed 和 Fisher 等人（2005）在《网络营销》一书中将网络营销定义为以在线的形式，维护客户和公司在产品、服务等方面的关系，此定义明确了网络营销的基本要素。

我国学者孙志宏（2004）将网络营销也叫作网络市场营销，认为网络营销发展的基础是市场营销，是通过计算机网络、通信技术等媒体为营销目标的实现的市场营销方式之一；芦文娟和韩德昌（2010）认为网络营销是建立在网络通信技术以及数字交互式基础上的，以实现企业营销目标的相关营销活动；我国学者徐艳旻（2013）在其相关研究中将网络营销定义为借助网络开展市场服务的营销活动。以上观点认为网络营销是建立在网络基础上的，为实现企业营销目标的一种营销活动，本文也比较认同这一观点。网络营销模式的研究是以网络营销为基础的，许多研究表明，相比传统的大众营销，网络营销模式更加体现出互动性、主动性、便利性等特点，能为企业和消费者提供较好的互动体验。百度百科（2015）将网络营销模式定义为为实现企业的营销目标，通过互联网开展各项营销活动的营销模式，并在互联网不同的发展阶段，网络营销在方法、工具等方面都会改变，从而产生网络营销模式的转变。我国学者阎斌（2015）将网络营销模式定义为企业通过有效运用互联网信息技术平台开展的营销活动，力求实现企业经营目标和提高企业的效益。本文在以上有关网络、网络营销以及网络营销模式相关理论研究的基础上，认为网络营销模式是借助网络、通信技术以及数字交互式媒体等进行企业的市场营销活动，并根据网络技术的发展而不断发展，最终为实现企业营销目标的营销模式。

3. 网络营销模式的主要类别

对于网络营销模式的划分，专家和学者们众说纷纭。我国学者芦文娟和韩德昌在分析网络营销模式对消费者行为影响的相关研究中提出，主要存在以下几种网络营销模式对消费者行为产生影响。第一，创建企业网站。即企业通过创建公司网站进行相关信息的介绍，提高企业的宣传效果，加强顾客对企业的认同等。第二，参与网络社区。公司借助网络社区、论坛等加强与访者的沟通，提高企业的形象，同时，通过与消费者的交流沟通及时进行产品和服务的改善，充分发挥口碑营销的作用。第三，博客营销。企业可以借助第三方博客平台进行网络营销活动的开展，同时还可以自建博客频道以及建立个人博客，通过公司内部和个人及时更新相关内容，增强企业博客营销能力；第四，网上广告投放。企业根据不同的广告类别选择不同的网上投放方式，使不同消费群及时地了解到企业的营销信息（芦文娟和韩德昌，2010）。

张在宏（2012）将网络营销模式分为广告商、网上商店和服务、价值链服务提供商、网络渠道和虚拟社区五大类。

玄文启（2015）认为网络营销模式主要有以下几种。第一，电子邮件（E－mail）。即主要借助电子邮件为消费者提供有效商品信息的网络营销方式之一，这种方式可以加强企业对消费者的了解，有利于提高企业营销活动的效率。第二，微博营销。借助微博平台进行营销，增强对消费者需求了解的一种方式。第三，病毒性营销。是企业产品、服务推广较为常用的一种方法，主要通过客户的人际关系网络拓展营销的传播范围。第四，搜索引擎营销（SEM）。其主要是客户借助搜索引擎进一步了解企业信息的一种方式，主要方法包括付费排名、搜索引擎优化（SEO）付费收录等。第五，博客营销。是借助博客网站或博客论坛方式进行网络营销的一种方式。

本文认为比较有影响力的是周曙东等人（2003）提出的网络营销模式，主要包括在线商店模式、中立交易平台模式、企业间网络营销模式、网上采购模式、网络拍卖模式、电子邮件营销模式、电子报关模式和网络招投标模式等。

4. 大数据时代网络营销模式的特征

大数据网络营销也可以称为数据驱动型营销模式，主要特征是促进客户积极参与，以达到有效精确的一对一营销目标，同时对大数据进行搜集、整合和分析等处理，为网络营销活动提供更加科学、精准的信息资源。

陈慧和王明宇（2014）认为大数据网络营销具有以下特点。第一，性价比高。第二，时效性强，随着互联网的不断发展，消费者的需求变化非常快，为满足消费者的需求，企业进行及时营销就显得非常重要。时间营销作为一个新的概念，是全球领先的大数据营销企业 AdTime 提出来的，其主要是借助相关技术方法加深对消费者需求的了解，并及时提供相应的营销活动并。第三，互动性强，借助大数据等可以及时了解到消费者的需求动态，并及时提供精准的网络营销。第四，个性化营销，随着大数据时代的来临以及互联网技术的发展，企业的网络营销理念发生了改变，企业不再是营销的主导，其要根据消费者的需求进行营销活动的开展，因为大数据为其用户群的定位、用户行为的分析等提供了条件，最终实现个性化的营销。

胡江涛（2014）认为大数据时代网络营销的主要特点除了时效性强、性价比高、个性化营销外，还具有关联性紧的特点，其主要是通过大数据技术的应用获得消费者的关联性消费信息，挖掘消费者的隐性消费，不断满足消费者的需求的特点。同时，大数据网络营销模式与广告主、媒体、用户三者是密切相关的，其中数据的结果是广告主，数据的起因是媒体，数据的源头是用户。通过挖掘具有营销价值的数据，借助媒体为广告主提供及时准确的营销信息。

三、大数据时代网络营销模式创新研究

随着互联网技术在网络营销模式中的运用，大数据时代网络营销模式能够更加有效地进行信息数据的整合，企业要积极抓住时代发展机遇，增强其自身的竞争力，积极进行网络营销模式的创新就变得十分的重要。

张冠凤（2014）对大数据时代网络营销模式进行了探究，认为主要有以下几种创新模式。第一，商品关联挖掘营销。这种营销模式的推广价值很大，在实际中有很多成功的例子。例如国外经典的啤酒和尿布的案例，当超市经过供应商获得销售商品时，采用将啤酒和尿布摆放在一起的方法，结果会产生两种销售量都增加的效果。现实中，大多数人会认为两者的关联性不大，但相关研究发现两者有很大的联系，这主要是与外国人的消费习惯有关。首先外国人比较喜欢喝啤酒，但由于时间的问题，家庭主妇们不能每天出去买东西，同时，孩子的尿布消费量又大，所以当在买尿布时，大多数会顺手买啤酒，因此两者之间就产生了很大的关联，这种营销模式是建立在大数据的整合分析基础上的，通过数据的挖掘，发现数据之间的关联性。第二，现代通信的大数据分析。利用现代通信数据进行分析的运用也很广泛。例如，量子恒道统计在淘宝中的运用，其主要通过对用户以及第三方的数据进行系统分析，以此制定企业的网络营销的策略，如每次进入淘宝，消费者都会受到相对应的推送商品信息等。第三，大数据的用户行为分析营销模式。是指根据用户上网信息的分析，获得潜在有价值的用户，进而进行针对性营销。比如，云信这一社交工具就是根据消费者对产品的态度和评价进行营销模式的建立，进一步促进消费者进行购买，并有的放矢地选择目标客户。第四，大数据的社会网络营销模式。这一模式产生的信息量巨大，比如，通过 QQ、微信、Twitter 等获得数据进行网络营销。比较成功的案例有红米手机借助 QQ 进行广告宣传，使红米手机的销售量大大增加；蒙牛酸酸乳借助人人网以及明星效应，打造独具特色的“酸酸乳音乐梦想”为主题的活动，大大增强了其在消费者中的影响。第五，大数据的个性化推荐营销模式。在一些大型社交平台，例如社区、论坛、微博等，用户们大都是根据自己的兴趣、价值观建立属于自己的社交圈，并通过其进行信息的交流，企

业可以根据这些社交网站的交流信息，利用一些分析工具探寻出消费者真正的需求，并进行精准的营销。

张艳红（2014）认为大数据时代网络营销模式的革新除了基于大数据的社会化网络营销、基于大数据的关联销售分析、基于大数据的个性化外，还有基于大数据的搜索引擎营销以及基于大数据的 DSP 网络广告模式。高源和张桂刚（2014）在以上学者研究的基础上，认为大数据时代下网络营销模式创新还包括基于大数据的商品地理营销模式。这种模式主要是根据用户网站交易数据，基于地理位置进行营销分析，例如南北方的差异、不同地方的饮食习惯等，针对不同地方的需求采用不同的营销方式。吴英鹰（2013）在对大数据背景下旅游网络营销模式的创新中提出，大数据背景下旅游企业网络营销新模式主要有两种：一是基于消费者行为分析的关联推荐网络营销模式；二是基于消费者行为分析的精准网络营销模式，精准网络营销在旅游企业中的应用具体措施包括运用“窄告”实现旅游企业精确网络营销，和利用网络社群进行旅游企业精准网络营销两种。王雯（2013）以电影《小时代》为研究对象，对大数据时代下的电影营销新模式进行了探究，分析了大数据下的电影整合营销以及大数据下电影 O2O 营销模式，为大数据时代电影网络营销模式提供了借鉴。

大数据时代下网络营销模式创新主要是基于大数据、互联网以及相关分析技术基础上，是以实现企业营销目标进行网络营销模式创新的体现。以上学者的观点对大数据时代下网络营销模式创新进行了较为全面的研究，并结合了一些相关案例，但总体上相关理论研究较少，对不同行业、企业的借鉴价值有限，没有根据行业、企业的具体实际具体分析大数据时代网络营销模式与传统网络营销模式的异同。

四、大数据时代网络营销模式的精准性研究

李晓龙和冯俊文（2016）对大数据环境下的电商精准营销策略进行了研究，根据传统背景下网络营销模式存在的问题，以及大数据时代网络营销模式的精准性优势分析，提出了大数据环境下电商精准网络营销的策略。

牛艳红和王春国（2013）通过对大数据时代网络营销模式的探究，提出了大数据时代网络营销模式的精准性策略，具体包括以下几种方式。第

一，搜索引擎的精准营销。首先，精准营销是借助相应信息管理技术深度了解消费者的偏好并进行精细化营销的方式，较传统粗放营销方式，其能够大大提高营销的效率，节约营销成本，最终增强企业的竞争力；其次，精准营销离不开对大数据的处理，在大数据时代，海量数据影响着生活的方方面面，消费者进行网上搜索信息等行为为企业了解消费者的兴趣点、偏好等信息提供了便利，针对消费者浏览记录，企业通过对大数据的整合、分析获得有价值的营销资源，并进行针对性的营销活动，最终提高营销活动的精准性。第二，再锁定精准营销。企业营销活动实现顾客满意度、忠诚度就是所谓的“再锁定”。例如，吸引浏览过企业网站但没有实际消费行为的顾客再次访问，产生实际消费行为的顾客再次购买，甚至是长期锁定购买，这大大增加了企业的营销效果。大数据结合互联网，能够将消费者和数据紧密的联系在一起，能为企业提供非常有价值的信息资源。从消费者对某个新的品牌渐渐关注开始，到慢慢建立信任，可以经过跟踪该消费者的消费行为，对消费者的未来需求作出科学的预测，为提高企业销售量开发不同的营销策略。第三，博客营销。博客网络营销结合企业营销渠道，有利于增强营销的精准性，同时，博客营销一定程度上可以降低企业在广告上的投入。企业站点的建立在大数据时代非常重要，借助站点的推广，可以扩大企业站点的知名度，加强对用户的影响力，提高企业博客营销的效果。博客营销的具体实施方法有：借助微博等第三方平台发布文章开展营销活动；发动企业内部资源，在企业内部网站的博客栏目发布文章，增强消费者的吸引力，企业可以根据具体实际选择相应的实施方法。

樊永梅（2009）对大数据时代下的汽车网络营销模式精准性进行了研究，在大数据环境下，汽车行业越来越重视网络营销的精细化发展。通过利用精准的数据、用户浏览记录等有关消费行为的信息，进一步加强与顾客的深度交流，为消费者提供更加精准的消费策略。同时，要充分发挥网络营销精准数据的积极作用，就要实施全数据的精确制导，将涉及汽车销售各个环节的信息进行整合，真正实现汽车的精确营销。倪宁和金韶（2014）对大数据时代下广告营销模式精准性进行了研究，得出大数据时代网络精准投放的策略。首先，精准广告投放的实现是以大数据技术为基础的；其次，其实现的具体策略内容主要包括精准定位的目标消费群、精准挖掘的消费需求、精准可控的广告投放以及精准评估的广告效果四个方面。林燕（2014）以中粮“年味儿”广告为研究对象，也探索了大数据时代广告的精准性问题，并得出了相应的精准营销策略，主要包括传播策略，即具体落实以受众为本位、借助社会化网络平台，以及广告的精准营销策略。

不同的学者对大数据时代网络营销模式的精准性进行了研究，从理论上丰富了研究成果，同时根据不同的网络营销模式从不同的视角进行探究，科学性更强。但是，没有系统分析大数据时代网络营销模式精准性营销的基本原理，易导致盲目追求海量数据，而缺乏正确看待大数据的态度，同时具体企业的实际情况存在差别，研究策略的实践指导价值难以实现。

五、大数据时代网络营销模式的效果性研究

胡江涛（2014）认为大数据时代网络营销要实现从精准营销到效果营销的转变。首先，学者研究了大数据下营销的精准性是如何实现的，具体包括精准的客户分析、精准的客户需求预测以及应用 DSP 技术；然后，研究了精准营销存在的问题，具体有数据采集方面的问题、数据整合问题以及数据的安全性问题等；最后，得出精准营销到效果营销转变的结论，主要策略有形成数据链的精准信息筛选，以需求建立信任感和主动进行优质信息推送。张艳红（2014）通过对大数据背景下的网络营销模式革新研究，对相应网络营销模式的创新进行了介绍，然后进一步提出要突破大数据的局限，具体有大数据的安全问题、用户隐私保护问题以及大数据技术的整合等，提出要从政府层面、企业层面采取解决办法，以实现网络营销的效果性。

互联网周刊 2013 年发表名为《网络营销的大数据之路》的文章，文中谈到大数据在网络营销中的巨大价值，并为企业进行网络营销提供了历史机遇，但同时由于大数据本身的特点以及时代的不断变化，会使人们对大数据产生误解。不同的学者还表达了各自对大数据的价值、影响以及未来发展方向等方面的观点，并认为大数据的必然发展趋势是实现实时、精准、效果的统一。

目前学者对大数据时代网络营销模式的效果性研究不多，还处在一个逐步认识的阶段，学者主要认为效果营销是建立在精准营销的基础上的，还需克服大数据以及数据护理过程等方面的问题。问题包括对效果性营销的定义理解不明确，以及没有将大数据时代下网络营销模式的精准性营销与效果性营销结合进行研究，以得出两者更深层次的联系。希望通过以上问题的研

究，最终为充分发挥大数据在网络营销模式中的作用提供科学的指导。

六、研究结论

大数据时代网络营销模式是目前学界研究的热点和难点课题之一。根据目前的相关研究来看，国内外学者的研究视角主要是集中在网络营销模式的精准性和模式创新的研究，对效果性研究相对缓慢，还难以达到现实的需求，同时对精准性和效果性的结合研究也相对较少。本文以前人的相关文献为基础，对大数据时代网络营销模式相关概念进行了总结和归纳，同时分别从创新研究、精准性研究以及效果性研究进行了综述，并对当前相关文献进行了评价，为今后的探索提供一定的参考价值。

大数据时代下网络营销模式的研究还处在积极探索阶段，对相关概念的理解、众多网络营销模式的划分等还缺乏统一的认识。

问题具体为：第一，尚未形成成熟的网络营销模式划分。虽然不少学者对此进行了研究，但是没有得出比较成熟的结论，理论较为分散，后续研究需要进一步加强。第二，研究的视角比较单薄。目前相关文献大多从模式创新和精准性方面进行研究，并且研究的内容不够丰富、实践性不强、缺乏系统价值。第三，对大数据时代网络营销模式的精准性和效果性缺乏深入的研究，因此学界对于两者的交叉研究就相对较少，这种现状使得前期的研究对实际的指导价值不大。

通过对当前学界和企业界的相关研究现状的综述，本文认为未来的研究方向可以从以下方面入手：第一，结合大数据时代下网络营销模式的精准性和效果性进行综合研究，同时这会成为未来研究的必然趋势；第二，从多视角以及结合具体的实际，加强效果性研究；第三，加强系统性研究，并结合大数据时代这一背景，实现大数据时代网络营销模式真正的时效、精准、效果的三者统一，抓住大数据时代的发展机遇。

参考文献

[1] 徐子沛．大数据 [M]．广西：师范出版社，2012.
[2] BUXTON B, GOLDSTON D, DOCTOROW C, et al. Bigdata: science in

the petabyte era [J]. Nature, 2008, 455 (7209): 8-9.
[3] 孙海华. “大数据”时代观点综述 [J]. 经济研究参考, 2015 (26): 79-80.
[4] 陶雪娇, 胡晓峰, 刘洋. 大数据研究综述 [J]. 系统仿真学报, 2013, S1 (25): 142-143.
[5] MOHAMMED R A, FISHER R, et. al. 网络营销 [M]. 北京: 中国财经出版社, 2005.
[6] 孙志宏. 网络营销与策划 [M]. 北京: 机械工业出版社, 2004: 31-32.
[7] 芦文娟, 韩德昌. 网络营销模式对消费者行为影响的概念模型 [J]. 社会科学战线, 2010 (9): 204-205.
[8] 徐艳旻. 网络营销与传统营销的区别 [J]. 湖南农机, 2013, 40 (9): 196-197.
[9] 阎斌. 论企业的网络营销模式及其绩效评价 [J]. 现代营销 (下旬刊), 2015 (5): 73.
[10] 张在宏. 企业网络营销模式创新的理念与思路 [J]. 现代商业, 2012 (9): 88-89.
[11] 玄文启. 大数据背景下的网络营销模式 [J]. 中国科技信息, 2015 (17): 105-106.
[12] 周曙东, 叶辉. 解析网络营销八大模式 [J]. 商业研究, 2003 (22): 177-179.
[13] 陈慧, 王明宇. 大数据: 让网络营销更“精准” [J]. 电子商务, 2014 (7): 32-33.
[14] 胡江涛. 大数据营销: 从精准到时效 [J]. 郧阳师范高等专科学校学报, 2014, 34 (6): 56-59.
[15] 张冠凤. 基于大数据时代下的网络营销模式分析 [J]. 现代商业, 2014 (32): 59-60.
[16] 张艳红. 浅析大数据背景下网络营销服务模式的革新 [J]. 吉林工程技术师范学院学报, 2014, 30 (11): 91-93.
[17] 高源, 张桂刚. 基于大数据的网络营销对策研究 [J]. 湖北经济学院学报, 2014, 11 (2): 66-67.
[18] 吴英鹰. 大数据背景下旅游企业网络营销的创新 [J]. 中国商贸, 2013 (35): 107-108.

[19] 王雯．大数据时代下的电影营销新模式——以电影《小时代》为例［J］．中外企业家，2013（11）：18－19.

[20] 李晓龙，冯俊文．大数据环境下电商精准营销策略研究［J］．价值工程，2016（3）：31－33.

[21] 牛艳红，王春国．大数据时代的网络营销探究［J］．企业导报，2013（22）：97－98.

[22] 樊永梅．“精准营销”升级汽车网络营销［J］．成功营销，2009（8）：66－67.

[23] 倪宁，金韶．大数据时代的精准广告及其传播策略——基于场域理论视角［J］．现代传播（中国传媒大学学报），2014（2）：99－103.

[24] 林燕．论大数据时代广告精准营销及传播策略——从中粮“年味儿”广告说起［J］．今传媒，2014（10）：76－77.

（作者：熊燕平，江西财经大学工商管理学院）

移动 HR

——在大数据下的应用与挑战

摘 要

大数据理论的逐渐完善以及应用技术的逐步成熟，预示着大数据时代的来临。在大数据时代下，以往一些传统的理念、思想与方法也在悄悄地发生变革。移动 HR 就是企业人力资源管理在大数据时代发展的必然趋势。移动 HR 利用移动设备采集、分析、利用大数据，实现移动化和信息化企业管理，对实施企业战略、提升管理理念、创新管理模式、防范文化与伦理危机具有重要意义。本文首先对以往有关移动 HR 的文献进行梳理和述评，然后介绍移动 HR 在大数据背景下的应用，接着文章分析移动 HR 在实践操作中所面临的挑战，最后文章将提出对这些挑战的对策及建议。

关键词

大数据　移动 HR　变革　挑战

一、移动 HR 研究述评

李志军和史媛瑜（2014）指出，关于移动 HR 的研究，国外相关的成果和研究文献还是较多的，其研究水平也处于领先的状态。例如涉及移动 HR、移动学习、移动薪酬、时间跟踪、移动招聘雇佣等关键词的研究文献国外已经具备了一定的积淀，尤其涉及移动学习和移动雇佣方面的相关研究起步较早，论述较多。而国内相关的文献，笔者通过在中国知网平台进行文献检索发现：2011 年之前几乎很少有这方面的文章，近几年才有相关的研究陆续发出来，但是很多文章都只论述人力资源管理在大数据时代下的变革，很少有文章涉及大数据时代下的移动 HR 这一主题。这说明大数据时代下的移动 HR 还很大程度上等着研究者进行深入研究。

刘追、张佳乐和王德智（2014）提出移动 HR 是企业人力资源管理在大数据时代发展的必然趋势，并指出企业进入了一个互联网、个性化、颠覆性创新三者融合的社交化网络经济时代，大数据和移动技术的迅速发展使人力资源管理面对一场前所未有的变革。因此企业应充分利用大数据和移动技术，注重员工与企业间的情感培养，为企业赢得竞争优势。李婷婷和李健（2015）认为大数据为移动 HR 的实现奠定了基础，将大数据的思想应用在移动 HR 中，可以使移动 HR 的每项工作都建立在客观数据分析上。赵忠民（2014）指出在移动互联与云技术的支持下，通过人力资源管理信息化手段完全可以获得实时、高效、全面、准确的数据服务，这将从根本上转变 HR 的业务职能，从而引向战略价值导向。从以上论述发现通过结合移动互联网技术，大数据时代下的人力资源管理与传统的管理大不一样。魏建新（2015）认为大数据时代下的企业人力资源管理应跟随互联网时代的步伐进行变革与创新，为企业提供最高效、便捷的专业化人力资源服务。与传统的人力资源管理相比，移动 HR 更具有去中心化、瞬时反馈、自我学习、情感链接、数据决策、共赢生态的理念。

虽然目前我国对于移动 HR 的研究还比较少，但已经有学者关注到这一块。人们有理由相信，这一新兴领域会带来不一样的管理理念、方式以及思想上的变革。

二、大数据时代移动 HR 的应用

大数据通过数据挖掘和对比分析来帮助企业整合企业生态链资源，充分将自身的所有资源与周边环境密切结合，完成产业升级和管理模式创新。数据挖掘的手段是指从大量的、不完全的、模糊随机的数据中提取隐含其中潜在的、具有预测价值和指导价值的信息和知识的过程。而移动 HR 是通过建立于互联网和云平台的移动终端，将所有的人力资源信息整合到一个统一的移动应用中，以达到资源共享、管理灵活便捷的目的。

借助员工广泛使用的移动设备覆盖网络，零距离、零时差、高效、快捷地推进各项业务与工作，同时使企业与员工间的沟通和互动更加紧密，协助企业提升组织能力；实现员工和企业管理者之间的 O2O 模式，线上线下随时沟通，管理者及时了解员工需求，让服务贴近人心，让管理汇聚口碑。特别是近年来，移动终端在企业中的应用范围渐广也愈频繁。这是因为在以往，人们更多地使用台式机、笔记本电脑处理工作，如今移动设备已经成为了终端用户获取和处理信息的重要工具。用户习惯的改变要求移动 HR 提供移动互联的支持，从而与企业员工的行为方式相匹配。移动 HR 使得企业不同等级、不同类型的人员都可以随时随地通过移动设备参与到人力资源管理活动中，包括及时了解公司有关人员培训、薪酬制度、绩效考核、福利津贴等各方面的动态，以及移动考勤、休假申请、绩效汇报等。移动 HR 的应用可以满足企业与员工的管理与沟通需要，实现人力资源管理的全员化、智能化和人性化。移动 HR 的应用有利于提高管理者的工作效率，改善其实时决断的能力，从而提升客户满意度与员工的投入度，帮助企业更好地实现人力资源管理的目标。

移动 HR 的应用随着大数据技术的成熟也越来越普及，因此，大数据时代下的移动 HR 是企业人力资源战略发展的必然趋势。而能够形成今天的局面取决于两个重要因素。首先是技术变革的大环境。移动设备和社会化媒体革命性地改变了人们的互动方式，让知识的分享不再受到时间、地理位置或者企业边界的制约。这种信息知识分享方式的改变，使得企业人力资源管理不必再依赖于特定场景面对面地进行，管理范围和自由程度得以大大提升，在很大程度上提高了人力资源的管理效率。总之，技术层面的突破是企业级移动人力资源管理应用兴起的基础动因，以技术变革为起点，人力资源管理移动化趋势将逐渐走俏。其次是企业的认可，可以说这是至关重要的。当移动社交技术的需求不再仅局限于生活娱乐时，人们开始对移动办公应用产生需求，尽管这会带来某种风险，但是移动设备和社会化媒体已经成为标准的管理工具，这一判断得到了多数企业的认可。在这里，企业在人力资源管理移动化中扮演着准入把关者的重要角色，只有企业认可移动互联应用的效用，允许相关资源、技术、企业进入，移动人力资源管理才得以真正在企业之中发挥其效。那么移动 HR 是如何运用大数据来实现科学化的管理和变革的呢？又给企业带来什么样的变化呢？后文将进行相关论述。

大数据在 HR 中的作用表现为以下几点。一是记录原始数据。如员工的基本信息、学历信息、就职情况、离职率等，这些数据可以反映员工的个人素质，在人才招聘时作为参考信息。二是分析能力数据。通过员工以往晋升情况、岗前培训考核等数据客观地反映员工接受知识和技术的能力。三是得到效率数据。通过工作任务完成效率、单项任务完成时间等评估员工工作效率，为员工培训计划提供建设性参考意见。四是挖掘潜力数据。通过主管评价、业绩提升率等数据分析，评估员工进步和发展的潜力，根据已有能力和相关工作愿望分析员工潜在实力，有利于企业对员工进行技能开发和职业生涯规划。大数据使移动 HR 更加高效、便捷。将“大数据”的分析方法合理利用到移动 HR 的各个模块，及时分析模块间的业务关系，预测今后可能产生的人力资源状态，特别是企业外部人力资源状态，将可能得出包括人员流动分析预测、绩效考核结果分析、培训需求及效果分析等各项内容（黄诗龙和项杰，2013）。

同样的，这种技术的应用给企业带来的变化也很明显。

第一，更及时可靠的人力资源计划。如果使用移动 HR，企业便可以通过对员工的培训，帮助他们学会使用该平台上传相关信息，从而方便企业实时采集招聘、职位分析、培训、绩效考核、薪酬福利、人员离退等与员工相关的各种信息。企业将这些数据集中统一地进行实时管理，并生成分析报表，为人力资源决策与计划的制定提供参考意见。同时，员工也可以方便地通过移动设备搜索和浏览与个人职业发展相关的各类信息，实现双向的交流互动，对企业人力资源管理计划的修正也提供了大量可靠的情报。

第二，更快捷高效的人员招聘。网络招聘已经在生活中随处可见。比如，企业将招聘信息发布到企业官方微博、用户邮箱或者像智联招聘这样的信息平台上，方便人们快速了解招聘信息。而智能手机等移动设备已经成为了人们上网获取信息的重要途径，因而充分利用移动终端发布各项招聘信息可以帮助企业削减招募成本，扩大招聘信息。同时，最为重要的是企业可以借助大数据分析方法，通过用户数据分析获取反馈信息，帮助企业对招聘活动进行评估，从而改进工作。在新的招聘格局下，移动 HR 迎合了人们习惯的变化。这种基于互联网、移动通信和管理软件的联合的新平台有利于提升招聘效率，将会成为未来人力资源管理的新趋势。

第三，更贴心数字化的人员培训与开发。在企业移动 HR 的管理软件上，员工可以及时进行交流与学习。一方面，他们可以方便地与企业人力资源部门进行“对话”，通过自助式地更新个人数据，企业可以及时了解员工动态。通过留言板，讨论群组等开放式的对话平台，员工向组织反映个人的职业发展需求。同时，人力资源部门与可以方便地进行网上问卷调查，了解员工真实的需求，设计适合的培训与开发计划，为员工提供更为贴心的服务。另一方面，员工与员工之间的交流也更加密切，无论是情感方面还是信息知识方面，有利于构建和谐互助、知识共享的学习型组织。

三、大数据时代下移动 HR 特征

大数据时代下的移动 HR 有其明显的本质特征和时代特征。首先，其与互联网、与移动终端密切连接，使其能够快速地获得信息。通过大数据挖掘技术又能够找出企业真正需要获取的信息，对目标信息快速定位。这种对目标信息的快速获取方式，提高了企业信息传递的流畅性，而移动端的信息发送和接受，也使得企业与员工可以处于一种移动但是互联的状态。因此，本文将移动与互联精神作为大数据时代下的移动 HR 的第一个特征。第二个特征是学习型组织。企业和个人很容易从移动终端搜索和查看对整个组织都有用的一些信息，通过移动终端的功能可以很快捷、很及时地分享这些信息。并且企业结合云技术和移动终端，可以很方便地进行移动学习和移动培训。而且笔者认为移动学习和移动培训在大数据时代是可行的，这必将给企业带来很大的益处，对于企业节省培训成本和时间以及致力于发展学习型组织都有很大帮助。第三个特征是个性与弹性。随着 80、90 后新生代员工步入职场，企业管理理念与管理方式也在悄然地发生着一些变化，而在移动 HR 中，人力资源管理者则更加需要考虑到这种变化。在大数据的移动背景下，员工更需要个性化的工作方式，更加追求工作与生活的平衡。因此这一时期移动 HR 的管理应具有个性化与弹性相结合的特征。第四个特征是精细掌控。建立在大数据和云平台的移动终端能够随时记录人力资源需求、员工工作情况的具体内容。移动 HR 可以精确地追踪员工工作状态，随时了解人员变动和企业人员需求的动态变化，这有利于整体的人力资源战略的制定与实施，并根据实际情况不断地进行调整。

1. 互联与移动

信息技术的发展造就了移动互联时代，随着移动互联技术的不断发展，社会也正在经历着深刻的变革，这种变革影响到社会中的每一个个体，改变着主体的思维方式和社会行为。"越来越多的企业家更深切地意识到，不是只有移动互联网公司才需要思考移动互联网，对于'移动互联'的理解亦不应仅限于狭义上视其为一种使用工具；更深层面的思考直指'移动互联思维'，以及应该如何运用这种新型思维方式对企业现有的商业和人员管理模式进行调整乃至重塑，以巩固企业核心竞争力，从而获得可持续性发展"（中国人效研究中心，2014）。

移动 HR 的互联与移动主要体现在两方面，一是思维的互联与移动，即 HR 不应该仅在后台等待各职能部门的需求，被动完成工作，所有 HR 成员都应积极主动配合工作。同时各 HR 成员应积极参与公司建设，充分发挥自身能力，提出自身的意见和观点，与其他的组织成员进行思想上的交流和观点上的融合，达到互联互通。二是在空间上的互联和移动，通过移动终端，HR 可以随时随地推进人力资源管理的各项业务，从而为战略 HR 管理要求的高效、快速反应提供了有力支持。

2. 学习型组织

通过移动互联进行企业学习，实际上早在 2007 年已经起步，美林证券成为首个试水移动培训的企业。美林证券使用黑莓智能手机实施员工授课培训，大幅度节省了培训时间，雇员学习水平得到提高，培训效率提升明显，2010 年公司进一步扩大移动培训项目范围（Brown，2010）。德勤发布的一份报告指出：移动培训正在兴起，31%的大组织机构开始在培训策略中融入移动互联（Kuehner - Hebert，2014）。移动学习（M - Learning）将学习过程从固定地点中解放出来（Cmuk，2007），移动学习继承了电子学习（E - Learning）的优势，同时也具有移动性和普遍性两个新特点（Abernathy，2001）。移动学习允许内容以方便、快捷、直接的方式传授，普遍性意味着基于需求的学习成为可能，人们可以随时随地按自己的需求进行学习（PengSu 和 Chouetal，2009）。目前这种培训与学习方式已逐渐地普及和推广。现在员工的培训与学习已不仅仅只限于企业成为主导而员工只是培训的对象，企业员工一方面可以通过企业提供的资源对相应的课程自由选择，进行自我提升，同时员工可以利用手里的自有资源与同事一起分享。这时员工本身反而成为了培训者，而非接受者。同时由于移动终端能跨越地域和时间，因此员工可以充分地利用时间碎片进行学习，大大地节约了成本和时间。基于大数据下的移动互联的培训与学习能够跨越时间限制与空间限制，员工还能进行随时随地的知识共享，努力地自我发展与自我提升。这对于构建学习型组织具有很大的推进作用。

3. 个性与弹性

员工个性化管理对移动 HR 提出新要求。一大批伴随互联网成长起来的新兴人类涌入职场，他们拥有新的思维模式、价值理念、行为方式和职业诉求，这既是有效实现移动 HR 的丰沃土壤，同时也会带来新的挑战。尽管以往的企业人力资源管理已经开始重视员工的个性化管理，但是随着移动设备的引进，员工的个性需求会更加多样化、新颖化、及时化，这意味着移动 HR 需要更加丰富、完备、高效，充分了解员工需求、尊重员工个性、关心员工成长，通过更周到的个性化管理来捕获人心。所以，移动 HR 的顺势而为应该体现在如何更好地体现对员工个性的尊重。因此，移动技术与 HR 相结合后，管理者需要在“柔性管理”与“硬性监督”之间寻求平衡，需要在员工管理灵活性以及工作时间压缩、家庭支持之间寻找平衡。

4. 精细掌控

如同前文所提到的，大数据时代下移动 HR 能够实时掌握员工的工作状态和工作绩效。员工通过移动终端与 HR 处的终端联系在一起，因此每次员工传递的信息以及相应的反馈都能被企业的移动终端所接收，通过这些信息的分析 HR 就能清晰地掌握员工的动态。对这些动态进行及时的反馈与调整有利于 HR 进行相应的绩效考核、绩效管理、辅导，以及为员工未来的职业生涯规划提供依据。有利于企业更好地了解员工，使企业与员工的联系更为紧密起来。但是移动 HR 若应用不当，必将加大工作对员工家庭生活、业余生活的侵扰，引起员工个人时间管理的变动，进而可能产生降低员工满意度、制约组织发展的不良后果。

四、大数据下的移动 HR 的挑战

随着大数据时代的到来，以 4G 等为代表的移动技术广泛使用，大数据为企业移动 HR 提供发展契机的同时，也提出了越来越多的挑战。

1. 移动 HR 需要新的管理观念和理论

移动 HR 尚处于发展阶段，和传统的人力资源相比，移动 HR 给员工带来更多的自助式服务，很多业务无需领导的当面指示和审批。因此，这使得组织的结构更趋于扁平化，当然这也是移动 HR 未来发展的趋势之一。而这种扁平化的模式对于比较沉迷于传统的管理模式或者不容易接受这类管理的管理者，这种淡化领导权的管理方式是不太受欢迎的，认为这会有损他们的权威，并且容易忽视移动 HR 的优势。另外移动 HR 的实施风险也会被放大，最终造成移动 HR 的实施困难。但是我们应该清楚，人力资源的投入往往是长期的效应，在短期内很可能看不太出来，这就需要企业进行持续的投入。而这种持续的投入没有管理者的支持是行不通的，只有管理者自身充分地了解、合理地利用移动设备，发挥移动终端的优势，员工才能配合移动 HR 的顺利实施。因此管理者需要学会接受新事物新观念，同时应较好地了解相关的理论。此外，随着移动设备的引进，员工的个性需求将会得到更多的体现，特别是进入企业的新生代员工，他们的个性需求会更加多样化、新颖化、及时化。这也就意味着移动 HR 要充分地了解员工的需求、关心员工的成长、尊重员工的个性。所以移动 HR 的功能需要更加的完善、高效、丰富，以应对员工们不同的个性需求。而企业通过这一举措充分地表现了对员工的理解和尊重以及未来发展关注，这对留住人才、运用人才提供了保障。

所以，移动 HR 的顺势而为应该体现在如何更好地使之人性化，而不是只把它当成是一种监管的工具，使其走向另一个极端。移动 HR 若应用不当，必将加大工作对员工家庭生活、业余生活的侵扰，引起员工个人时间管理的变动，进而可能产生降低员工满意度，制约组织发展的不良后果。所以大数据时代下企业对移动 HR 不单是要用，还要会用、合理地用。

2. 移动 HR 需加强伦理道德建设与隐私保护

移动 HR 信息与隐私的保护急需加强。在互联网的大数据时代信息的泄漏事件每天都在上演，一些重要信息或关系隐私的信息一旦泄露会给企业和个人带来很严重的后果。例如，企业实施移动 HR 后，一些自动信息转换的操作性功能从人力资源管理部门转移到员工和基层管理者手中，电子邮件和即时信息使得文件和信息可在不同部门之间流动，这就存在着很大的信息安全方面的隐患。文件可能会被病毒侵入，使得重要的文件遭到破坏，或者被竞争对手通过黑客手段将资料窃取等，因此移动 HR 需要对数据和隐私做好实时防护。同时，对员工进行相关的培训和学习也是很有必要的。移动 HR 使得员工可以掌握和查询很多公司内部信息，移动设备的广泛使用为伦理危机的滋生提供了肥沃的土壤。大数据在造福人类和组织的同时，也可能侵犯个人隐私和商业秘密，成为企业移动 HR 的一种困扰。一些不道德的员工可能会携带企业重要信息跳槽，一些对公司不满的员工可能利用媒体传播有损企业形象的负面信息。另外，公司的管理层也要加强相关道德与法律方面知识的了解与学习。移动 HR 因为其快捷、方便、高效，可以很大程度忽视空间与时间的限制，使员工工作的场所和时间变得无约束，这就有可能会混淆员工的工作与生活。这就需要管理者平衡员工和组织的利益，尽量保证员工的工作与生活的平衡，使员工的工作具有弹性（Gramberg 等，2014）。但是一些公司可能会极度追求利益，利用移动设备的便捷性给员工安排更多的工作，干扰员工的家庭生活，迫使员工下班后在家加班，这必然会影响员工的身心健康。另外，很多企业开始利用微信进行营销，尤其是一些以销售为主的企业要求员工在微信朋友圈里大量宣传本企业的产品和服务，这种做法扰乱了员工正常的社交活动，侵犯了员工的休息权益，不利于员工对企业树立忠诚的工作理念。因此，在运用移动 HR 的过程中一定要加强伦理道德建设与隐私保护方面的学习，并在整个公司树立起合理利用新技术的理念。

3. 移动 HR 需要不断创新管理模式

虽说建立在大数据和云平台基础上的移动 HR 对 HR 的管理理念与管理方式带来了很大的变革，但是并不意味着完全脱离了传统 HR 的范畴。移动 HR 与传统 HR 要有机地结合起来，特别是在移动 HR 应用还不是很成熟的阶段，仍有许多方面要与传统 HR 合理协调。移动 HR 并非万能，仍有很多不能完成的企业人力资源管理工作，如移动式招聘不能测试出一个人的知识深度，也展示不出一个人的人文素质和学习技能；一些思想层次的内容，如企业文化、职业道德、合作意识等很少能通过移动 HR 来实现。如何将移动 HR 和一些不可替代的传统管理事务有机的结合，并达到最优的匹配是移动 HR 所面临的一个现实挑战。同时，移动 HR 的应用要求更多的复合型人才。企业移动 HR 的引进意味着管理者需要熟练应用移动技术、开发新的管理模式、拥有新的管理理念，仅仅掌握常用办公软件的操作能力已不能满足企业对复合型移动 HR 人才的需求。陈璐（2013）指出现代化的移动 HR 管理者既要通晓一些必要的信息技术，具备相应的 IT 知识和经历，同时还需要具备人力资源管理经验以及灵活的变革能力。

五、大数据时代下移动 HR 应对挑战的对策及建议

诚然，在中国大数据移动 HR 的技术还未成熟，应用还未得到充分发展，但是人们应该意识到这是未来企业人力资源电子化管理的新趋势。企业要把握好机遇，推进这一工程的开展，为企业更好地实现人力资源管理职能而作出努力。基于目前移动 HR 在我国的应用现状，本文提出了移动 HR 应对挑战的对策与建议，期待这些建议与对策对企业未来移动 HR 进一步的应用起到一些提示和启示作用。

首先，企业管理者应当转变管理理念，形成正确的移动 HR 思维。前文中也提到管理层对移动 HR 实施的重要性。因而，要想在企业中推进大数据移动 HR 的应用，必须先转变管理者的思想理念，使其充分认识到大数据和移动应用在企业管理实践中的价值，帮助其树立起大数据观念与移动 HR 管理理念。特别是要让管理者了解移动 HR 的特征，建立起移动互联的观念。

其次，为了打造畅通的数据流平台，企业应加快构建移动 HR 系统。大数据移动 HR 的顺畅运行显然离不开硬件与技术的支持，只有建立起一个安全的、用户友好的、高效的数据流平台，才能真正实现其价值。一方面，企业应选择合适的移动 HR 产品和大数据服务供应商；另一方面，企业要完善移动 HR 平台的基础设施建设，建立健全移动 HR 平台，努力打造一个高效率的管理信息系统，为企业人力资源等决策提供支持。

此外，企业还要对员工和管理者进行培训。帮助员工学会使用移动 HR

平台，进行自助式的信息反馈、互动式的沟通讨论。帮助管理者学会利用这一平台获取有用信息，了解员工的真实需要和工作中出现的问题，努力改善其管理工作。

最后，规范企业移动 HR 运作以规避移动技术背后的风险。移动 HR 平台的良好运作离不开员工们的支持。然而，移动应用往往面临着数据隐私等安全性等问题。因此，如何规避其中的道德风险、防止个人信息泄露和不正当使用就成了移动 HR 技术背后亟需解决的问题。针对这一问题，一方面，企业应该加强对平台操作人员的培训和监管，设置有力的监管方式，同时利用技术手段来防止数据泄露；另一方面，企业还应加强企业文化管理，塑造公平公正、实事求是、和谐诚信的企业文化，培养员工的归属感和忠诚度，以防止恶意散播谣言、盗取公司重要数据等行为的发生。

总之，大数据与移动 HR 的结合势必会给企业人力资源管理带来新的变革与挑战，企业应该把握住这一新的发展趋势，结合自身实际、把握机会，迎合这一新的潮流。

参考文献

[1] 刘追，张佳乐，王德智．大数据时代移动 HR 的应用、挑战及对策［J］．中国人力资源开发，2014（16）：10－14，19.

[2] 李婷婷，李健．大数据时代下的移动 HR［J］．经营管理者，2015（16）：157－158.

[3] 赵忠民．eHR 与“大数据”如何上演“双剑合璧”［J］．人力资源，2014（7）：70－72.

[4] 李志军．让 HR 移动起来［J］．中国服饰，2014（9）：92－93.

[5] 蔡成喜，陈凯．移动 HR：人力资源管理新能量［J］．企业管理，2014（11）：100－102.

[6] 张晓飞．移动 HR 的威力：下一个人力资本管理的热点［J］．人力资源管理，2011（12）：43－44.

[7] 马海刚．移动互联网时代腾讯 HR SDC 的新生态［J］．中国人力资源开发，2015（18）：6－10，19.

[8] 刘学，王红丽．新常态下的新探索——第 4 届中国人力资源管理论坛观点综述［J］．管理学报，2016（5）：657－663.

[9] 楼旭明，赵丽丽．“互联网+”与现代企业人力资源网络化管理［J］．企业经济，2016（5）：111－115.

[10] 李志军，史媛瑜．移动人力资源管理文献述评［J］．中国人力资源开发，2014（16）：15－19.

[11] 邓洁华．移动互联网时代下企业人力资源管理创新［J］．现代商业，2014（14）：95－96.

[12] 陈刘东，唐启．移动互联网的企业人力资源管理创新路径初探［J］．东方企业文化，2014（22）：159.

[13] 马雨慧．移动互联网的企业人力资源管理创新路径初探［J］．现代商业，2015（7）：89－90.

[14] 魏建新．移动互联网时代下企业人力资源管理的变革与创新［J］．管理观察，2015（17）：71－72.

[15] 黄诗龙，项杰．“大数据”点亮人力资源管理系统的“大智慧”——结合新华社人力资源大数据实践探析［J］．中国传媒科技，2013（23）：76－78.

[16] 陈璐．浅析电子人力资源管理的应用意义及建议［J］．电子测试，2013（10）：247－249.

[17] KUEHNER HEBERT K. Go mobile?［J］. In chief learning officer，2014（3）.

[18] STOBER D R，PUTTER S. Going mobile & micro［J］. Professional safety，2013（2）：41－43.

[19] GRAMBERG B V，TEICHER J，O'ROURKE A. Managing electronic communications：a new challenge for human resource managers［J］. The international journal of human resource management，2014，25（16）：2234－2252.

（作者：徐逸文，江西财经大学工商管理学院）

基于讨价还价博弈模型的低碳技术创新链式扩散机制研究

摘要

为了促进低碳技术创新成果从创新提供者向潜在采纳企业的链式扩散，利用讨价还价博弈模型分别构建并分析了创新提供者与潜在采纳企业二者之间的直接讨价还价过程，以及中介机构参与下的间接讨价还价过程。结果表明，低碳技术创新成果的交易价格控制在一定范围内能够推动其完全扩散，价格过高或过低都会导致链式扩散的失败。创新提供企业的出价与己方的心理压力呈减函数关系，与潜在采纳企业的心理压力呈增函数关系，双方的收益与己方的心理压力呈反向关系，与对方的心理压力状态呈正向关系。而在有中介机构参与时，当中介机构代表创新提供企业时，低碳技术创新贬值越大，潜在采纳企业心理压力越小，创新提供企业越急于寻求中介机构的帮助；当中介机构代表潜在采纳企业时，潜在采纳企业选择采纳低碳技术创新和选择不采纳策略间的收益差值越大，创新提供企业的心理压力越大，潜在采纳企业越愿意寻求中介机构的帮助。

关键词

低碳技术创新链式扩散　讨价还价博弈模型　创新提供者　潜在采纳企业　中介机构

一、引　　言

当前，由于化石燃料过度消耗导致的全球变暖已经引起了世界范围的广泛关注，发展低碳经济已成为各国共同的责任。在丹麦首都哥本哈根的《联合国气候变化框架公约》第15次缔约方会议暨《京都议定书》第5次缔约方会议上，一些发达国家和发展中国家提出了自己的减排目标。在开幕式上中国已经承诺至2020年实现单位GDP二氧化碳排放比2005年降低40%至50%，且不与其他国家的减排目标挂钩，也不带任何附加条件（徐建中和徐莹莹，2014）。国家能源委员会的成立、加快调整高耗能产业结构、培育鼓励新兴低碳产业的发展，及对可再生资源和低碳产品的补贴和配额交易等措施都体现了我国政府对节能减排工作的重视。但是我国多个产业的能源利用率与发达国家仍存在一定的差距，就目前发展形势而言，控制温室气体排放增长仍面临着巨大的压力和困难（石敏俊和周晟吕，2010）。

研究表明，低碳技术创新及扩散是实行节能环保、实现低碳经济的根本途径（华锦阳，2011）。正如Blaut（1987）提出"创新扩散的作用要比创新本身更加重要"的观点。低碳技术创新只有得到商业化扩散才能实现其经济价值。然而，多数低碳技术创新研发生产成本较高，扩散存在一定的困难障碍，例如国内二氧化碳捕集成本最低的整体煤气化联合循环系统（IGCC），电厂通过采纳强化采油（EOR）和清洁发展机制（CDM）等创新型低碳技术均不能获取净利润，常规电厂更是入不敷出。因此，有必要通过建立创新提供者与潜在采纳者之间的互动机制，来促进低碳技术创新成果从创新提供者向潜在采纳者扩散。

二、文献回顾

创新扩散理论最早可追溯到19世纪初熊彼特提出的创新理论，他认为从本质看创新扩散是潜在采纳者对已采纳者的模仿行为。罗杰斯（2002）在《创新扩散》中作出了更权威的概念界定，明确指出创新扩散是指新产品、新技术或新思想等通过某种渠道，随着时间推移在社会系统成员中传播的过程。低碳技术创新扩散是随着低碳技术发展，而兴起的创新扩散研究的新领域。国外对低碳技术创新扩散的研究主要集中在三方面：一是低碳技术创新成果介绍及其采纳应用，如碳捕获和储存（Carbon Capture and Storage，CCS）技术（Praetorius 和 Schumacher，2009）、解决城市热岛问题的低耗能冷却技术（Short、Lomas 和 Woods，2004）及提高能源效率的新型电信设备（Hammar 和 Lofgren，2010）等；二是低碳技术创新扩散的影响因素研究，主要有技术学习能力、R&D 溢出效应（Pettersson 和 Soderholm，2009）、决策者及利益相关者之间的博弈（Mukherjee 和 Muga，2010）等；三是政府工具在低碳技术创新扩散中的作用，如碳排放规制（Hoen、Tan 和 Fransoo，2014）、政府补贴激励政策（Cantono 和 Siluerberg，2009）及可持续创新制度体系的构建（Foxon 和 Pearson，2008）等。

国内对低碳技术创新扩散的研究成果相对较少，主要关注政府对低碳技术创新扩散的促进作用，如史安娜（2011）运用博弈论中的讨价还价模型探讨了低碳技术创新扩散中，地方政府与中央政府的博弈行为，王靖宇（2011）通过对比多个国家政府在低碳技术创新扩散中的管理模式，提出促进我国低碳技术创新扩散的有效途径。有部分学者从低碳情境下政企行为角度展开研究，周建鹏（2011）、胡静锋（2011）、王京安（2012）、徐建中（2015）和曹霞（2015）等人利用演化博弈理论对政府政策引导下企业是否实行低碳生产展开探讨，认为仅靠企业自身选择低碳生产策略具有不确定性，为促进经济发展模式向低碳转变，政府应对企业有合理有效的政策安排。

梳理低碳技术创新扩散的相关研究成果发现，现有研究主要将视角集中于潜在采纳企业，对政府规制的研究也是探讨政府规制对潜在采纳企业的作用机制，忽视了作为扩散源的创新提供者的作用，更忽视了创新提供者与潜在采纳企业之间的互动过程。此外，在低碳技术创新扩散过程中，创新提供者与潜在采纳企业间存在着第三方参与人——中介机构，中介机构是连接创新提供者和潜在采纳企业间不可缺少的重要环节。现有研究中，多忽视了中介机构在低碳技术创新扩散中的作用。因此，本文基于 Rubinstein 轮流出价的讨价还价理论，分别构建创新提供者和潜在采纳企业二者间的直接讨价还价模型，及创新提供者、中介机构、潜在采纳企业三者的讨价还价模型，对低碳技术创新链式扩散过程中，主要参与人之间的互动过程展开探讨，以期为市场机制作用下低碳技术创新成果链式扩散的成功实现提供有益借鉴。

三、低碳技术创新链式扩散机理分析

1. 低碳技术创新链式扩散主体

低碳技术创新的链式扩散是企业作为低碳技术创新的需求方从创新提供方获得低碳技术创新的过程，即低碳技术创新从创新提供者向潜在采纳企业扩散的过程。在这个过程中，创新提供者和潜在采纳企业间存在技术不对称的现象，因此，有时在低碳技术创新链式扩散过程中，还需要中介机构的参与。由此可知，在低碳技术创新链式扩散中有三种重要的主体：创新提供者、潜在采纳者和中介机构。

（1）创新提供者

低碳技术创新的提供者是指拥有低碳技术创新成果并愿意向其他组织扩散的组织，包括企业、高校和科研机构等。低碳技术创新提供者通过自主创新、协同创新或采纳创新等方式获取低碳技术创新成果。创新成果既包括创新型低碳产品，也包括低碳创新型低碳技术，不同的创新供给者由于技术能力、发展诉求和利益要求等方面的差异在低碳技术创新链式扩散中的表现不同，但一般都会通过转让成果或转让使用权等方式向潜在采纳企业扩散。市场经济体制下，低碳技术创新从创新提供者向潜在采纳企业转让是一个有偿交易的过程，创新供给企业会以一定的价格转让该项低碳技术创新成果所有权或使用权来获取收益，创新提供者通过转让的方式向潜在采纳企业扩散低碳技术创新的目标是收益最大化。创新供给企业对低碳技术创新的转让可以一次性转让技术所有权，但也可以保留所有权，转让使用权。若创新供给者只向潜在采纳企业转让使用权，则可同时向多个需求者提供，形成一对多的扩散局面。无论通过何种形式实现低碳技术创新的扩散，创新供给企业都以收益最大化为最终目的。

（2）潜在采纳者

潜在采纳企业在低碳技术创新链式扩散过程中属于需求主体，一般指在化石能源利用率低或低碳生产技术薄弱落后的制造企业。当市场中对低碳产品有大量需求时，或制造企业的发展环境要求企业必须降低碳排放量时（如政府规定），制造企业将通过采纳和引进外部成熟的低碳技术成果的方式来尽快实施低碳技术创新，如此这些企业成为低碳技术创新的潜在采纳者。研究和实践表明，一次性买断是创新链式扩散的主要形式（王刊良和王嵩，2010），潜在采纳制造企业将通过一次性购买等手段从创新供给者处获得低碳技术创新，实现低碳技术创新的链式扩散。

（3）中介机构

中介机构种类较多，本研究中涉及的中介主要是指能够在科技成果转化过程中提供服务的、专业化程度较高的、能为创新供给者和潜在采纳者提供信息、咨询、评估、培训或交易等服务的机构。中介机构相比创新供给者和潜在采纳制造企业而言，更了解市场对低碳技术创新的需求以及政府相应的政策措施，相比通过人际关系和社会网络的信息传播，能够更直接有效地在创新供给者和潜在采纳制造企业间建立信息供给机制。尤其在低碳技术创新实现商业化应用的初期，认知低碳技术创新的制造企业数量较少，为了尽快促进低碳技术创新从创新供给者向潜在采纳制造企业的链式扩散，在扩散系统中加入中介机构的参与具有很大的必要性。

2. 低碳技术创新链式扩散过程分析

制造企业低碳技术创新链式扩散过程是在发展低碳经济的大背景下，及市场对低碳技术需求的推动下，低碳技术创新成果从创新供给者向潜在采纳者扩散的过程。由于初期，市场中同时存在低碳技术创新和传统技术的需求，因此涉及创新供给者是否愿意提供低碳技术创新的问题。与此同时，潜在采纳者是愿意选择采纳低碳技术创新，或是仍然选择原始的传统技术，创新供给者和潜在采纳制造企业间的相互作用对双方策略选择具有重要的影响，因此将通过二者间的博弈关系，分析促成创新供给者选择提供低碳技术创新，且潜在采纳制造企业选择采纳低碳技术创新的稳定状态。

当达到创新供给者选择提供低碳技术创新，同时潜在采纳制造企业选择采纳低碳技术创新时，双方将进入下一阶段的讨价还价过程。该过程包括两种形式：一种是从创新供给者直接向潜在采纳制造企业扩散的过程；另外一种是有中介机构参与的过程，即从创新供给者经中介机构向潜在采纳制造企业扩散的过程。具体如图 1、图 2 所示。

在低碳技术创新从创新供给者直接向潜在采纳制造企业扩散的过程中，即创新供给者和潜在采纳制造企业将针对该项低碳技术创新进行关于价格的谈判。双方对该项低碳技术创新都有内心预期价格区间，若双方经过谈判能

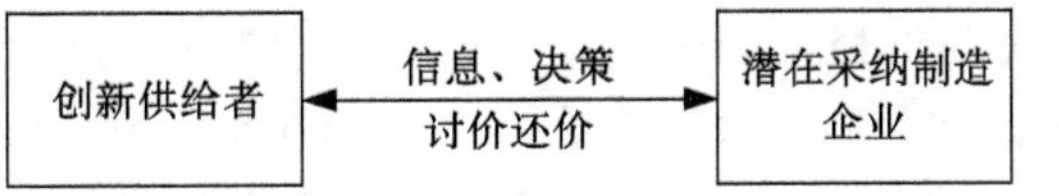

图 1　无中介机构参与的低碳技术创新链式扩散过程

图 2　有中介机构参与的低碳技术创新链式扩散过程

够在重合的价格区间内达成一致，则创新供给者能够获取较多收益，而潜在采纳制造企业也能够以合适的价格采纳低碳技术创新，即促成了双方共赢的局面。换句话说，双方存在共同的利益，但面对价格的协商时双方存利益冲突，因为价格高时，创新供给者的收益增加，但潜在采纳制造企业的收益就减少了；价格低时，则潜在采纳制造企业的收益增加，而创新供给者的收益减少。因此在轮流出价过程中，双方会努力将价格向对己方有利的方向调整，但同时需要满足对方的需求，这样最终才会实现谈判的成功。

在低碳技术创新从创新供给者经中介机构再向潜在采纳制造企业扩散的过程中，中介机构作为第三方联结创新供给者和潜在采纳制造企业，双方通过中介机构来进行技术信息沟通和价格谈判互动。一般而言，这种中介机构为盈利性组织。中介机构既可以代表创新供给者，也可以代表潜在采纳制造企业。若中介机构代表创新供给者，则在讨价还价过程中由中介机构代表创新供给者与潜在采纳制造企业谈判，创新供给者支付中介机构相应的报酬。相应地，若中介机构代表潜在采纳制造企业，则在讨价还价过程中代表潜在采纳制造企业与创新供给者谈判，潜在采纳制造企业支付中介机构相应的报酬。

在现实中，同时存在从创新供给者直接向潜在采纳制造企业扩散，和从创新供给者经过中介机构向潜在采纳制造企业扩散两种形式的链式扩散现象。在扩散过程中，是否需要中介机构的参与视情况而定，后文将对何时直接扩散、何时需要中介机构的参与作出具体分析。

根据以上分析，基于常悦等人构建的创新提供者和潜在采纳者间的讨价还价模型，本文提出以下研究假设。

假设 1：假定在讨价还价过程中有两种不同的参与者——创新提供企业 A 和潜在采纳企业 B，就一项低碳技术创新从创新提供企业向潜在采纳企业扩散进行讨价还价。创新提供企业 A 可接受的价格范围为 $[m_1, m_2]$，潜在采纳企业可接受的价格范围是［n_1，n_2］，其中 m_1 为创新提供企业的最低报价，m_2 为创新提供企业的最高报价预期；同样地，n_1 为潜在采纳企业的最低报价，n_2 为潜在采纳企业的最高报价预期。根据现实情况不失一般性有 $m_1 < n_1$，$m_2 < n_2$，$m_2 > n_1$，因此在低碳技术创新从创新提供企业向潜在采纳企业扩散的讨价还价的谈判过程中，［n_1，m_2］是双方的议价谈判区间。

假设 2：低碳技术创新从创新提供企业向潜在采纳企业扩散的讨价还价过程是一个动态的谈判过程，将整个谈判过程分为 i 个时间段，分别为 $\Delta i(i=1, 2, \cdots, t)$，每个时间段只有一方可以出价，即每个时间段，创新提供企业和潜在采纳企业间只有一方可提出价格并进行谈判，若谈判成功则讨价还价终止于最终解 P^*（$P^* \in [n_1, m_2]$），若在最后一次讨价还价中，任一方的报价超出了议价范围，即双方未能达成共识则谈判终止。

假设 3：引入贴现率 $\sigma(0 \leqslant \sigma \leqslant 1)$ 作为时间参数，因为低碳技术创新存在时间价值，即随着讨价还价时间的推进，低碳技术创新本身会产生贬值，更多的创新提供企业和潜在采纳企业参与竞价，双方的垄断优势会逐渐降低，致使价值的降低。另外，随着谈判次数的增加，谈判费用及损耗会有所增加，将这些损失都通过贴现率体现。

假设 4：现有一项低碳技术创新，创新提供企业研发成功的总成本为 C，从政府获得的补贴为 I_1，潜在采纳企业采纳该低碳技术创新后，由于能源利用率提高、产品销量增加等原因增加的收益为 Π，碳排放减少量为 ΔQ，此时政府收缴碳税税率为 b，即采纳后碳税减少 $b\Delta Q$，同时潜在采纳企业从政府获得的补贴为 I_2。因此，当双方谈判成功时，获得的总收益为 $\Pi + b\Delta Q + I_1 + I_2 - C$。

假设 5：创新提供企业和潜在采纳企业讨价还价的过程是有限次的，本文将借助经典的三阶段讨价还价博弈模型进行研究，更多次的有限次讨价还价过程与此类似，可进行类推，在谈判过程中创新提供企业 A 率先出价。

四、基于讨价还价博弈模型的低碳技术创新链式扩散模式研究

1. 直接链式扩散模式的讨价还价过程

第一阶段由创新提供企业 A 出价 x_1，若潜在采纳企业接受该价格则谈

判成功，创新提供企业获得的收益为（$x_1 + I_2 - C$），潜在采纳企业获得的收益为（$\Pi + b\Delta Q + I_1 - x_1$）。若潜在采纳企业不接受该价格则谈判进入下一阶段，该阶段由潜在采纳企业出价 y_2，若双方谈判成功则潜在采纳企业获得收益为 $\sigma(\Pi + b\Delta Q + I_1 - y_2)$，创新提供企业获得的收益则为 $\sigma(y_2 + I_2 - C)$。若谈判失败则进入下一阶段且再次由创新提供企业出价，此次谈判为最后一个阶段，因此双方必须接受议价否则谈判失败，设创新提供企业出价为 x_3，则创新提供企业获得的收益为 $\sigma^2(x_3 + I_2 - C)$，潜在采纳企业的收益为 $\sigma^2(\Pi + b\Delta Q + I_1 - x_3)$。具体过程如图 3 所示。

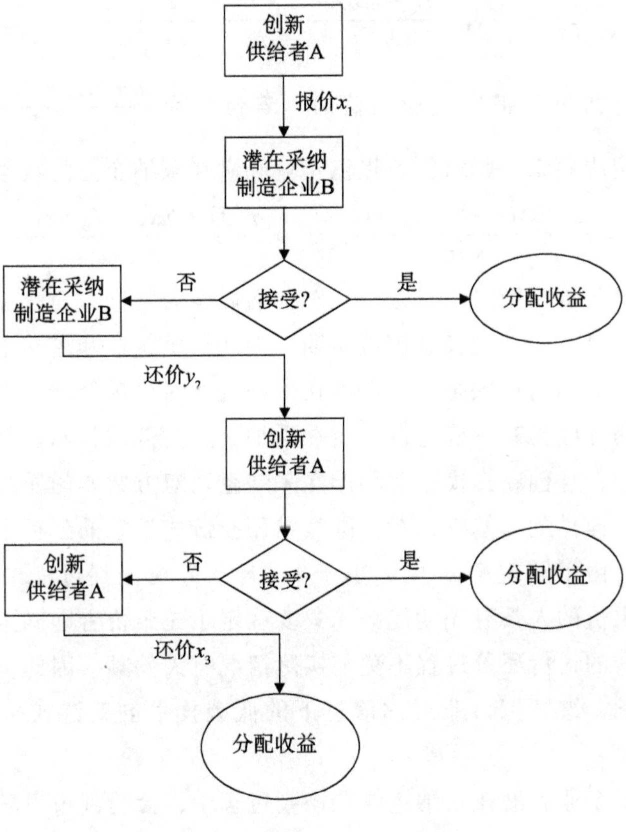

图 3　三阶段讨价还价过程

该博弈过程可通过逆推解法（Reverse Deduction）来求解 Nash 均衡结果。当第三阶段由创新提供企业出价 x_3 时，创新提供企业能够获得的最大收益为（$x_3 + I_2 - C$），等价于在第二阶段时的收益 $\sigma(x_3 + I_2 - C)$，即在第二阶段轮到潜在采纳企业出价为 $[\Pi + b\Delta Q + I_1 + I_2 - C - \sigma(x_3 + I_2 - C)]$

时，创新提供企业能够接受该价格，而该轮潜在制造企业出价为 $[\Pi + b\Delta Q + I_1 + I_2 - C - \sigma(x_3 + I_2 - C)]$ 也相当于在第一阶段创新提供企业出价 $[(1-\sigma)(\Pi + b\Delta Q + I_1 + I_2 - C) + \sigma^2(x_3 + I_2 - C)]$，也就是说，当在第一阶段创新提供企业出价 $[(1-\sigma)(\Pi + b\Delta Q + I_1 + I_2 - C) + \sigma^2(x_3 + I_2 - C)]$ 时，潜在采纳企业能够接受。由于从博弈均衡角度来看，创新提供企业在第三阶段的最大收益应该与在第一阶段的出价是无差异的，因此有

$$x_1 = x_3 + I_2 - C = [(1-\sigma)(\Pi + b\Delta Q + I_1 + I_2 - C) + \sigma^2(x_3 + I_2 - C)] \quad (1)$$

解得：

$$x_3 = \frac{\Pi + b\Delta Q + I_1 + \sigma(C - I_2)}{1+\sigma} \quad (2)$$

即在第一次创新提供企业出价时，若价格为 $\frac{\Pi + b\Delta Q + I_1 + \sigma(C - I_2)}{1+\sigma}$，则双方能够达成共识。此时创新提供企业和潜在采纳企业的收益分别为：

$$U_A = \frac{\Pi + b\Delta Q + I_1 + I_2 - C}{1+\sigma}, \quad U_B = \frac{\sigma(\Pi + b\Delta Q + I_1 + I_2 - C)}{1+\sigma} \quad (3)$$

该种讨价还价模型以信息完全且对称的假设为基础，但是在现实低碳技术创新的扩散过程中，尤其是扩散初期，创新提供企业和潜在采纳企业的信息是非对称的。创新提供企业对于潜在采纳企业对该项低碳技术创新的需求及需求的迫切程度具有不确定性，潜在采纳企业对低碳技术创新的信息掌握具有不完全性，且创新提供企业和潜在采纳企业双方并非匀质的。上述以经典讨价还价博弈模型为基础，对低碳技术创新链式扩散的分析未考虑双方心理压力因素，由于贴现率 σ 恒为小于 1，且双方在谈判过程中信息完全对称，则率先出价的人具有先动优势，只要确定了先出价者即确定了最终的分配结果，这样的讨价还价过程不免与实际情况有失偏颇。因此，后文将以上述结果为基础，继续探讨非对称信息下的低碳技术创新链式扩散讨价还价模型。

创新提供企业和潜在采纳企业在谈判过程中，会受到市场环境和政策条件等多方面的影响，导致双方承受的心理压力存在差异，这种心理状态的差异会导致其对收益贴现的态度不同。设创新提供企业的贴现率为 σ_A，潜在采纳企业的贴现率为 σ_B。心理学领域研究表明，当谈判者心理压力较大时，尤其是时间压力大时，多会选择妥协而尽快与对方达成协议。因为创新提供企业与潜在采纳企业在谈判中由于环境和谈判过程产生的心理压力是不同

的，因此分别将其设为 r_A 和 $r_B(0\leqslant r_A,\ r_B<\infty)$，坚持长时间谈判可能获得更多收益，但谈判主体在议价过程中所承受的心理压力越大，越容易妥协于比坚持长时间获得收益少得多的收益水平。也就是说，坚持长时间的谈判获得的收益按照贴现率折算到初期的收益值较低，因此可以说心理压力值 r 与贴现率 σ 负相关，即 $d\sigma/dr<0$，当 $r\to\infty$ 时，$\sigma\to 0$。为了方便计算和分析，参考王刊良和王嵩（2010）的研究，将 σ 和 r 之间的关系通过表达式 $\sigma=1/(1+r)$ 表示，则创新提供企业和潜在采纳企业的贴现率与心理压力之间的关系可以表示为 $\sigma_A=1/(1+r_A)$ 和 $\sigma_B=1/(1+r_B)$。在分析中排除 r_A、r_B 为 0，即 $\sigma=1$ 时，创新提供企业和潜在采纳企业具有无限耐心的情况，即 r_A、r_B 为 1，即 $\sigma=0$，表示创新提供企业和潜在采纳企业毫无耐心的情况。

同样利用逆推解法进行求解，在第三阶段创新提供企业出价 x_3，创新提供企业能够获得的最大收益仍然为 (x_3+I_2-C)，由于双方的贴现率不同，创新提供企业的收益相当于在第二阶段的收益值为 $\sigma_A(x_3+I_2-C)$，即在第二阶段潜在采纳企业出价为 $[\Pi+b\Delta Q+I_1+I_2-C-\sigma_A(x_3+I_2-C)]$ 时，创新提供企业能够接受该价格，而该轮潜在制造企业出价为 $[\Pi+b\Delta Q+I_1+I_2-C-\sigma_A(x_3+I_2-C)]$，也相当于在第一阶段创新提供企业出价 $\{\Pi+b\Delta Q+I_1+I_2-C-\sigma_B[\Pi+b\Delta Q+I_1+I_2-C-\sigma_A(x_3+I_2-C)]\}$，由于从博弈均衡角度来看，创新提供企业在第三阶段的最大收益应该与在第一阶段的出价是无差异的，另因 $U_{总}=\Pi+b\Delta Q+I_1+I_2-C$，因此有：

$$\begin{aligned}x_1&=x_3+I_2-C\\&=\Pi+b\Delta Q+I_1+I_2-C-\sigma_B[\Pi+b\Delta Q+I_1+I_2-C-\sigma_A(x_3+I_2-C)]\end{aligned}\tag{4}$$

解得：

$$x_3=\frac{\Pi+b\Delta Q+I_1-\sigma_B U_{总}+\sigma_A\sigma_B(I_2-C)}{1-\sigma_A\sigma_B}\tag{5}$$

创新提供企业和潜在采纳企业获得收益分别为：

$$U_A{}'=\frac{(1-\sigma_B)(\Pi+b\Delta Q+I_1+I_2-C)}{1-\sigma_A\sigma_B},$$

$$U_B{}'=\frac{\sigma_B(1-\sigma_A)(\Pi+b\Delta Q+I_1+I_2-C)}{1-\sigma_A\sigma_B}\tag{6}$$

计算得知：

$$dx_3/d\sigma_A=\frac{(\Pi+b\Delta Q+I_1+I_2-C)\sigma_B(1-\sigma_B)}{(1-\sigma_A\sigma_B)^2}>0\tag{7}$$

$$dx_3/dr_A = \frac{(\Pi + b\Delta Q + I_1 + I_2 - C)\sigma_B(1-\sigma_B)}{(1-\sigma_A\sigma_B)^2} \times \frac{-1}{(1+r_A)^2} < 0 \tag{8}$$

$$dx_3/d\sigma_B = \frac{(\sigma_A - 1)(\Pi + b\Delta Q + I_1 + I_2 - C)}{(1-\sigma_A\sigma_B)^2} < 0 \tag{9}$$

$$dx_3/dr_B = \frac{(\sigma_A - 1)(\Pi + b\Delta Q + I_1 + I_2 - C)}{(1-\sigma_A\sigma_B)^2} \times \frac{-1}{(1+r_B)^2} > 0 \tag{10}$$

同理可推得 $dU_A/dr_A < 0$，$dU_A/dr_B > 0$，$dU_B/dr_A > 0$，$dU_B/dr_B < 0$。由此可知，Nash 博弈均衡状态的创新提供企业的出价与自己的心理压力呈减函数关系，创新提供企业的心理压力越大，均衡状态的出价越低；相反，创新提供企业的出价与潜在采纳企业的心理压力呈增函数关系，潜在采纳企业的心理压力越大，均衡状态的创新提供企业出价越高。而在均衡状态时，博弈双方的收益与自己的心理压力呈反向关系，与对方的心理压力状态呈正向关系。即创新提供企业的心理压力越大，其自身最终获得的收益越少，而潜在采纳企业获得的收益越多；潜在采纳企业的心理压力越大，其自身最终获得的收益越少，创新提供企业获得的收益越多。这与现实情况是相符的，因为当创新提供企业若认为该低碳技术创新在市场中难以推广，在已经花费了大量研发成本的前提下，必定会急于将低碳技术转让给潜在采纳的制造企业。这样的状态在谈判中会因为耐心差，无法坚持到与对方谈判到较高价格的阶段，会更早地以较低价格将低碳技术创新转让予制造企业。同理，由于政策环境或市场环境等因素导致潜在采纳企业心理压力较大时，制造企业急于采纳低碳技术创新，在与创新提供企业谈判的过程中，会由于缺乏耐心，相比于能够获得的最多收益，更早地以较少的收益价格与创新提供企业达成一致。

2. 间接链式扩散模式的讨价还价过程

在上节考虑非对称心理压力的讨价还价博弈分析结论的基础上，分别考虑中介机构代表创新提供企业与潜在采纳企业谈判，和中介机构代表潜在采纳企业与创新提供企业谈判两种情况对收益的影响。随着时间的推移，中介机构参与低碳技术创新的链式扩散过程，其收益也具有时间价值，设中介机构的贴现率为 σ_C，由上节分析结论可知，Nash 均衡状态创新提供企业和潜在采纳企业的收益分别为：

$$U_A' = \frac{(1-\sigma_B)(\Pi + b\Delta Q + I_1 + I_2 - C)}{1-\sigma_A\sigma_B},$$

$$U_B' = \frac{\sigma_B(1-\sigma_A)(\Pi + b\Delta Q + I_1 + I_2 - C)}{1-\sigma_A\sigma_B} \tag{11}$$

为了方便计算将创新提供企业、中介机构和潜在采纳企业的贴现率表示为σ_A、σ_B 和 σ_C，经过一阶段的讨价还价，创新提供企业的收益减少的比例为$1-\sigma_A$，该部分损失可以拆分为公共因素（贴现率为σ）和自身因素导致的损失。公共贴现率主要体现在通货膨胀、利率变化等因素方面，自身因素主要体现在谈判过程中的费用、消耗及低碳技术创新的时间价值等。三者由于自身因素导致的收益损失分别表示为m_A、m_B 和 m_C（$0<m_A$，m_B，$m_C<1$）。因此有：

$$1-\sigma_A = m_A + 1 - \sigma \tag{12}$$

$$1-\sigma_B = m_B + 1 - \sigma \tag{13}$$

$$1-\sigma_C = m_C + 1 - \sigma \tag{14}$$

将之分别带入（11）式可知创新提供企业和潜在采纳企业的收益可以表示为：

$$U_A' = \frac{(m_B+1-\sigma)(\Pi + b\Delta Q + I_1 + I_2 - C)}{1-(\sigma-m_A)(\sigma-m_B)} \tag{15}$$

$$U_B' = \frac{(\sigma-m_B)(m_A+1-\sigma)(\Pi + b\Delta Q + I_1 + I_2 - C)}{1-(\sigma-m_A)(\sigma-m_B)} \tag{16}$$

当中介机构代表创新提供企业与潜在采纳企业讨价还价时，中介机构需要与创新提供企业分享收益，二者的总收益为：

$$U_A' + U_C' = \frac{(m_B+1-\sigma)(\Pi + b\Delta Q + I_1 + I_2 - C)}{1-(\sigma-m_C)(\sigma-m_B)} \tag{17}$$

（17）式减去（15）式得：

$$U_C' = \frac{\sigma_B(1-\sigma_B)(m_A-m_C)(\Pi + b\Delta Q + I_1 + I_2 - C)}{[1-(\sigma-m_A)(\sigma-m_B)][1-(\sigma-m_C)(\sigma-m_B)]} \tag{18}$$

该收益即为创新提供企业愿意转移给中介机构的最大份额。分析可知，当$m_A \leqslant m_C$时，中介机构的收益值为非正数，创新提供企业不愿意与中介机构共享收益，中介机构会选择不代表创新提供企业与潜在采纳企业讨价还价。只有当$m_A > m_C$时，中介机构的收益才为正值，在利益驱动下，中介机构才会愿意代表创新提供企业与潜在采纳企业讨价还价。换角度而言，由于创新提供企业自身导致收益的下降因素主要体现在低碳技术创新本身价值的降低和谈判费用，而中介机构自身导致收益下降的因素主要体现在谈判的费用方面，创新提供企业和中介机构的谈判费用相差不大，可将$m_A - m_C$理解为低碳技术创新的贬值。也就是说，低碳技术创新贬值越大，创新提供企业越急于寻求中介机构的帮助。

在 $m_A > m_C$ 的情况下，经计算得知 $dU_C'/d\sigma_B > 0$，说明当中介机构代表创新提供企业时的收益函数是关于 σ_B 的增函数，σ_B 值越大，中介机构的收益越大。极限情况当 $\sigma_B = 0$ 或 $\sigma_B = 1$ 时，$U_C' = 0$，也就是说，当潜在采纳企业毫无耐心或者具有极强的耐心时，创新提供企业都不会寻求中介机构的帮助。当潜在采纳企业毫无耐心时，潜在采纳企业会由于心理压力过大，而迫切地想要尽快达成协议；当潜在采纳企业具有极强的耐心时，创新提供企业也不会寻求中介机构的帮助，因为此时与潜在采纳企业谈判能够获得的收益非常小，创新提供企业不愿再将收益的一部分分配给中介机构。在不考虑极限情况时，随着 σ_B 值的增大，即随着潜在采纳企业心理压力的减小（心理压力与贴现率呈反函数关系），潜在采纳企业有足够的耐心讨价还价，此时创新提供企业可能更愿意找中介机构代理来与潜在采纳企业讨价还价。

当中介机构代表潜在采纳企业参与讨价还价时，中介机构与潜在采纳企业的总收益为：

$$U_B' + U_C'' = \frac{(\sigma - m_C)(m_A + 1 - \sigma)(\Pi + b\Delta Q + I_1 + I_2 - C)}{1 - (\sigma - m_A)(\sigma - m_C)} \tag{19}$$

（19）式减去（16）式得：

$$U_C'' = \frac{(1 - \sigma_A)(m_B - m_C)(\Pi + b\Delta Q + I_1 + I_2 - C)}{[1 - (\sigma - m_A)(\sigma - m_C)][1 - (\sigma - m_A)(\sigma - m_B)]} \tag{20}$$

该收益为潜在采纳企业愿意转移给中介机构的最大收益。经分析可知，当 $m_B \leqslant m_C$ 时，即潜在采纳企业收益减少的自身因素小于中介机构时，潜在采纳企业可能不会寻求中介机构的帮助。因为 m_C 主要体现为中介机构的谈判费用，m_B 主要体现为潜在采纳企业选择采纳低碳技术创新，和选择不采纳策略间的收益差值，以及谈判费用。因此 $m_B - m_C$ 可理解为潜在采纳企业选择采纳低碳技术创新和选择不采纳策略间的收益差值，当潜在采纳企业选择采纳低碳技术创新的收益高于不采纳策略的收益时，在讨价还价过程中，潜在采纳企业更倾向于寻求中介机构的帮助，而当潜在采纳企业选择采纳低碳技术创新的收益低于不采纳策略的收益时，潜在采纳企业不会寻求中介机构的帮助。

在 $m_B > m_C$ 的情况下，经计算得知 $dU_C''/d\sigma_A < 0$，即当中介机构代表潜在采纳企业与创新提供企业讨价还价时，中介机构的收益与创新提供企业的

贴现率呈反函数关系，创新提供企业的贴现率越大，中介机构的收益越少。在极限情况 $\sigma_A=1$ 时，中介机构收益为0，表示当创新提供企业毫无耐心时，潜在采纳企业无需中介机构的帮助即可很快以较大收益与创新提供企业达成共识。在非极限情况下，随着 σ_A 值增大，即创新提供企业的贴现率增加，中介机构的收益越小，也可以说，创新提供企业的心理压力越小，潜在采纳企业寻求中介机构的可能性越小。反之，随着 σ_A 值的减小，中介机构的收益值增加，也就是说，创新提供企业的心理压力越大，其愿意进行谈判达成协议的意愿就越大，此时潜在采纳企业向中介机构寻求帮助才更有意义。

五、结　　论

本文利用 Rubinstein 轮流出价的讨价还价模型，分别分析了从创新提供企业直接向潜在采纳企业扩散的讨价还价过程，及从创新提供企业经中介机构再向潜在采纳企业扩散的讨价还价过程。结果发现将创新型低碳技术转移价格控制在一定范围内能够推动其完全扩散，转移价格过高或过低都会导致链式扩散的失败。创新提供企业的出价与己方的心理压力呈减函数关系，与潜在采纳企业的心理压力呈增函数关系，双方的收益与己方的心理压力呈反向关系，与对方的心理压力状态呈正向关系，而在有中介机构参与时，当中介机构代表创新提供企业时，低碳技术创新贬值越大、潜在采纳企业心理压力的越小，创新提供企业越急于寻求中介机构的帮助；当中介机构代表潜在采纳企业时，潜在采纳企业选择采纳低碳技术创新和选择不采纳策略间的收益差值越大、创新提供企业的心理压力越大，潜在采纳企业越愿意寻求中介机构的帮助。

参考文献

[1] SUMNER J, BIRD L, DOBOS H. Carbon taxes: a review of experience and policy design considerations [J]. Climate policy, 2011, 11 (2): 922 - 943.
[2] 徐建中，徐莹莹．基于演化博弈的制造企业低碳技术采纳决策机制研究 [J]．运筹与管理，2014，23 (5)：264 - 272.

[3] 石敏俊，周晟吕．低碳技术发展对中国实现减排目标的作用［J］．管理评论，2010，22（6）：48－53.

[4] 华锦阳．制造业低碳技术创新的动力源探究及其政策涵义［J］．科研管理，2011，32（6）：42－47.

[5] BLAUT J M. Diffusionism：a uniformitarian critique［J］．Annals of the association of american geographers，1987，77（1）：30－47.

[6] PRAETORIUS B，SCHUMACHER K. Greenhouse gas mitigation in a carbon constrained world：the role of carbon capture and storage［J］．Energy policy，2009，37（12）：5081－5093.

[7] SHORT C A，LOMAS K J，WOODS A. Design strategy for low－energy ventilation and cooling within an urban heat island［J］．Building research & information，2004，32（3）：187－206.

[8] HAMMAR H，LOFGREN A. Explaining adoption of end of pipe solutions and clean technologies—determinants of firms investments for reducing emissions to air in four sectors in Sweden［J］．Energy policy，2010，38（7）：3644－3651.

[9] PETTERSSON F，SODERHOLM P. The diffusion of renewable electricity in the presence of climate policy and technology learning：the case of Sweden［J］．Renewable and sustainable energy reviews，2009，13（8）：2031－2040.

[10] MUKHERJEE A，MUGA H. An integrative framework for studying sustainable practices and its adoption in the aec industry：a case study［J］．Journal of engineering and technology management，2010，27（3）：197－214.

[11] HOEN K M R，TAN T，FRANSOO J C. Effect of carbon emission regulations on transport mode selection under demand［J］．Flexible services and manufacturing journal，2014，26（1）：170－195.

[12] CANTONO S，SILVERBERG G. A percolation model of eco－innovation diffusion：the relationship between diffusion，learning economies and subsidies［J］．Technological forecasting and social change，2009，76（4）：487－496.

[13] FOXON T，PEARSON P. Overcoming barriers to innovation and diffusion of cleaner technologies：some features of a sustainable innovation policy re-

gime [J]. Journal of cleaner production, 2008, (16): S148 - S161.

[14] 王靖宇，史安娜. 低碳技术扩散中地方政府与中央政府行为的博弈分析 [J]. 科技进步与对策，2011，28 (12)：12 - 15.

[15] 王靖宇，史安娜. 低碳技术扩散中政府管理的国际经验比较研究 [J]. 华东经济管理，2011，25 (5)：19 - 22.

[16] 周建鹏，聂华林，张国兴. 低碳经济北京下企业生产策略的演化博弈分析 [J]. 科技进步与对策，2011，28 (24)：88 - 91.

[17] 胡静锋. 建设低碳经济的演化博弈分析——地方政府和企业双方互动角度 [J]. 经济问题，2011 (4)：53 - 56.

[18] 王京安，韩立，高翀. 低碳经济发展中政府与企业之间的博弈分析 [J]. 科技管理研究，2012 (22)：234 - 238.

[19] 徐建中，徐莹莹. 政府环境规制下低碳技术创新扩散机制——基于前景理论的演化博弈分析 [J]. 系统工程，2015 (2)：118 - 125.

[20] 曹霞，张路蓬. 企业绿色技术创新扩散的演化博弈分析 [J]. 中国人口·资源与环境，2015，25 (7)：68 - 76.

[21] 张凤香，黄瑞华. 论专利技术的特殊性对其交易成本的影响 [J]. 研究与发展管理，2005 (1)：98 - 103

[22] 王刊良，王嵩. 非对称信息下讨价还价的动态博弈：以三阶段讨价还价为例 [J]. 系统工程理论与实践，2010，30 (9)：1636 - 1642.

（作者：徐莹莹，哈尔滨理工大学管理学院）

京津冀区域科技协同创新发展评价研究

摘　要

京津冀已经成为继长江三角洲、珠江三角洲之后发展起来的最具潜力以及活力的区域之一。2015 年《京津冀协同发展规划纲要》正式将京津冀协同发展提到国家战略高度，京津冀协同发展已经成为学术界关注的热点问题。京津冀区域科技协同创新则是京津冀协同发展重要路径。本文从协同学的角度出发，运用复合系统协同度模型将科技协同创新系统分为创新主体子系统、创新环境子系统和互动发展子系统，并实证分析了 2007—2014 年京津冀科技协同创新系统协同度。通过分析京津冀区域科技协同创新的协同发展程度变化，发现京津冀科技协同创新系统协同程度受到三个子系统的综合影响。

关键词

京津冀　系统　科技协同创新　协同度

一、引　　言

在复杂多变的竞争环境下，区域间协同创新有利于实现资源在地区之间各个生产环节的协同整合，促进各地区之间优势互补、合作共赢，充分协调区域内的各种创新要素，是区域创新发展的重要保障和必然结果。京津冀已经成为继长江三角洲、珠江三角洲之后发展起来的最具潜力以及活力的区域之一。促进京津冀协同发展、提高京津冀协同发展水平已经成为实现京津冀一体化的重要路径。京津冀地区作为一个区域整体，与其他经济区域如长三角、珠三角地区相比，京津冀区域一体化进程相对落后，产业水平和综合实力存在较大差距，特别是区域创新能力的差距过大，内部各个方面的联动协调存在诸多壁垒，自身发展也面临诸多问题，这在一定程度上制约了京津冀区域发展进程。区域科技协同创新是京津冀区域协同发展的核心内容和关键支撑，这是贯彻落实习近平总书记关于科技引领发展重要讲话精神的具体举措。京津冀有完整的科技体系、丰富的科技人力资源、密集的科研机构，但三地之间技术水平、创新能力和经济发展存在着明显差距，存在科技、经济发展不平衡问题（武义青和李伟红，2015）。

二、相关文献回顾

在协同创新成为创新发展趋势的情况下，学术界对协同创新的研究正逐步增多。目前主要包括协同创新的动因、协同创新的机制机理、协同创新模式与协同效应等方面，研究的视角主要是以企业和产业为主，对于区域层面的协同创新研究较少，因此，区域科技协同创新的评价研究显得十分必要。

研究区域科技协同创新一般从两个角度进行研究。从定性分析角度出发，学者们主要从政策、资源、产业结构等方面对区域经济现状进行分析。具有代表性的有以下研究：杨洁等（2009）分析了京津冀区域产业协同发展的现状及必要性，指出了三地协同发展的制约因素，提出了京津冀区域协同发展的实施路径；李林和刘志华（2014）通过评价区域科技协同创新绩效从而反映区域科技协同创新系统发展程度；崔永华（2011）从创新网络视角研究了区域民生科技协同创新系统构建；康健（2014）基于复合系统协调度模型并应用两个并行互动的创新三螺旋对区域协同创新能力进行评价；薛景梅（2015）则通过能力结构关系模型来测度京津冀三地区创新能力的匹配程度以及创新收益进行分析。从定量分析的角度出发，一般是利用数理模型对相关指标数据进行处理，最终得出数字化的结果，进而对区域科技协同创新系统的协同程度以及发展程度进行评价。对于区域科技协同创新系统协同度的研究方法包括：结合灰色关联理论和距离协同模型，建立区域协同发展的协调度模型（李海东、王帅和刘阳，2014）；或将模糊理论与层次分析法结合，用模糊层次分析法进行协调度评价；还有的学者利用了能力耦合度的理论来评价系统的协同程度，或用DEA结合模糊数学的方法进行协同度的评价（樊华和陶学禹，2006）；或是利用能力结构维度揭示不同区域创新能力结构的均衡与匹配程度来测量区域协同创新系统协同程度（范斐，2015）。通过多种方法比对，本文将应用复合系统协同度模型来测量京津冀区域科技协同创新系统协同度。

三、研究设计

1. 指标设计与数据来源

（1）京津冀科技协同创新系统指标设计

在系统论中，描述协调关系的方法一般都基于哈肯的协同学理论，本文亦采用从该理论引申出来的序参量的方法评价京津冀区域科技协同创新系统的协调程度。复合系统的协同是指系统在与外界能量、物质交换的过程中，受外界调节（他组织）的作用以及系统内部自组织作用的共同影响下，组成系统的子系统之间相互影响、和谐发展，以实现系统整体效应的过程。京津冀区域科技协同创新系统是一个开放的、远离平衡态的、不断发展的非线性复合系统。在该系统发展演变的过程中，系统内部各个子系统之间互相影响，使得系统逐渐从无序走向有序。复杂系统内部子系统之间或子系统组成要素之间，在发展演化过程中彼此和谐一致的程度则由协同度衡量，协同度是指对系统协调性的测度，它能够有效反映系统运行绩效（陈伟，2011）。本文为了测量系统内部协同的程度，根据协同学中序参量和役使原理，通过测量影响京津冀区域科技协同创新系统子系有序度的序参量，计算各子系统之间的协同程度，来评价京津冀区域科技协同创新的协同度。

在学者们研究协同创新的过程中，子系统的划分成为研究区域创新系统协同的重要影响要素。在以往的研究中，学者们将创新系统分为若干个互相影响的子系统，定量分析子系统之间相互作用程度，从而计算出区域创新系统的协同度。郑广华（2010）将区域创新系统分为创新基础环境子系统、主体子系统和资源子系统，来研究各子系之间的协同度。张玉臣从技术知识认知、组织制度、经济能力三个结构来构建区域创新子系统。贺灵等（2012）从创新网络要素子系统、环境子系统以及互动发展子系统之间相互协同发展来测量区域协同创新要素协同度。范斐（2015）从网络的视角出发，将区域协同创新系统分为知识创新、技术创新、产业创新、服务创新和创新环境等全社会创新的一个综合区域协同创新体系。

京津冀区域科技协同创新要求京津冀地区作为一个整体系统，在创新环境的作用下，其内部各创新主体之间通过资源共享、协同开展创新活动，从而增强区域的整体实力，减少区域内部矛盾，推动区域的整体发展。综上所述，本文将京津冀科技协同创新系统分为创新主体子系统、创新环境子系统以及互动发展子系统，并通过评价子系统之间的协同程度确定京津冀科技协同创新系统的协同发展程度。

（2）区域协同创新子系统指标设计

京津冀区域科技协同创新系统协同度要从三个层面来测量：一是子系统中序参量在系统协同发展过程中所体现出的功能与状态，这是衡量系统协同度的前提；二是子系统中序参量之间的相互影响、互动发展，体现出子系统内部各序参量的协同发展；三是子系统之间相互作用，这是系统协同的根本保证。因此，从京津冀区域科技协同创新系统的内涵以及协同度的测量要求出发，可以将京津冀区域科技协同创新指标体系分为三个部分，反映系统内部创新主体状态子系统，影响京津冀区域科技协同创新系统发展变化的环境子系统，以及反映创新主体之间知识资源流动的互动发展子系统。

创新主体：在京津冀区域科技协同创新系统中，创新主体是由创新型企业、高校以及科研院所构成的，通过 R&D 活动进行区域内科技创新协同。通过“创新型企业、高校和科研院所数量”、“R&D 项目数量”、“R&D 经费内部支出”和“R&D 人员数量”来测评创新主体作为序参量对于京津冀区域科技协同创新系统的影响。

创新环境：创新环境又分为创新政治环境、创新社会基础环境以及创新经济环境。其中创新政治环境是区域科技协同创新发展的保证，“R&D 经费内部支出资金来源中政府资金”、“教育经费”和“地方财政科学技术支出”均是描述政府对区域科技创新的投入。社会基础环境是协同创新系统的基础，其中包括“万人国际互联网上网人数”、“人均拥有公共图书藏量”、“交通运输（铁路营业里程、内河航道里程和公路里程总和）”以及“高校招生数量”，这是从科技、文化、交通、教育四个方面描述京津冀区域的基础环境。社会经济环境是区域科技协同创新的动力，“人均可支配收入”被用来衡量一个国家生活水平的变化情况；“GDP 总量”和“城镇居民消费水平”反映了社会经济环境中总体区域经济水以及市场需求。

互动发展：知识转移与扩散、知识转化与应用都很好地反映出创新主体之间的互动发展，保证了区域科技协同创新系统的协同特性。其中，“有效专利数”、“专注及科研论文数量”描述了创新主体的有效知识产出；“技术市场成交额”、“技术合同成交总额”则体现了创新主体在知识转移与扩散过程中，技术市场的利用率和总体规模。“新产品销售收入与主营业务收入”、“新产品产值率”描述了新产品的生产和销售量，从侧面体现了知识转化和应用的效率。

本文通过文献研究，初步构建指标体系，并对初建指标体系进行指标的筛选和结构优化。在具体的指标筛选过程中，首先对区域科技创新和协同创新等相关概念在中文期刊数据库 CNKI、万方、维普中和外文期刊数据库 SCI、Elsevier、Springer 中进行文献检索与分析，从区域科技协同创新主体、创新环境以及主体之间互动发展三方面汇总和整理指标，形成一个区域科技协同创新绩效评价指标体系，并对指标体系进行检验，以保障最终指标的科学性和有效性。

经过以上过程，最后确定筛选结果区域科技协同创新绩效评价指标体系，它包括三个子系统的 21 个指标，如表 1 所示。其中指标所需数据大部分来自于 2008—2015 年的《中国科技统计年鉴》、《中国统计年鉴》、《天津统计年鉴》及《河北经济年鉴》。

表 1　　京津冀区域科技协同创新指标体系

子系统	序参量	二级指标
创新主体子系统	创新主体	创新型企业数量（个）
		高校与研究开发机构项目数（个）
		R&D 项目数（个）
		R&D 经费内部支出（万元）
		R&D 人员数量（人）
创新环境子系统	创新政治环境	R&D 经费内部支出资金来源中政府资金（万元）
		教育经费（万元）
		地方财政科学技术支出（亿元）
	创新社会基础环境	万人国际互联网上网人数（人/万人）
		人均拥有公共图书藏量（册）
		公共交通运输总里程（公里）
		高校招生数量（万人）
	创新经济环境	GDP 总量（亿元）
		城镇居民消费水平（元/人）
		人均可支配收入水平（元/人）

续表

子系统	序参量	二级指标
互动发展子系统	知识转移与扩散	有效专利数（个）
		专注及科研论文数量（篇）
		技术市场成交额（万元）
		技术合同成交总额（亿元）
	知识转化与应用	新产品销售收入/主营业务收入
		新产品产值率

2. 研究方法

运用复合系统协调度模型测量京津冀区域科技协同创新系统协同度。该模型即可以从静态的角度反映协同创新系统各要素的结构和动能，又可以动态地衡量京津冀协同创新系统内协调发展的程度。协同度模型的原理如下：系统处于理想协调状态时，在一定发展水平下，各子系统的实际发展状态是一致的，且接近系统综合发展水平（汤铃等，2010）。若一个系统由若干子系统构成，即 $S=(S_1, S_2, \cdots, S_n)$，$S_n$ 为第 n 个子系统。设子系统 $S_j(j\in[1, k])$ 在系统发展过程中序参量变量 $e_j=(e_{j1}, e_{j2}, \cdots, e_{jn})$，其中 $n\geqslant 1$，$\alpha_{ji}\leqslant e_{ji}\leqslant\beta_{ji}$，$i\in[1, n]$。$\alpha_{ji}$ 和 β_{ji} 分别为系统稳定临界点上序参量 e_{ji} 的上限与下限。为不失一般性，假设系统有序度与 e_{j1}，e_{j2}，…，e_{jl_1} 取值呈正相关变动；假设系统有序度与 e_{jl_1+1}，…，e_{jn} 取值呈负相关变动。因此，定义（1）式为子系统 S_j 序参量分量 e_{ji} 的系统有序度：

$$u_j(e_{ji})=\begin{cases}\dfrac{e_{ji}-\alpha_{ji}}{\beta_{ji}-\alpha_{ji}}, & j\in[1, l_1]\\[2ex] \dfrac{\beta_{ji}-e_{ji}}{\beta_{ji}-\alpha_{ji}}, & j\in[l_{1+1}, n]\end{cases} \tag{1}$$

该定义可知 $u_j(e_{ji})\in[0, 1]$，$u_j(e_{ji})$ 的值体现了 e_{ji} 对系统有序度贡献的大小，其值越大，贡献越大。一般采用几何平均法公式（2），或线性加权求和法公式（3）来集成。

$$u_j(e_j) = \sqrt[n]{\prod_{i=1}^{n} u_j(e_{ji})} \tag{2}$$

$$u_j(e_j) = \sqrt[n]{\prod_{i=1}^{n} \lambda_j u_j(c_{ji})}, \lambda_j \geqslant 0, \sum_{i=1}^{n} \lambda_j = 1 \tag{3}$$

$u_j(e_{ji})$ 为子系统 S_j 的系统有序度，其值越大，S_j 系统有序程度越高，反之则越低。基于以上分析，将京津冀区域科技协同创新系统定义为 S，其中有三个子系统即创新主体子系统、创新环境子系统以及互动发展子系统。每个子系统均由若干个指标衡量其有序度。其中，各子系统序参量在 t_0 时，系统有序度为 $u_j^0(e_j)$，$j=1，2，\cdots，k$；在系统互动发展过程中时刻 t_1 时，子系统有序度 $u_j^1(e_j)$，$j=1，2，\cdots，k$；则将 t_0-t_1 时间段内区域协同创新子系统协同程度定义为系统协同度 C。

$$C = \theta \sqrt[K]{\left| \prod_{i=1}^{k} [u_j^1(e_j) - u_j^0(e_j)] \right|} \tag{4}$$

$$\theta = \frac{\min\limits_j [u_j^1(e_j) - u_j^0(e_j) \neq 0]}{\left|\min\limits_j [u_j^1(e_j) - u_j^0(e_j) \neq 0]\right|}，j=1，2，\cdots，k \tag{5}$$

总系统协同度 $C \in [-1，1]$，其值越大，代表区域协同创新系统中各子系统协同发展的效果越好，反之越低。

四、实证分析

采用复合系统协同度模型并结合 MATLAB 软件对京津冀区域科技协同创新系统协同度进行测定。首先，在序参量确定之后，对原始数据进行整理，同时为消除量纲影响，对数据进行标准化处理，数据整理及标准化处理结果见表 2。

表 2　序参量标准化后处理结果

年份	创新主体					知识转移与扩散			知识转化与应用		
	创新型企业数量	高校与研究开发机构项目数	R&D项目数	R&D经费内部支出	R&D人员数量	有效专利数	专注及科研论文数量	技术市场成交额	技术合同成交总额	新产品销售收入/主营业务收入	新产品产值率
2007	-0.237	-2.148	-1.318	-1.273	-1.927	-0.743	-1.304	-0.321	-0.401	1.825	1.572
2008	0.847	-0.532	-0.799	-1.062	-0.853	-0.640	-0.996	-0.160	-0.392	1.042	1.291
2009	0.778	0.059	-0.784	-0.728	-0.201	-0.463	-0.688	-0.781	-0.380	0.157	0.452

续表

年份	创新主体					知识转移与扩散			知识转化与应用		
	创新型企业数量	高校与研究开发机构项目数	R&D项目数	R&D经费内部支出	R&D人员数量	有效专利数	专注及科研论文数量	技术市场成交额	技术合同成交总额	新产品销售收入/主营业务收入	新产品产值率
2010	1.563	0.414	−0.524	−0.277	−0.003	−0.031	−0.319	−1.069	−0.362	−0.805	−0.248
2011	−1.395	−0.059	0.214	0.182	0.371	−0.762	0.148	0.536	−0.342	−0.743	−0.964
2012	−1.020	0.493	0.775	0.650	0.648	−0.514	0.615	0.388	−0.309	−1.060	−1.051
2013	−0.419	0.650	0.975	1.102	0.859	1.534	1.053	−0.654	−0.286	−0.483	−0.594
2014	−0.116	1.123	1.462	1.406	1.106	1.620	1.491	2.062	2.473	0.068	−0.458

年份	创新政治环境			创新社会基础环境				创新经济环境		
	R&D经费支出中政府资金	教育经费	地方财政科学技术支出	万人国际互联网上网人数	人均拥有公共图书藏量	公共交通运输总里程	高校招生数量	GDP总量	城镇居民消费水平	人均可支配收入水平
2007	−0.904	−0.939	−1.634	−1.640	−0.651	−1.140	−1.870	−1.838	−0.966	−1.405
2008	−0.983	−1.034	−0.783	−0.967	0.256	−0.967	−1.129	−0.093	−0.681	−0.971
2009	−1.068	−0.267	−0.588	−0.494	1.047	−0.594	0.014	1.409	−0.446	−0.668
2010	−0.246	−1.143	−0.062	−0.126	1.864	−0.377	0.584	−0.787	−0.045	−0.279
2011	−0.033	0.219	0.137	0.294	−1.016	−0.127	1.127	−0.203	0.406	0.208
2012	0.492	0.680	0.498	0.669	−0.457	0.357	0.371	0.166	−1.091	0.698
2013	1.289	1.055	0.951	1.036	−0.801	1.240	0.641	0.540	1.236	0.978
2014	1.453	1.430	1.482	1.228	−0.242	1.609	0.261	0.805	1.587	1.440

注：由于数据缺失等原因，2014年大中型工业企业销售产值（万元）和大中型工业企业新产品产值（万元）用阻尼系数为0.1时的平滑指数法预测。

将表2中的数据代入公式（1），得到各子系统序变量的有序度，如表3所示。

最后，将表3中的数据代入公式（2），得到各子系统的有序度，并以2007年为基年，将各子系统有序度的数据代入公式（4），得到京津冀区域科技协同创新系统协同度，如表4所示。

表 3　　　　　　　　　　各子系统序参量有序度

年份	创新主体					知识转移与扩散			知识转化与应用		
	创新型企业数量	高校与研究开发机构项目数	R&D项目数	R&D经费内部支出	R&D人员数量	有效专利数	专注及科研论文数量	技术市场成交额	技术合同成交总额	新产品销售收入/主营业务收入	新产品产值率
2007	0.4003	0.0604	0.0669	0.0478	0.0439	0.0357	0.0411	0.2486	0.0124	0.9440	0.9461
2008	0.7332	0.5096	0.6607	0.2888	0.2135	0.0749	0.1414	0.2953	0.0151	0.6969	0.8488
2009	0.7119	0.6739	0.7535	0.5566	0.2184	0.1424	0.2418	0.1150	0.0189	0.4175	0.5575
2010	0.9530	0.7725	0.7907	0.7440	0.3033	0.3074	0.3619	0.0313	0.0248	0.1139	0.3147
2011	0.0444	0.6411	0.8278	0.3691	0.5448	0.0281	0.5141	0.4976	0.0309	0.1335	0.0663
2012	0.1596	0.7944	0.8834	0.6637	0.7281	0.1228	0.6663	0.4545	0.0415	0.0335	0.0360
2013	0.3442	0.8383	0.9762	0.6369	0.7936	0.9054	0.8091	0.1519	0.0487	0.2156	0.1948
2014	0.4372	0.9697	0.9762	0.9582	0.9530	0.9380	0.9519	0.9407	0.9227	0.3894	0.2418

年份	创新政治环境			创新社会基础环境				创新经济环境		
	R&D经费支出中政府资金	教育经费	地方财政科学技术支出	万人国际互联网上网人数	人均拥有公共图书藏量	公共交通运输总里程	高校招生数量	GDP总量	城镇居民消费水平	人均可支配收入水平
2007	0.0986	0.1113	0.0464	0.0519	0.1488	0.0376	0.0567	0.0520	0.0791	0.0433
2008	0.0699	0.0777	0.2951	0.2653	0.4351	0.0949	0.2812	0.5401	0.1755	0.1822
2009	0.0393	0.3490	0.3523	0.4148	0.6847	0.2181	0.6276	0.9602	0.2555	0.2790
2010	0.3358	0.0392	0.5060	0.5315	0.9424	0.2899	0.8003	0.3461	0.3916	0.4035
2011	0.4126	0.5210	0.5641	0.6646	0.0335	0.3724	0.9649	0.5095	0.5444	0.5596
2012	0.6022	0.6841	0.6696	0.7833	0.2099	0.5327	0.7359	0.6127	0.0366	0.7162
2013	0.8896	0.8168	0.8020	0.8996	0.1013	0.8244	0.8176	0.7172	0.8260	0.8061
2014	0.9487	0.9495	0.9573	0.9605	0.2777	0.9464	0.7025	0.7914	0.9451	0.9538

注：序变量上限值和下限值分别取 2007—2014 年最大值和最小值的 110%。

表 4　　子系统有序度和系统协同度

年份	创新主体子系统	创新环境子系统	互动发展子系统	协同度
	U_1（e_1）	U_2（e_2）	U_3（e_3）	C
2007	0. 07651	0. 06569	0. 12625	—
2008	0. 32165	0. 19636	0. 17413	0. 11532
2009	0. 42378	0. 32428	0. 16094	0. 14605
2010	0. 55735	0. 36535	0. 12071	-0. 09273
2011	0. 36171	0. 41472	0. 11195	-0. 11249
2012	0. 55594	0. 44214	0. 11093	-0. 14035
2013	0. 70413	0. 66572	0. 24706	0. 35699
2014	0. 82010	0. 80127	0. 64646	0. 65773

五、研究结论与启示

根据以上计算结果，可以得出如下结论。

经计算，2007—2014 年京津冀区域科技协同创新系统平均协同度为 0. 13293，这说明京津冀区域科技协同创新发展程度很低，这主要是因为京津冀区域科技协同创新系统协调发展过程中，子系统之间有序度不均衡，有序度出现了“短板效应”，这在一定程度上决定了整个复合系统协同发展的水平。具体来说，在 2007—2012 年，京津冀区域创新主体子系统和区域创新环境子系统有序度不断上升，但是区域创新互动发展子系统有序度处于较低水平，导致整个系统协同度较低；在 2013 年、2014 年两年的时间里，三个子系统有序度明显提高，尤其是互动发展子系统有序度，由 0. 24706 上升到 0. 64646，这对于整个系统的协同有着较大影响，系统协同度由 0. 35699 上升到 0. 65773。但 2010—2012 年三年里，京津冀区域科技协同创新系统协同度呈现负值，图 1 中可以明显看出区域科技协同创新系统协同度与子系统有序度的发展变化，创新主体子系统有序度先下降、后上升呈现波动状态，创新环境子系统呈现稳定上升趋势，而互动发展子系统在这三年的时间里比 2010 年之前与 2012 年之后有序度处于下降状态，因此整个系统不能处于较好的协调状态，体现为 $C \in [-1, 0]$。

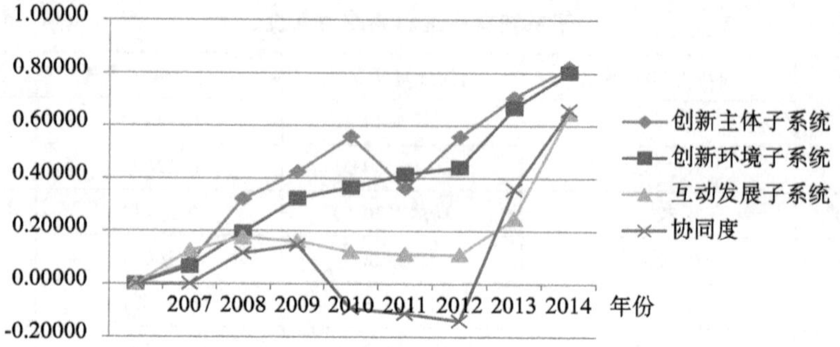

图 1 2007—2014 年京津冀区域科技协同创新系统协同发展情况

从三个子系统有序度来看，子系统有序程度呈上升趋势，其中创新主体子系统在 2011 年有序度明显下降，互动发展子系统有序度 2011 年、2012 年持续下降，创新环境子系统在 2011—2012 年变化不明显。但在 2013 年和 2014 年各子系统有序度明显上升，经过三个子系统的协同，使区域整体系统协同度快速提高。序参量状态的变化影响着子系统有序度的变化。创新主体子系统有序度在 2011 年较低的主要原因是创新型企业数量的减少导致的。在互动发展子系统中，序参量知识转移与扩散序参量中，2014 年的技术市场成交额与技术合同成交额比起 2013 年以及之前得到了大幅度提升，这对于互动发展子系统在 2014 年有序度的提高产生很大影响。技术市场成交额与技术合同成交额反映了技术市场的活跃程度（交易频率），这就说明，在互动发展子系统的发展过程中，2014 年京津冀区域科技协同创新系统中，技术市场发展速度得到很大的提升。在 2010—2012 年三年内互动发展子系统中，知识的转化与应用序参量中，有效专利数目是八年内最低值，技术市场成交额 2010 年达到最低值，2011 年有所恢复；新产品销售收入与主营业务收入之比以及新产品产值率在这三年内也均维持较低水平。在这三年内新产品生产量以及销售量均没有其他年份高，说明这三年与其他年份相比，知识的转化与应用水平均低于其他年份水平。

综上所述，在 2007—2014 年的八年时间里，京津冀区域科技协同创新系统协同度状态经历了由 2007—2009 年较低的协同、2010—2012 年相对不协同、到 2013—2014 年协同的大幅度提高这三个阶段。

京津冀区域科技协同创新是实施京津冀一体化战略的重要组成部分。京津冀区域科技协同创新系统良好、稳健协同发展是推动京津冀整体发展的重要保障。本文在前人关于区域协同创新的基础上，从系统学的角度出发，探讨了京津冀区域科技协同创新的内涵，并将京津冀区域科技协同创新系统分为创新主体子系统、创新环境子系统以及互动发展子系统。并运用复合系统协同度模型对京津冀区域科技协同创新系统协同度进行测量。实证结果表明，京津冀区域科技协同创新系统协同程度呈现波动发展状态，并分析其波动原因是三个子系统相互作用的结果，尤其互动发展子系统对于整体系统的影响程度较大。因此，想要达到京津冀区域科技协同创新系统整体协同发展，要保证创新主体、创新环境子系统协调的同时，更应注意系统中创新主体之间的互动发展状态，这样才能保证京津冀区域科技协同创新系统高度协同。

参考文献

[1] 武义青，李伟红．京津冀发展报告——协同创新研究［M］．北京：社会科学文献出版社，2015.

[2] 杨洁，王艳，刘晓京．京津冀区域产业协同发展路径探析［J］．价值工程，2009（4）：35－37.

[3] 李林，刘志华，王雨婧．区域科技协同创新绩效评价［J］．系统管理学报，2015，24（4）：563－568.

[4] 刘志华．我国区域科技协同创新绩效评价模型及实证研究［J］．管理学报，2014，11（6）：861－868.

[5] 崔永华．区域民生科技创新系统的构建——基于协同创新网络的视角［J］．科学学与科学技术管理，2011，32（7）：86－92.

[6] 康健．基于区域产业互动的三螺旋协同创新能力评价研究［J］．科研管理，2014，35（5）：19－26.

[7] 薛景梅，李明芳．基于能力结构视角的京津冀区域协同创新［J］．中国流通经济，2015（10）：71－76.

[8] 李海东，王帅，刘阳．基于灰色关联理论和距离协同模型的区域协同发展评价方法及实证［J］．系统工程理论与实践，2014（7）：1749－1755.

[9] 樊华，陶学禹．复合系统协调度模型及其应用［J］．中国矿业大学学报，2006（4）：515－520.

[10] 范斐．基于能力结构关系模型的区域协同创新研究［J］．地理科学，2015，35（1）：66－74.

[11] 陈伟. 区域知识产权战略系统协同研究——基于东北三省的实证分析[J]. 情报杂志, 2011, 30 (6): 7-13.
[12] 郑广华. 区域创新系统协调发展的评价系统研究 [J]. 系统科学学报. 2010, 18 (3): 76-79.
[13] 贺灵, 单汨源, 邱建华. 创新网络要素及其协同对科技创新绩效的影响研究 [J]. 管理评论, 2012 (8): 58-68.
[14] 范斐. 基于能力结构关系模型的区域协同创新研究 [J]. 地理科学, 2015, 35 (1): 66-74.
[15] KOBERG C S. An empirical test of environmental, organizational, and process factors affecting incremental and radical inno-vation [J]. Journal of high technology management research, 2003, 14 (1): 21-45.
[16] 汤铃, 李建平, 余乐安, 等. 基于距离协调度模型的系统协调发展定量评价方法 [J]. 系统工程理论与实践, 2010 (4): 594-602.

(作者: 曹霞、杨笑君, 哈尔滨工程大学经济管理学院)

技术创新路径与战略性新兴产业的发展

摘 要

战略性新兴产业属于技术密集型产业，是中国实现产业发展和经济腾飞的重中之重。技术是战略性新兴产业发展的核心动力，掌握核心技术和关键技术是发展战略性新兴产业的关键。本文通过定性讨论得出，我国应选择引进吸收先进技术并进行模仿创新和二次创新，最终在核心技术和关键技术上，采取自主创新为主的技术创新路径来促进战略性新兴产业的发展。

关键词

技术创新路径　战略性新兴产业　自主创新

一、引　言

"工业4.0"即"互联网+制造"，这是德国推出的概念，美国称"工业互联网"，我国叫"中国制造2025"，这三种称呼在本质上是一致的，都指向一个核心，就是智能制造。实际上，发达国家基本正处于由3.0自动化工厂向4.0工业智能化发展的阶段，我国大多数工业企业还需要进行2.0电气化工厂向3.0自动化工厂发展的过程，才能向4.0工业智能化发展。这也就说明我国不仅要尽快地、成功地完成2.0向3.0的过渡，还要加快技术的发展和创新，完成各方面的质的飞跃，才能使我国在3.0向4.0发展的过程中追上发达国家的步伐，并进行下一轮的发展。

国外没有战略性新兴产业这一说法，与之相近的是新兴产业。Stevenc

等（2008）学者都认为，新兴产业是指那些完全新的或经历显著新增长的产业，并充满不确定性。Van 等人（1989）、Low 等人（1997）和 Mcgahan 等（2004）学者均认为新兴产业是处于发展初期或最前端的产业。

战略性新兴产业是一个具有中国特色的词语。随着这一名词的不断扩散，理论界从特性、侧重点、意义等不同方面对这一概念进行了深入的讨论。2009 年 9 月温家宝总理首次提出“战略性新兴产业”的概念。本文将 2010 年国务院发表的《国务院关于加快培育和发展战略性新兴产业的决定》中将战略性新兴产业定义为“以重大技术突破和重大发展需求为基础，对经济社会全局和长远发展具有重大引领带动作用，知识技术密集、物质资源消耗少、成长潜力大、综合效益好的产业”作为定义标准。

我国在 2010 年将发展战略性新兴产业上升到国家战略层面，战略性新兴产业在我国的发展历程非常短，关于如何选择、培育、发展战略性新兴产业的政策措施均处于边进行边修改的阶段，尚未形成完全符合战略性新兴产业发展的政策、市场环境。

我国战略性新兴产业的发展取得了部分成就，也暴露了很多问题。一方面，国家资金和私人资金都大量投资战略性新兴产业，产业发展速度迅速，产业内竞争也不断加剧，部分产业如太阳能光伏产业陷入了严重产能过剩的怪圈；又由于大量资本都被投入到这些产能过剩的行业中，使得少部分资本投入其他战略性新兴产业，也使得其他战略性新兴产业出现产能利用不足和供不应求的局面。省与省之间的产业趋同现象也非常明显，很多地方政府只追求各种优惠政策和暂时政绩人为地进行资源配置，有些甚至没有考虑本区域的发展基础和基本的资源禀赋等因素就直接盲目投资部分产业，导致地方战略性新兴产业的选择没有很好地体现出区域优势，也没有发展出良好的特色产业。我国战略性新兴产业在发展过程中，制定标准的意识薄弱，如国际中药的标准是由牛津大学制定的，同时又过度依赖国际标准，如电动汽车行业、新一代信息技术产业的众多标准大多采用国外技术标准。另一方面，中国改革开放以来一直处在国际分工中的中低端环节，即使是在发展战略性新兴产业后也是一样。这是因为我国缺乏对高科技核心技术的研发，而正是这个原因，导致我国只能生产加工半成品，最终我国战略性新兴产业的发展陷入了一个恶性循环。也就是说，我国长期以来都面临着核心技术缺乏、品牌建设薄弱、低端产能严重过剩等亟待解决的问题。因此，如何实现技术创新和突破将直接决定我国战略性新兴产业能否立足于国际新兴产业竞争中去。

二、文献综述

国外对于技术创新路径的研究开始较早，对技术路径创新发展的趋势、模式等均进行了相对系统的研究，尤其针对企业的技术创新路径更是与实证研究相结合。如有国外学者从技术创新路径来研究技术演进的模型，由Kuzznets等人（1975）提出的S曲线理论反映了某一技术单元沿着技术轨迹呈现出S形的发展过程。该理论认为技术初始阶段增长缓慢，直至技术积累超过某特殊值后就会出现迅速成长，但当技术得到充分开发后，技术将呈现缓慢增长。Gong（2007）直接将技术创新演化过程分为工艺创新和产品创新两个阶段，并通过非线性的哈罗德经济增长模型解释了从工艺创新到产品创新的演化过程。Freeman（1991）通过分析技术创新从概念到成功市场化的演化过程，指出了技术创新过程符合自然界生物演化的一般特征，是一项涉及各项技术间相互匹配协调的复杂过程，并据此构建了TE范式（technology－economy）模型。Lee等人（1988）针对企业技术创新路径提出了“阶跃论”模式，即企业在技术追赶的过程中可以不必完全按照既有路径循序发展，可以把握时机实现技术跳跃式发展，甚至还可以在跳跃过程中开辟出新的发展路径。同时，Redding（2002）强调了历史因素，如市场规则、消费者行为、制度政策等在技术发展、技术跃迁中的重要作用；Teece等人（1994）则指出企业的定位以及发展战略影响了企业技术的跃升式发展。Sarah等人（2012）则以英国经济为背景，研究了战略性新兴产业中的新兴制造企业的市场拉动模式和技术推动模式。

国内学者专门针对战略性新兴产业技术创新路径的研究较少。邓龙安等（2011）在通过分析产业技术范式转移和区域战略性新兴产业创新过程的基础上，提出了区域战略性新兴产业创新的关键是重点突破和推广关键核心技术的观点。刘美平（2011）设计了把自组织创新、集合原生创新、次生模仿创新有效地结合起来的突破战略性新兴产业核心技术研发的共生路径。赵长轶等（2013）分析了战略性新兴产业技术创新的特征和模式，认为建立产学研联盟是实现战略性新兴产业技术创新的必要之举。徐侠等（2008）对后发国家产业技术追赶模式的研究，提出了韩国等国家产业技术追赶存在路径跟随式、阶段跳跃式和路径创造式等三种典型模式。余江等（2012）

通过专利计量方法对我国战略性新兴产业的技术创新现状与挑战进行研究总结。还有学者研究突破性技术创新与战略性新兴产业的关系，如周绍东（2012）认为突破性技术创新对于推动战略性新兴产业发展十分必要，这是由战略性新兴产业的产业特性决定的，并在众多研究的基础上，深入分析了突破性技术创新的范式、路径、发展模式等。部分学者从产业创新联盟方面研究，如姜大鹏等人（2010）、肖兴志等人（2010）和黄幸婷等人（2010）认为我国战略性新兴产业发展的关键是掌握核心技术，应通过产业创新联盟和产学研结合，实现科技与经济结合促进产业创新驱动。

三、支撑战略性新兴产业发展的技术创新路径选择

1. 技术跟随与我国传统产业的发展

技术创新主要有三个途径：自主创新、集成创新、模仿引进消化吸收创新。自主创新即是基于现有技术基础，依赖企业、高校、政府以及研究开发机构，不断研究开发出全新技术或全新产品。集成创新即部分技术可以委托开发或者合作开发，或把其他领域的成熟的技术引入该领域进行利用，实现相关技术有机地融合，从而形成具有市场竞争力的产品和技术。模仿引进消化吸收创新主要是对国外技术的模仿学习、引进消化，它的理想状态为持续关注国际技术前沿，并正确预测技术发展方向甚至是产品商业前景，再结合技术手段来超越国外技术水平并取得自身技术创新的重要进展。但一般而言依靠这一技术创新路径易使一国对国外技术产生依赖。

改革开放后，我国一直以技术模仿引进消化吸收来谋取后发优势，凭借着劳力、土地、原材料等相对成本优势，大力发展汽车、家电、钢铁等传统主导产业，推动经济社会高速发展。2001 年中国加入世界贸易组织以来，“中国制造”遍布全球，如今我国出口总量跃居全球第一，经济总量排名世界第二。

但仔细分析我国汽车、钢铁、家电等传统主导产业的发展，可以发现它们的发展机制非常简单：单纯地依靠引进国外先进产业技术，实施各种产业扶持政策，加上大量资金投入（政府投资、社会投资和外商投资），拉动产业迅速成长（杨宏呈，2013）。值得一提的是在我国传统主导产业模仿引进

技术的同时，对引进的技术进行消化吸收的水平较低，仅仅是单纯地引进先进技术，然后生搬硬套到传统主导产业中去，没有将引进技术转化为自身的技术资本，这也是导致至今在我国传统主导产业中外资占比仍然较大的一个原因。

我国曾用“市场换技术”政策来拉动传统主导产业的快速发展，但是市场换来的技术并不是关键技术和核心技术，而是外围技术和落后技术。如我国的汽车产业，国内汽车企业技术较国外落后，在国内汽车市场上国外的汽车品牌占比更大，以“市场换技术”的成长机制可能会导致市场和技术统统丢失。我国发展传统主导产业的经验证明，单纯地模仿引进而不主动进行深层次的消化吸收，很可能出现的后果就是“引进、落后，再引进、再落后”。

现实中，技术落后国家在参与全球产业分工和贸易过程中不具备生产具有较高科技含量产品的能力，从而在换取高科技产品时毫无议价能力，技术领先国家从国际分工和国际贸易中得到好处，技术落后国家则“被剥削”。如我国“8 亿件衬衣换美国 1 架飞机”，即发达国家既能生产飞机也能生产衬衣，而发展中国家只能生产衬衣但又需要飞机，飞机的定价权自然掌握在发达国家手中。要逆转这种局面，发展中国家一定要开展自主创新，学会自主生产“飞机”。

2. 战略性新兴产业的技术创新路径选择

“技术后发优势”这一理论肯定了技术引进、模仿吸收对后发国家技术进步的促进作用：技术落后国家通过观察技术领先国家的技术创新、研究技术动向、选择成功的技术创新并对其进行模仿和改进，以此避免技术研发中可能出现的部分重大失误，降低技术开发活动的不确定性，获得高于技术领先国家的技术进步速率。然而技术领先国家通过国际知识产权保护协议和高技术产品出口管制来构筑强大的技术壁垒，导致技术落后国家利用“技术后发优势”受到限制。同时，经验表明，技术落后国家并不能通过技术模仿实现对技术领先国家的“技术赶超”，随着技术差距缩小，技术落后国家的技术进步速度将逐渐放缓，从而与领先国家保持一个“均衡的技术差距”。

当前我国创新体系不完善，企业缺乏突破重大技术的能力，模仿创新的技术赶超模式无法匹配战略性新兴产业的发展和我国当前经济社会发展的需要。战略性新兴产业是一个全新的技术领域，要想实现技术赶超，必须拥有全新超前的技术能力，在赶超过程中快速弥补自身能力等方面的空缺，加快技术积累。随着我国技术创新能力的不断提升，当前国际上让我国买得到的技术越来越少。美日韩等技术领先国家均在高新技术领域对我国实施越来越严格的技术壁垒，来防止我国获取新兴技术。尤其是在医药、航空、电子、智能芯片等领域，我国几乎没有从其他技术领先国家获得更多技术和设备的渠道和机会。为了避免产业发展自主权再次被别国“俘获”，我国在培育和发展战略性新兴产业的进程中必须强调自主创新的重要性，自主创新是我国必然和唯一的技术创新路径选择。

技术创新并不是一蹴而就的事情，尤其是对后发国家而言，技术创新是一个循序渐进的过程。我国 2004 年正式开启高铁时代，2007 年我国第一条高铁投入运营，2015 年我国已成为运营里程世界第一、拥有高铁完全自主知识技术产权的国家。短短十几年时间，我国高铁产业经历从无到有、从有到强的跨越式发展。我国高铁产业最初也是从引进国外技术开始的，不同于以往的引进外围技术，高铁产业采用了模仿、优化、创新的方式，并确立了准确的高铁国产化的战略政策。通过引进高铁车辆并在技术层面进行优化，使引进的高铁车辆适应了我国特殊的地理环境，如东北气候寒冷导致受电弓结霜引发车辆停摆等故障。考虑到我国幅员辽阔，西方国家高铁时速普遍上限的 250 公里不能满足市场需求，我国通过二次创新，成功研制出时速 350 公里的动车组，又通过在关键技术上实现突破性技术创新，成功研制出时速 380 公里的新一代高速列车。高铁产业成功的技术引进、模仿创新、自主创新的方式为我国其他战略性新兴产业的培育和发展积累了宝贵经验。

日本和韩国在技术进步的发展历程中能够带来很多经验启示。日本和韩国是后发国家进行技术赶超的成功典范，他们都是通过简单引进先进技术，不断对自身进行技术积累和资本积累，并有意识地形成一定水平的技术能力，从开始的引进、消化、改进、模仿创新逐渐过渡到自主创新，日本和韩国实现了技术上的完美赶超（唐国华和陈祖华，2012）。

现阶段，我国应首先吸收发达国家的先进技术，充分发挥技术的后发优势，通过高层次的模仿性创新和二次创新，加大技术引进的消化吸收力度和效率，缩小与技术先进国家的技术差距，在技术差距逐步缩小的同时逐渐向自主创新为主的技术创新路径转移，尤其是在核心技术和关键技术上，最终通过自主创新的全面实施实现技术的飞跃和战略性新兴产业的发展。

四、政策建议

在本部分中，作者就目前我国战略性新兴产业的技术创新发展情况，如何通过自主创新实现产业转型升级，提出以下建议：

第一，加大对引进技术进行消化吸收的资金投入。

我国存在较严重的重技术引进、轻消化吸收的现象，突出表现在我国技术引进投入资金比例高，而技术消化创新投入资金比例过低，单纯的技术引进对技术创新是百害而无一利的。政府有关部门在加大对关键技术和前沿技术的研发支持力度的同时，也要加大资金投入，使我国加快对引进的技术进行消化吸收再创新的步伐，以确保自主创新、模仿创新和二次创新共同发挥作用。加大战略性新兴产业现有的重点实验室、重点研发中心等的支持力度，科学地统筹技术资源，提高技术的利用率；同时也要加大监管力度，保证资金投入用在该用的地方。创新资金投入上选择创新后投入的方法，这样可以保证是以创新成果为标准进行，以此提高创新效率和资金投入利用率。

第二，重视技术创新主体——民营企业。

用于企业的研发经费大量投入军工企业和国有企业，但民营企业才是技术创新的主力，每年民营企业申请的实用发明专利数量要比国有企业申请数量多得多。因此，政府方面不仅要扩大资金投入，还要公正、合理地进行资金投放；同时也要整合技术创新激励机制，可以针对个人或团体进行技术创新研发给予物质上和精神上的奖励，最终形成完善的激励机制，为战略性新兴产业技术发展创造良好的生态环境；企业方面也应自觉加大产业技术创新投入，同时建立起技术创新人才的培养、应用、考核体系；高等院校、研究院所也应进一步优化人力资源结构，为企业技术创新输送高素质的创新人才，有效推动技术创新。

第三，争取建立产业技术标准。

加速专利和标准化工作的开展，培育和提升产业运用知识产权的能力和水平。在部分技术水平较高的战略性新兴产业逐渐设立国际化技术标准，扩大我国战略性新兴产业在国际上的影响力和话语权；健全科技成果转化机制，最终实现产业化。

五、结语和展望

本文通过对传统主导产业成长机制和成功产业的讨论，认识到我国要促进战略性新兴产业的发展就必须选择由引进吸收、模仿创新和二次创新逐渐过渡到对核心关键技术自主创新的技术创新路径。由于战略性新兴产业发展时间不长，在缺乏成熟企业和完善的产业链案例和数据支撑下，研究难免略显空洞。未来，还可以从以下两方面进行深入研究：

第一，随着技术创新研究的推进，更需要学术界对动力机制、作用机理、影响因素等问题做关键性、深层次的剖析。

第二，已有的研究只注重了对共同性、本质性的技术创新的总结，而忽略了因地域等特点的不同对技术创新模式和技术创新能力等造成的差异。技术创新路径后续研究如能基于一定的行业和地域，则会更有针对性和实际意义。

参考文献

[1] STEVENC B. Insiders' views on business models used by small agricultural biotechnology firms: economic implications for the emerging global industry [J]. Agbioforum, 2008, 11 (2): 71-81.

[2] VAN D V A, GARUD R A. Framework for understanding the emergence of new industries [J]. Research on technological innovation management and policy, 1987 (4): 195-225.

[3] LOW M B, ABRAHAMSON E. Movements, bandwagons and clones, Industry evolution and the entrepreneurial process [J]. Journal of business venturing, 1997, 12 (6): 435-457.

[4] MCGAHAN A M, BAUM J A C. Technologyand strategy: forging new perspectivesonthe industry life cycle [J]. Advances in strategic management, 2004, 21 (1): 1-21.

[5] 国务院．国务院关于加快培育和发展战略性新兴产业的决定 [J]．农业机械，2010 (21)：16-21.

[6] ABERNATHY W J, UTTERBACK J M. Patterns of industrial innovation [J]. Technology review, 1978 (7): 40 -47.
[7] GONG G. Endogenous technical change: the evolution from process innovation to product innovation [M] //ASADA T, ISHIKAWA T. Time and space in economics. Tokyo: Spriger, 2007.
[8] FREEMAN C. Innovation, changes of techno - economic paradigm and biological analogies in economics [J]. Revue économique, 1991, 42 (2): 211 -232.
[9] LEE K, LIM C. Technological regimes catch - up and leapfrogging [J]. Research policy, 1988 (2): 67 -75.
[10] REDDING S. Path dependence, endogenous innovation and growth [J]. International economic review, 2002, 43 (4): 1215 -1248.
[11] TEECE D. Support policies for strategic industries: impact on home economies [Z]. Strategic industries in a global economy: policy issues for the 1990s. OECD.
[12] LUBIK S, LIM S, PLATTS K, et al. Market - pull and technology - push in manufacturing start - ups in emerging industries [J]. Journal of manufacturing technology management, 2012, 24 (1): 10 -27.
[13] 邓龙安，刘文军．产业技术范式转移下区域战略性新兴产业自适应创新管理研究 [J]．科学管理研究，2011，29 (2)：7 -11.
[14] 刘美平．战略性新兴产业技术创新路径的共生模式研究 [J]．当代财经，2011 (11)：105 -111.
[15] 赵长轶，曾婷，顾新．产学研联盟推动我国战略性新兴产业技术创新的作用机制研究 [J]．四川大学学报 (哲学社会科学版)，2013 (3)：47 -52.
[16] 徐侠，陈圻，刘敏，产业技术类型与研发政策选择 [J]．科技步与对策，2008，25 (1)：19 -21.
[17] 余江，陈凯华．中国战略性新兴产业的技术创新现状与挑战——基于专利文献计量的角度 [J]．科学学研究，2012，30 (5)：682 -695.
[18] 周绍东．战略性新兴产业技术创新研究综述 [J]．科技进步与对策，2012，29 (16)：156 -160.
[19] 姜大鹏，顾新．我国战略性新兴产业的现状分析 [J]．科技进步与对

策，2010，27（17）：65－70.
［20］肖兴志，韩超．发展战略，产业升级与战略性新兴产业选择［J］．财经问题研究，2010（8）：40－47.
［21］黄幸婷，杨煜．后危机时代战略性新兴产业发展研究——基于核心技术联盟知识创造过程的视角［J］．中国科技论坛，2010（8）：36－40.
［22］杨宏呈．基于突破性创新视角的战略性新兴产业发展研究［D］．武汉：华中科技大学，2013.
［23］唐国华，陈祖华．技术创新路径、动态比较优势与产业竞争力提升［J］．科技进步与对策，2012，29（10）：11－15.

（**作者**：袁婕，江西财经大学工商管理学院）

基于 RFID 的井下测量控制技术发展态势分析

摘 要

石油工程技术正向着自动化、智能化发展，引入 RFID 技术，特别是用于井下测量控制领域，RFID 将给油气工业带来变革，对相关领域的专利情况进行分析是十分必要的。采用德温特专利数据库进行检索，进行生命周期分析、聚类分析、布局分析等。基于 RFID 的井下测量控制技术发展仍处于起步阶段，整体专利数量较少。RFID 在石油工程领域的应用，以 RFID 标签作为信息载体、使用 RFID 技术监测井下数据是该领域的发展重点。集成数据传输与控制功能是未来发展方向。建议积极研发下一代技术，通过概念专利战略占领技术制高点，同时快速形成相应的专利保护网。

关键词

RFID　井下测量控制　专利情报　专利分析

一、引　言

国际石油工程技术总体呈现智能化、实时化和自动化的发展趋势，特别是智能化将主导石油工程技术的发展。国外各大公司和研发机构投入人力物力开发下一代技术（赵金洲，2014）。井下测量控制技术是井筒工程技术的核心，研发相关技术对于提升我国钻井技术具有重要的现实意义。通过专利计量分析，全球井下测量控制技术领域的专利虽然经过了长时期的高速增长，依然处于成长期（王敏生和李婧，2013）。

射频识别（Radio Frequency Identification，RFID）技术，是一种利用无线射频通信实现的非接触式自动识别技术，其基本原理是利用射频信号及其空间耦合、雷达反射的传输特性，实现对待识别物体的自动识别（Finkenzeller，2010）。由于 RFID 技术具有高速移动物体识别、多目标识别和非接触识别等特点，使得该技术已经广泛应用于许多领域，被认为是 21 世纪最有发展前途的信息技术之一，也被美国《技术评论》杂志评为对人类未来生活产生深远影响的十大新技术之一。RFID 技术可以实现对人和物品的识别、管理和跟踪，广泛应用于防伪、安全、公共服务、军事、物流和商业贸易等领域。

在工业领域中，利用 RFID 技术实现对高附加值工件的控制、油气管道监测等。虽然目前 RFID 技术的应用主要集中于物联网相关的内容，但是作为唯一可以实现多标签同时识别的自动识别技术，RFID 技术在无线控制、井下测量控制领域具有广阔的应用前景，亟需根据技术需求，结合实际技术环境条件，开展相关新型测量控制技术的研发工作（光新军等，2013；李光泉和戴文潮，2013；熊伟等，2014）。

专利作为技术信息最有效的载体，包含了全球最新、最全面的技术情报（张杰等，2013）。通过专利分析，能够帮助明确技术发展的热点、掌握技术发展方向、寻找技术发展突破点、判断领域的竞争态势，从而为技术创新、产品研发提供参考。相关学者已经对 RFID 整体技术领域的专利情况采用不同的分析手法，进行了不同层面、不同角度的研究。

在研究攻关时，需要对竞争对手在该领域的知识产权状况有所了解，以免形成侵权行为。更为重要的是，提高对专利分析的重视程度，加大相关专利情报的利用力度，能够提升技术起点、缩短研发周期、避免重复研究，可以极大地增强企业的研发实力。此外，分析竞争对手专利申请情况及相应的专利战略，有助于加快形成企业自身技术的专利布局。

二、专利检索

以汤森路透公司的德温特专利数据库为数据源，以“基于 RFID 的井下测量控制技术”作为研究对象，通过对技术领域的调研分析，并参考大量的参考文献以及技术手册，确定了本研究的主要检索范围和检索式，截至2014 年 6 月 30 日，检索得到了 46035 件专利文件。以前期工作为基础，结合人工分类和专家意见，筛选出 73 件与井下测量控制直接相关的专利作为分析主体。

三、技术发展趋势

井下测量控制技术是测量控制技术与油气井井下特殊工况相结合的产物，其核心内容包括井下测量控制相关的理论和方法、控制信号采集与传输技术以及井下控制系统三大部分。所有的控制过程都牵涉到比较复杂的井下控制系统，并且随着技术的进步和学科交叉，逐步向自动化和智能化方向发展。

1. RFID 技术整体行业专利技术生命曲线

目前 RFID 技术领域中的创新数量主体，即专利申请人数量停止增长，呈现缓慢下降的趋势。同时，该领域的创新内容越来越有限，专利数量也开始回落，说明该技术领域已经通过萌芽期和成长期，进入了成熟阶段（见图 1）。

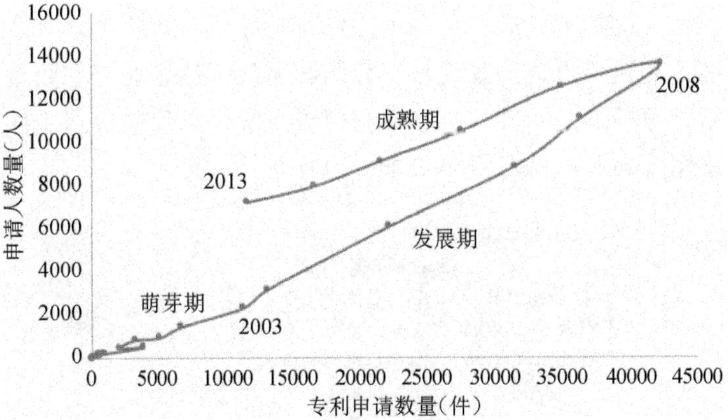

图 1　RFID 整体技术生命周期图

2. 石油工程领域 RFID 技术专利技术生命曲线

对于石油工程领域 RFID 技术，专利申请量较小，研究与开发也主要集中在为数不多的技术创新主体，反映在技术生命曲线图上（见图 2）。曲线靠近原点，横向和纵向的发展都还不充分，RFID 技术在石油工程领域中的应用尚处于萌芽阶段。

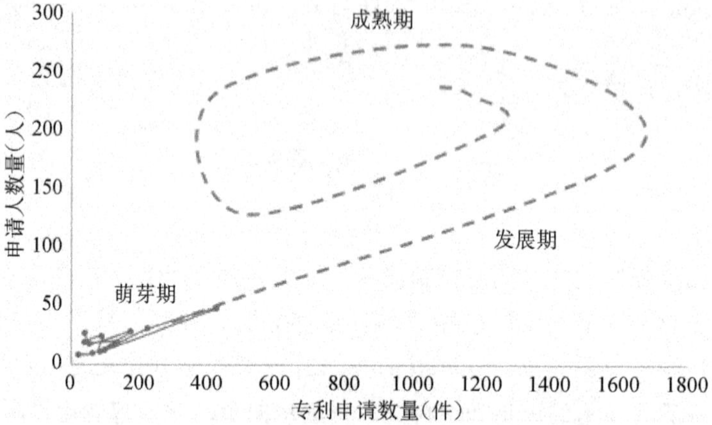

图 2　石油工程领域 RFID 技术生命周期图

石油工程领域，排名靠前的 RFID 技术研究创新者主要是国际技术服务公司（见图 3），其中斯伦贝谢以 12.54% 的占比位于第一，国民油井华高以 7.49% 的占比位于第二。值得注意的是，与以往分析石油工程其他技术不同的是，专利权人为自然人的相关专利占据了所有石油领域 RFID 技术专利的 26.61%，说明目前大学等科研机构的研究创新仍是主导力量之一，企业的科研能力还没有形成明显优势。我国国内的石油企业专利数量较少，三大油公司总共只检索到 6 件专利，其中中国石油化工集团公司 4 件，中国石油天然气集团公司和中国海洋石油总公司各 1 件。

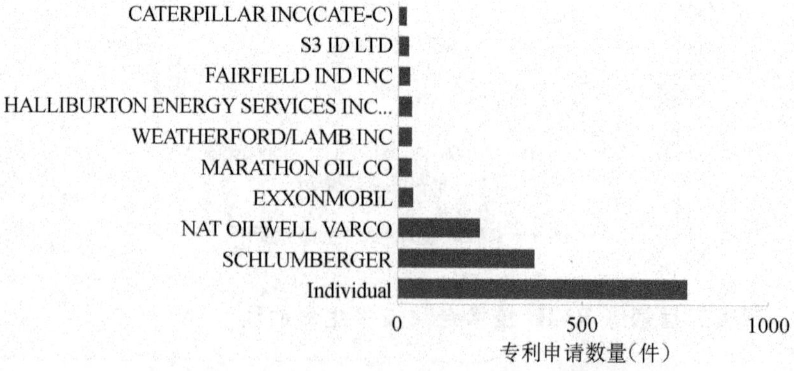

图 3　石油工程领域 RFID 技术专利权人申请量排名表

四、技术布局

1. RFID 技术整体行业专利发展布局

RFID 技术整体行业经过多年的发展，已经基本形成完整的专利布局（见图 4）。技术主要涉及标签、数据存储、读取器、天线、信号传输等几大领域。作为主要应用领域的门禁、车辆管理等物联网应用也在图 4 中有所体现。

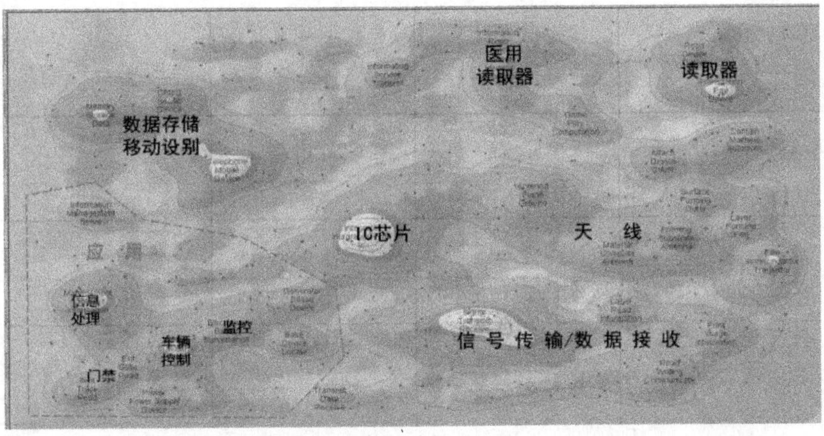

图 4 RFID 整体专利技术聚类分析图

2. 石油工程领域 RFID 技术专利发展布局

石油工程领域 RFID 技术的相关应用尚处于起步阶段，整体专利数量少，专利分布较分散，未形成完成的专利布局（见图 5）。

五、专利聚类分析

将与石油工程相关的所有 RFID 专利提取出来，按照德温特专利手工分类代码的层次依次进行分析。首先，按照德温特总类进行分析，可以发现，

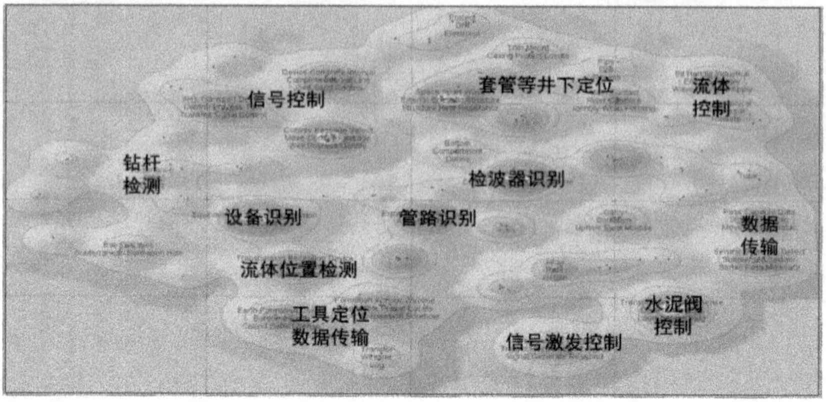

图 5　石油工程领域 RFID 专利技术聚类分析图

电子与电气领域技术依旧是占比最多的技术类别（见表 1），这一点与 RFID 整体行业总体表现相一致。

表 1　　　　石油工程领域 RFID 技术专利德温特总类排名表

排名	德温特总类	数量	占比	类别含义
1	T	890	0.3017	计算与控制
2	H	885	0.3000	石油
3	W	580	0.1966	沟通交互
4	S	241	0.0817	仪器仪表、测量与测试
5	X	141	0.0478	电力工程
6	A	103	0.0349	聚合物
7	V	44	0.0149	电子元件
8	F	24	0.0081	纺织、造纸
9	L	12	0.0041	耐火材料、陶瓷、水泥电有机
10	M	8	0.0027	冶金

将 T 总类进行细分（具体结果见图 6），占比最大的德温特子类是计算机外围设备相关的 T04 子类；包含数字计算、电子处理和程序控制的 T01 占 T 总类的 28.99%，位于第二。T04 和 T01 数量多，占比大，剩余的 T06 和 T05 占比较低，分别是 4.72% 和 2.47%。

其中，排名位于第一的 T04 领域中，涉及的主要技术领域有 RFID/变化

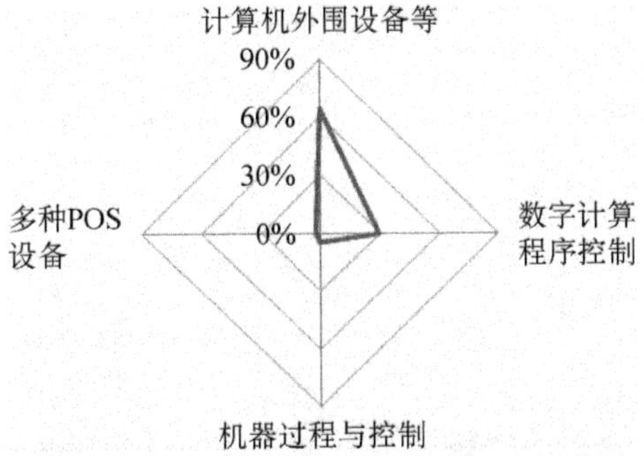

图 6　石油工程领域 RFID 技术专利德温特 T 总类分支雷达图

器/转调器、卡的封装/电路、卡的读写、光的使用（含红外、紫外）以及条形码的阅读方面（见图 7）。可以发现基本都集中在卡的设计和使用方面，与智能控制联系不太紧密。

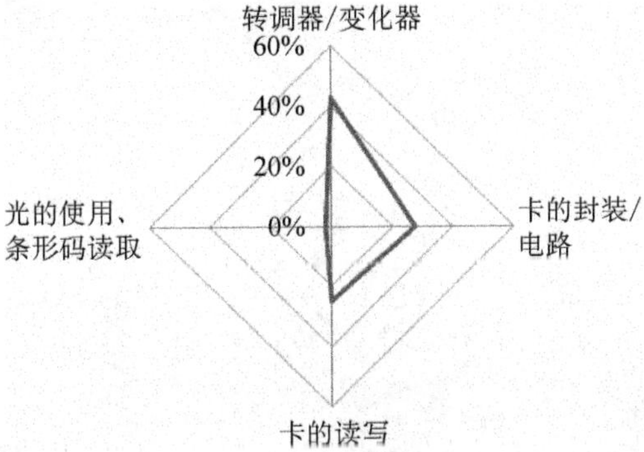

图 7　石油工程领域 RFID 技术专利德温特 T04 类分支雷达图

在对 RFID 整体领域进行技术分析时发现，T01 - J07 工业过程控制领域与智能控制的相关程度较高，因此，对石油工程技术领域中 RFID 相关专利 T01 子类中的 T01 - J07 小类进行分析，结果显示与 RFID 整体领域相应分析出现了较大的差异（见图 8）。位于第一的是与计算机控制的机器生产过程控制相关的 T01 - J07B 小类，而该类在 RFID 整体领域分析中排名非常靠后。T01 - J07A 子类代表了数据收集与获取相关专利，排名第二。与车辆控制相关的 T01 - J07D1 在 T01 - J07 子类总数中仅占 9.3%，而 RFID 整体技术分析时，车辆控制系统相关专利数量很多。由此可见，与 RFID 整体技术领域相比，RFID 技术在石油工程技术领域的应用更加关注计算机控制的设备制造和数据获取，而在车辆控制等方面涉及较少。

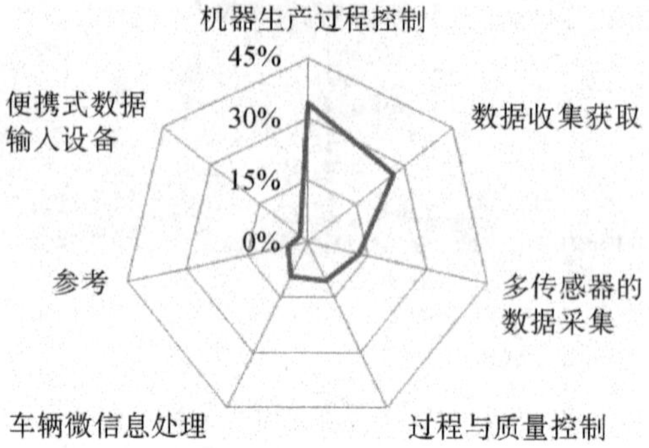

图 8　石油工程领域 RFID 技术专利德温特 T01 – J07 子类分支雷达图

T06 子类是与机器控制相关的技术子类，将其细分发现占比最多的是钻孔领域，排名第一（见图 9）。代表控制系统相关通信协议的 T06 – A11 类别与代表位置与方向的 T06 – B02 类别数量相同，占 T06 子类比重均为 21.43%。

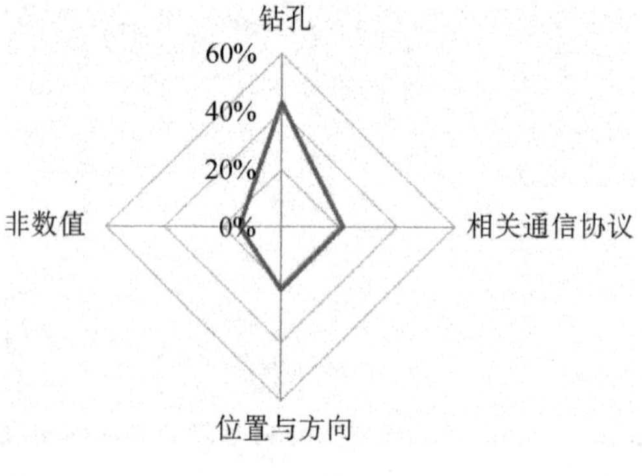

图 9　石油工程领域 RFID 技术专利德温特 T06 子类分支雷达图

六、技术功效分析

RFID 在井下测量控制领域的应用属于新兴技术，专利总体申请数量少，并且近几年的申请占很大比例。根据 RFID 标签的应用方式及作用，将 73 件专利进行功效矩阵分析，具体结果如表 2 所示。

表 2　　RFID 在井下测量控制领域中的技术功效矩阵

应用方式	定位	监测	开关控制	过程控制	传输	指令控制
钻杆	+，+，+，+，+	+，+			+，+	
憋压球		+，+	+	+	+	+
封隔器	+	+	+，+	+，+		+
信息标签	+，+，+，+，+，+，+，+，+，+	+，+，+，+，+，+，+，+，+，+，+，+，+，+，+，+，+，+，+	+，+	+，+	+，+，+，+，+	+，+
滑套			+	+，+		

注：表中"+"代表 1 件专利。

经原文分析，RFID 技术目前主要在井下测量控制领域，用于实现定位、监测、开关控制、过程控制、传输和指令控制。RFID 一般主要安装在钻杆、憋压球、封隔器、信息标签和滑套中。基于 RFID 的井下测量控制技术已经应用于地震、钻井、固完井、储层改造、测录井和采油等环节。通过引入 RFID 技术实现了无线接收/发射信号、设备定位、数据存储、数据交换/传输等功能。基于 RFID 的井下测量控制技术主要实现了对井下封隔作业控制、投球控制以及流体控制。

七、结论与建议

石油工程技术向着自动化、智能化发展，基于 RFID 的井下测量控制技术是具有很大发展潜力的技术之一，有望改变传统井下控制技术。

基于 RFID 的井下测量控制技术发展仍处于起步阶段，整体专利数量较少，尚未形成完整的技术布局。RFID 在石油工程领域的应用，比较关注计算机控制的机器制造和数据获取。

使用 RFID 技术监测井下数据是该领域的发展重点。基于 RFID 的井下测量控制，目前主要集中在实现开关控制、过程控制和指令控制方面。集成数据传输与控制功能是未来发展方向。

建议国内企业积极研发下一代技术。RFID 将一种新的控制方式引入到石油工程领域，国外也处在起步阶段。应结合实际技术需求，创新性应用

RFID技术于井下测量控制领域。国外公司已经申请了一些概念专利，但均未开发出具体产品。建议攻关研发相关的RFID控制与传输技术，实现井下相关数据的实时检测与传输。通过运用概念专利战略，占领技术制高点，形成自身技术优势。同时，应加大专利申请量，快速形成相应的专利保护网。

参考文献

[1] 赵金洲．信息化与智能化为石油工程技术发展带来的机遇与挑战 [M] //路保平．石油工程技术新进展．北京：中国石化出版社，2014.

[2] 王敏生，李婧．油气井井下测量控制技术专利分析 [J]．石油科技论坛，2013，32 (4)：14－21.

[3] FINKENZELLER K. RFID handbook：fundamentals and applications in contactless smart cards，radio frequency identification and near－field communication [M]．3rd ed. London：John Wiley & Sons，2010.

[4] 光新军，王敏生，叶海超，等．RFID在井下工具中的应用 [J]．石油机械，2013，41 (5)：25－28，32.

[5] 李光泉，戴文潮．无线射频识别滑套关键技术研究 [J]．石油机械，2013，41 (5)：73－75.

[6] 熊伟，贾庆升，马收．射频识别技术在钻完井中的应用与发展趋势 [J]．断块油气田，2014，21 (1)：100－103.

[7] 张杰，刘美佳，翟东升，等．全球RFID技术专利计量分析 [J]．情报杂志，2013 (1)：21－26.

[8] 包昌火，谢新洲．竞争情报与企业竞争力 [M]．北京：华夏出版社，2001.

[9] 钱过，袁润．传感网技术领域专利情报分析 [J]．情报杂志，2013 (6)：53－58.

[10] 郭婕婷，肖国华．专利分析方法研究 [J]．情报杂志，2008，27 (1)：12－14.

[11] 王衍．专利分析在企业竞争情报中的应用研究 [J]．情报探索，2012 (1)：58－61.

[12] 李卫，叶春霞，徐小品，等．物联网RFID技术专利计量分析——基于1985年至2011年中国RFID技术发明专利数据 [J]．科技管理研

究，2012，32（24）：184－188.
［13］韩震，沈君，曲莎莎. RFID 技术趋势及竞争态势的专利计量分析［J］. 科研管理，2013，34（7）：11－16.
［14］李文川，王旭，吴昊，等. 基于内容分析法的国内 RFID 技术现状与发展趋势研究［J］. 情报杂志，2009，28（12）：60－64.
［15］赵莉晓. 基于专利分析的 RFID 技术预测和专利战略研究——从技术生命周期角度［J］. 科学学与科学技术管理，2012，33（11）：24－30.
［16］刘美佳. 基于专利分析的 RFID 技术演化研究［D］. 北京：北京工业大学，2013.
［17］刘毅，罗宗敏. 基于专利地图的 RFID 技术情报分析［J］. 科技管理研究，2010（16）：173－175.

（**作者：**赵汩凡、李婧、邸伟娜，中国石化石油工程技术研究院）

基于创新驱动的中国制造业转型发展研究

摘　要

实施创新驱动对重塑中国制造业竞争优势、巩固提升中国制造业的国际地位具有重要意义。在阐述创新驱动内涵的基础上，深入剖析了创新驱动对制造业转型的积极作用，指出中国制造业在转型升级中面临的障碍和困难，最后提出中国制造业转型发展中推进创新驱动的相关对策与建议。

关键词

创新驱动　制造业　转型　建议

一、引　言

随着经济全球化的演进和科学技术的迅猛发展，中国现代制造业已经从开始的“初级制造”向“高级智造”的产业链转移。在经济新常态的背景下，中国制造业的转型升级面临着新的机遇和挑战，加快中国制造业转型升级，实现由传统的比较优势向现代竞争优势转变，由制造业大国向制造业强国转变，必须要实行创新驱动战略（周民良，2012）。只有依靠创新驱动才能为中国制造型企业的转型发展提供新的方向，才能进一步夯实实体经济基础，推动国家经济平稳较快发展。党的十八大报告在论述加快完善社会主义市场经济体制和加快转变经济发展方式时明确提出，将“实施创新驱动发展”提高到国家战略的高度。科技创新是提升社会生产力和国家综合国力的战略支撑，因此实施创新不仅是社会经济发展的内在要求，也是产业结构调整的必由之路。当前中国经济快速发展依靠的主要动力还是制造业，制造业是中国国民经济发展的基础。要推动中国制造业的发展走上创新驱动的轨道，在今后二十年，实现我国从制造大国到制造强国的跨越式发展。以创新驱动推动中国制造业转型不仅是提升制造业全球竞争力的有效手段，也是巩固和提升中国在全球经济价值链中的重要地位，那么如何实施创新驱动战略来推动中国制造业的转型升级已经成为当前的一项重要议题。

二、创新驱动的基本内涵

“创新驱动”这一概念最早是由著名管理学家迈克尔·波特提出来的。他以钻石理论为研究工具，用竞争优势来考察经济表现，从竞争现象中分析经济的发展过程，从而提出国家经济发展的四个阶段，即生产要素驱动—投资驱动—创新驱动—财富驱动四个阶段。实际上创新驱动是以技术创新、制度创新、管理创新等创新活动推动资源高效合理配置的一种方式。无论是新古典经济增长理论还是内生增长理论，都将技术进步作为影响经济增长的重要变量。而创新活动是影响技术进步的最重要因素，其与经济增长之间有着内在的严密逻辑和作用机理（庄志彬和林子华，2014）。

1. 创新驱动要素

创新驱动的实质是通过对各种生产要素的重新组合来促进产业结构的调整升级，推动国民经济更好更快发展。特别是关于技术、制度、管理这些要素的创新。

（1）技术创新

技术创新是推动生产力发展和转变国民经济发展方式的重要源泉，也是创新驱动的核心。科技创新是提高社会生产力和综合国力的战略支撑，必须摆在国家发展全局的核心位置。一方面，技术创新可以带动生产机器设备的更新换代，提高产品的生产效率，实现生产资源的有效配置；另一方面，技术水平的提升可以推动整个社会效益的提高。

（2）制度创新

制度创新可以更好地保障制造业生产的顺利运行，提高企业的生产效率。有效的制度创新还可以激励和引导个体的经济行为，调动企业员工的生产积极性和创造性。通过制度创新，如创新监督机制，改变生产组织方式和经营战略，助推制造型企业转型升级。

（3）管理创新

随着企业现代化程度的不断提升，管理在企业运营中地位日益突出。有效的管理不仅可以降低企业的生产交易成本，而且也能实现企业资源的优化配置。只有科学有效的管理才能把各种创新资源和生产要素进行有机整合，提高企业创新能力，推动创新驱动的发展。

2. 创新驱动对制造业发展的重要意义

实施创新驱动对制造业的发展到底有什么样的意义，国内学者大多从转变经济发展方式、产业结构优化升级等方面进行了探讨。随着生产要素成本的急剧上升，人口红利优势逐渐丧失，资源的需求不断扩大，面临的环境压力也在加大，中国经济的发展由高度增长逐渐过渡到中低速的增长态势，以高投入、高耗能、低成本为特征的粗放式经济增长模式不会得到持续发展，在这种“要素逆转”和“外因倒逼”的背景下，中国经济增长的动力源泉必须从“要素驱动”、“投资驱动”、“出口驱动”转向通过技术进步来提高劳动生产率的“创新驱动”（陈波，2014）。创新竞争力已成为一个国家竞争力提升和经济增长的重要因素，只有把以学习和模仿为主的“后发优势”战略转型为以创新驱动为主的“先发战略”，才能有效地带动经济转型升级，避免使发展过程进入“中等收入陷阱”，才能成功地实现国家经济发展的转型。

三、创新驱动制造业转型的积极作用

1. 创新驱动可以提高企业的生产转换率

制造业企业除了关注技术创新资源的投入量，还应关注技术创新资源的生产转化率，即技术创新的“质”。创新的生产转换率或成果转换率较技术创新资源的投入量更为重要，其关系到企业利用技术创新资源的真实效率，直接决定了企业科研投入的成果和有效性。只有持续不断地进行产品创新，推陈出新，才能够把握市场竞争的主动权，抢占优势地位（李军军和周利梅，2012）。

2. 创新驱动可以有效保障提升产品质量

产品质量是企业的生命，也是推动国民经济可持续发展的重要条件。企业只有不断提升自己的产品质量才能在当今错综复杂的市场环境中占据一席之地，现如今的产品质量已经不单单是向过去那样单纯地追求物美价廉，而是追求产品的科技含量和创新程度。只有高附加值的产品在科技高度发达的时代才具有竞争力和影响力。通过创新驱动，在技术、管理、制度方面实施创新，可以有效保障和提升产品质量，增强企业的市场竞争力。

3. 促进产业升级，优化制造业产业结构

产业结构调整实质上是资源在各部门之间重新配置的结果。而中国改革开放以来，经济虽然持续快速增长，人民生活水平不断提高，综合国力显著增强，但是经济结构和产业结构不合理的问题还没有得到根本性的解决（李学勇，2010）。一方面，创新驱动可以通过生产设备和工艺的更新换代，降低生产成本、提升产品质量、推动产业结构的优化升级；另一方面，创新驱动可以促进消费者需求结构的升级，从而推动整个产业结构的调整优化。

四、中国制造业转型面临的主要障碍

自中国改革开放以来经济一直保持高速增长的态势，中国已经成为世界制造业生产大国。然而这是由廉价而充足的劳动力投入和资源的低成本供给换来的。随着人口的老龄化和能源、资源短缺问题的日益突出，中国制造业的传统成本优势正在不断丧失。

1. 人口红利消失，老龄化程度加剧

2015 年 1 月，全国老龄工作委员会办公室和民政部等联合启动了“第四次中国城乡老年人生活状况抽样调查”。结果显示，中国 60 岁以上老年人口有 2.12 亿人，占总人口的 15.5%，其中 15% 为 80 岁以上的高龄老人，15% 为失能和半失能老人。与过去几年的数据相比，中国人口老龄化已经进入快速发展期，同时呈现出老年人口增长快、高龄老人占比大，老年人家庭空巢化、独居化加速、未富先老等特点。老龄化程度的加剧表明，整个社会的养老负担正在加重，人口红利将不复存在。

2. 劳动力成本上升

在社会负担日益加重的同时，中国的劳动力成本也在逐步的上升。2014年我国城镇就业人员年平均名义工资为56360元，是1995年的10.5倍，劳动力成本逐年提升，见图1。和东南亚国家比起来，中国劳动力的成本优势也逐渐丧失。

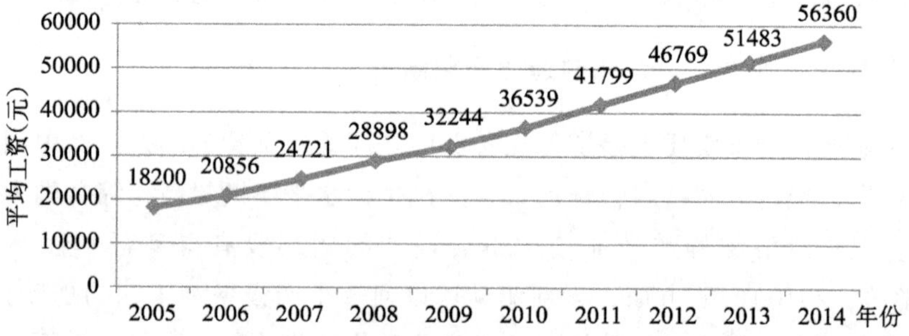

图1 2005—2014年中国城镇就业人员年平均工资

资料来源：2015年《中国统计年鉴》。

3. 制造业生产损耗大，资源浪费严重

中国的制造业在国际市场中大多以价格低廉与国际上同类企业参与竞争，这种粗放的发展模式造成了大量的资源浪费和损耗，严重制约了中国经济的可持续发展。不仅如此，在技术设备、管理方式上，中国也落后于主要发达国家。在中国的能源消费结构中，煤炭占据了绝对的主导地位，煤炭资源的过度开采和使用给整个自然资源环境带来了严重的破坏。并且中国对外石油依存度从1990年的6.6%飙升到2010年的68.1%，这表明中国能源对外依存度在不断提高。我国制造业的产品主要集中在中低端环节，并且这些环节往往是资源能源需求量最大的环节，加上生产技术水平和管理水平的滞后，导致制造业在发展过程中资源浪费严重。

4. 制造业信息发展程度不够

中国制造业的信息发展还处于起步阶段，与西方等发达国家相比存在很大差距。中国制造业信息化集成程度较高的行业主要集中在电脑、汽车、智能手机等行业，在服装、轻工等劳动密集型行业应用程度还是很低。除此之外受地区发展水平的限制，不同地区的制造业信息集成化程度也存在着很大的差异。

资金短缺也是制约制造业信息发展的重要障碍。目前中国制造业信息化发展程度高基本上集中在大型国有企业，相比较而言，普通的中小企业信息化程度则远远不够，很大程度上是受限于资金短缺。中小企业贷款难、贷款慢的问题也是亟待解决。

除了地区、行业、资金等客观性条件，制造型企业缺乏前瞻性视野，导致企业信息化建设与发达国家差距不断拉大。中国缺少既懂业务知识、专业知识，又懂企业管理的复合型人才，信息化项目的建设和实施主要还是依靠系统开发商，缺乏自主创新。

五、基于创新驱动中国制造业转型升级对策建议

1. 构建多维国家创新体系，提升自主创新能力

创新是推动社会经济进步不可替代的革命性力量，多维创新体系是城市制造业转型发展的必要机制保障，有效的创新体系需要建立企业、高等院校、科研机构、政府等主体之间的互动机制。通过构建城市多维创新体系，不断推进中国制造业的创新发展。

中国制造业应不断进行技术创新，以增强自身的竞争优势。目前，中国制造业技术特别是关键技术仍主要依靠国外，自主研发能力较弱、研发投入不足，对国外先进技术的消化、吸收、创新不够，一些高新技术缺少自主知识产权，缺乏世界一流的研发资源和技术知识。唯有有效利用全球创新资源，进行自主创新，建立企业主导技术研发创新的体制机制，在关键领域形成自主知识产权，才能不在关键技术上受制于人，掌握产业和技术发展的主动权。企业作为创新主体，应加大技术研发的投入力度，培养企业自主创新的内在动力，增强企业技术创新能力（万继蓉，2013）。

2. 加大创新人才培养力度，提升产品全球核心竞争力

由于中国缺乏原始创新能力，导致中国的整体产业发展水平与欧美发达

国家存在着不少差距，尤其是在核心产业链环节，中国制造业的发展依然受制于国外发达国家. 因此需要加快建设国家创新体系，着力构建以企业为主体、以市场为导向、产学研相结合的创新体系，强化基础研究和前沿高端研究，提升科研成果转化能力。

在国民经济的重点领域要加大人才培养力度，引导人才向科研一线流动。大力培养新材料、装备制造、电子信息等方面的领军人物。依托国家人才计划和重大科研项目，吸取国外高端技术发展的宝贵经验，加大对新兴产业的培育力度，加快人才发展体制机制改革和政策创新，打造激发人才创造活力、具有国际竞争力的人才制度优势（刘忠和，2012）。

3. 拓展创新型中小企业的发展空间

中小企业构成了市场经济的主体，在吸纳就业、满足多元化需求方面弥补了大企业的不足。但是，中国的创新型中小企业大多面临人才匮乏、资金不足、信息不对称、在金融市场融资困难等问题，难以抵御市场风险，在高技术产业和战略性新兴产业缺乏话语权与竞争力。近年来，美国联邦政府各机构对中小企业的研发资助每年稳定在 13 亿—15 亿美元，并设立了中小企业技术转让和研究成果市场化资助项目。但在中国，科技型中小企业因规模小、资质低、非国有等因素而长期被排除在体制之外，很难取得鼓励技术创新和产业升级的优惠政策的支持，致使技术创新潜能无法被完全挖掘出来。为此，不仅需要创建公平的竞争环境以惠及所有企业，还要通过提供税收优惠、研发资助、建立科技型公共服务体系等方式对创新型中小企业进行必要的引导和支持。另外，需要构建中小企业合作平台，以实现资源共享，大力发展中小企业集群；需要加强“产学研”合作，鼓励高等院校与科研院所以技术入股的方式降低中小企业的创新成本；需要拓宽中小企业的融资渠道，尤其是加强风险投资对创新型中小企业的孵化作用，积极推动中国中小企业的发展。

4. 以第三次工业革命为契机，加速中国制造业转型升级

在制造业发展过程中，新兴技术和新兴产业将始终发挥主导作用，成为传统产业转型升级的重要引擎。3D 打印技术、人工智能、工业机器人相结合的数字制造技术和智能技术的崛起，被认为是推动第三次工业革命的重要契机，已经引起全世界的广泛关注。当前，制造业已经朝着数字化、智能

化、高技术化方向发展，中国制造业要清晰地认识到全球制造业行业正在发生的新变化，并加以积极应对。之所以出现全球性的经济衰退，是因为传统的生产方式已经严重阻碍了生产力的发展，新技术和新产业将迎来发展机遇，并在传统制造业的转型和结构调整中扮演十分重要的作用。

中国制造业应紧紧把握第三次工业革命的东风，努力实现制造产业由低技术密集向高技术密集、由低附加值向高附加值、由粗放发展向精益制造、由大规模生产向大规模定制的全面战略转型，显著提升中国在全球产业价值链分工中的位置。为了实现这一转变，既要吸收外部创新资源和创新成果，又要坚持自主创新，充分利用自身的创新资源，既要重视技术创新的引领，又要重视市场需求的拉动。通过建立多项技术协同创新的新机制，提升制造业的整体发展水平与质量，并为制造业的未来发展规划出新的技术路径与运营模式。

参考文献

[1] 周民良. 依靠创新驱动改造提升制造业 [N]. 经济日报，2012.

[2] 庄志彬，林子华. 创新驱动我国制造业转型发展的对策研究 [J]. 福建师范大学学报，2014 (1)：46 - 52.

[3] 陈波. 论创新驱动的内涵特征与实现条件——以"中国梦"的实现为视角 [J]. 复旦学报，2014，56 (4)：124 - 125.

[4] 李军军，周利梅. 国家创新竞争力和经济增长——基于 G20 国家面板数据模型实证分析 [J]. 福建师范大学学报，2012 (5)：11 - 16.

[5] 李学勇. 加快推进自主创新着力促进经济发展方式转变 [J]. 求实，2010 (11)：17 - 19.

[6] 万继蓉. 欧美国家再工业化背景下我国制造业的创新驱动发展研究 [J]. 经济纵横，2013 (8)：112 - 115.

[7] 刘忠和. 实施创新驱动发展战略推进经济结构战略性调整 [J]. 南京政治学院学报，2012 (6)：15 - 18.

（**作者：**赵伟，江西财经大学工商管理学院）

从实验装置改造能手到诺贝尔物理学奖得主

——中村修二在日亚公司研制蓝色LED案例研究*

摘　要

剖析具有典型性的重大科技突破案例是制定行之有效的科技政策的基础，而诺贝尔奖级科技突破毫无疑问具有典型性，因此有必要对这些重大科技突破的演进过程展开深入的考察。本文按照通往日亚化学工业公司之路、蓝色发光二极管选题的确立经纬、决定用金属化合物气相外延生长法制备氮化镓薄膜、高质量氮化镓单晶体薄膜的研制、氮化镓P型结晶制造技术的开发、双异质结蓝色发光二极管正式投产的进路，考察了2014年度的诺贝尔物理学奖得主中村修二发明高效率蓝色发光二极管的具体过程，分析了中村取得诺贝尔奖级重大科技突破的主要原因。本文最后指出：在科学日益技术化的今日，自行改造或设计制作实验装置，确保其先进性和唯一性，几乎已成为在开展实验研究时取得重大科技突破的必要条件之一，因此学校应把动手能力和工匠精神的培养放到更加突出的位置。

关键词

中村修二　蓝色发光二极管　诺贝尔物理学奖　实验装置　工匠精神

* 基金项目：北京市科技计划项目（Z151100002615005）。

一、引　言

自1949年汤川秀树获得诺贝尔物理学奖以来，日本累计摘得诺贝尔自然科学奖桂冠的人数已达21人（含两名日裔美籍物理学奖得主）。除汤川秀树、朝永振一郎、江崎玲于奈、福井谦一、利根川进五人外，其他16人都是在进入新世纪后获奖的。不过，这21名诺贝尔奖得主的获奖研究成果大都是在高等院校或科研院所工作期间取得的，只有2002年的诺贝尔化学奖得主田中耕一和2014年的诺贝尔物理学奖得主中村修二是例外。其中，中村修二可以说是例外中的例外。中村修二获诺贝尔奖时已加入美国籍，当时的身份是美国加州大学圣塔芭芭拉分校工学院材料系教授，但他的获奖研究业绩——高效率蓝色LED的发明却是在日本的一家小型家族企业工作期间完成的。

LED是light－emitting diode（发光二极管）的缩写。它的心脏是一个半导体晶片。该半导体晶片由两部分组成：一部分是P型半导体，在其里面空穴占主导地位；另一部分是N型半导体，电子在其中占主导地位。P型半导体与N型半导体接触后，在它们的交界面会形成P－N结。给P－N结加载正向电压后，电子就会由N区被推向P区，并在P区与空穴复合，同时以光子的形式释出能量。光的颜色是由光的波长决定的，而光的波长又是由组成P－N结的材料类型与成分决定的。当前，用来制作LED的材料大多是金属化合物半导体。

LED的主要优点是寿命长，可达到10万小时，而白炽灯的寿命通常只有1千小时，荧光灯的寿命也只有1万小时。而且，LED属于冷光源，没有红外和紫外耗损。因此在同样亮度下，LED耗电量仅为普通白炽灯的十分之一、荧光灯的二分之一。目前，照明消耗了全球发电量的近四分之一，超过了水力和核能发电量的总和。若今后全球逐步改用LED照明，必将会产生巨大的节能环保效益。

科学家们在研制LED过程中，首先攻克的是红外和红色LED，其次是波长稍短的黄色LED和绿色LED，之后才是波长更短、难度更大的蓝色LED。有了红、绿、蓝三种基本色光之后，人们便可以复合出光谱中的任何一种色光。换言之，没有蓝色LED，全彩LED显示便不可能实现，而且，没有蓝色 LED 也就不可能有白光 LED 照明。因此，2014 年度的诺贝尔物理学奖授予了为攻克蓝色 LED 作出开创性贡献的三名科学家：赤崎勇、天野浩和中村修二。有关赤崎勇、天野浩师徒二人在研制蓝色 LED 过程中所发挥的作用，笔者 2014 年已著文进行了论述①。在此，想重点揭示工匠出身的中村修二在发明蓝色 LED 过程中所作的贡献。

中村修二早年曾写过多篇有关蓝色 LED 的研究述评，2000 年赴美国执教后又推出了多本论及蓝色 LED 开发内幕的著作，而且其在日亚化学公司工作时的上司小山稔也写过一本与蓝色 LED 的开发有关的书籍。以下，拟主要基于这些文献以及诺贝尔奖委员会公布的一些资料，系统地考察中村修二“发明高效率蓝色 LED，带来节能明亮的白色光源”的具体过程，并在此基础上针对自行改造或设计制作实验装置在重大科技创新中的意义谈些初步的看法。

二、通往日亚化学工业公司之路

中村修二于 1954 年 5 月 22 日出生于日本四国岛上靠近濑户内海一侧的爱媛县，和 1994 年诺贝尔文学奖获得者大江健三郎是同乡。其父是日本四国电力公司的一名负责变电站维护保养的普通员工。中村修二在家排行老三，上面有一个姐姐和一个哥哥，下面还有一个弟弟。中村修二读小学二年级时跟随全家由爱媛县西南部的西宇和郡搬迁至爱媛县西部的大洲市，并在那里读完了市立小学和初中以及县立高中（中村修二，2004）。尽管中村修二所受的中小学教育非常普通，但他在父亲的影响下，养成了爱动脑和爱动手的习惯。据比他大两岁的兄长中村康则介绍，小时候，其父经常会出一些数学应用题，让他们兄弟抢答。中村修二后来特别喜欢数学和物理，以及兄弟三人和姐姐都选择了理科院系与此不无关联。而且，其父还是个“周末工匠”，休息时喜欢在家里干些焊接和配管之类的工匠活。耳濡目染之下，中村修二也逐渐喜欢上了这些，并且乐此不疲（大下淳一，2014）。

中村修二 1973 年 4 月考入四国岛上的一所普通国立大学德岛大学。尽

① 周程. 个人兴趣与社会需求共同驱动型科技突破——赤崎勇何以能获得 2014 年诺贝尔物理学奖［J］. 科学与管理，2014（5）.

管他当初很想填报理学院物理学系，但出于就业方面的考虑，他最终还是选择了热门的工学院电子工程学系。由于大学头两年只能修读一些通识类和基础类课程，讨厌死记硬背的中村修二并没有感受到太多的学习乐趣（中村修二，2014）。自从大学三年级时，在电子物性课上了解到，所有材料的物理特性都可以用电子物性理论来进行解释之后，原本想学物理的中村修二重新燃起了希望，决定进入多田修教授的实验室开展材料物性研究。1977 年 3 月本科毕业后，他又决定留在多田研究室继续从事半导性钛酸钡的物性研究。由于多田认为使用从市面上购买来的通用实验仪器设备开展研究很难做出重要的发现，因此主张实验所需的重要仪器设备尽可能地自行设计制作，以致学习物性理论的中村也不得不动手进行电气焊接以及使用机床加工零部件。尽管中村当时并非十分愿意这么做，但在多田实验室练就的本领却为他后来的成功奠定了非常重要的基础（溝渕裕三，2014）。

早在硕士一年级期间，中村修二就与德岛大学教育学院毕业的一名当地出身的本科女同学结了婚。当时，中村只有 23 岁，妻子已在德岛大学附属幼儿园就职。硕士二年级期间，妻子为他生了一个可爱的女儿。在这种情况下，中村修二不得不考虑留在德岛发展。德岛出生的多田教授对中村的这项选择表示了理解，并将其推荐给了自己的同乡好友——日亚化学工业公司（以下简称“日亚”）总裁小川信雄（中村修二，2014）。日亚是一家总部坐落在德岛县阿南市的小型家族企业，创立于 1956 年，主要生产显像管和日光灯用荧光材料，1979 年的年销售额在 30 亿日元左右。尽管当时的员工数不超过 200 人，且大多是当地的农家子弟，但它却是日本最大的荧光材料生产厂家（溝渕裕三，2014）。

三、蓝色发光二极管选题的确立经纬

1979 年 4 月，也就是在第二次石油危机爆发后不久，中村修二正式加盟日亚化学工业公司，成了该公司第一个学电子工程出身的员工，并被安排到了主要从事新产品开发的开发科。虽说是开发科，实际上除科长外，只有两名全职研究开发人员。当时，主要生产化工材料的日亚正在思考如何拓展经营范围。产品销售部门提供的信息表明，发光半导体材料市场前景很大，日亚可以从制备红色发光二极管用的磷化镓（GaP）多晶体入手，逐步扩展产品线。这样，如何制备磷化镓多晶体便成了开发科的主要研究课题。由于中村到开发科才一个多月，除协助同事做些金属镓的精炼工作外并没有其他任务，所以这项工作最终落到了中村的头上（中村修二，2014）。

当初进日亚时，中村并没有想到自己可以从事与材料物性有关的研究，因此当接到磷化镓多晶体研制任务后，感到非常兴奋。但他启动研究后发现，在日亚这样的化学公司研制磷化镓多晶体需要解决的难题实在是太多。首先，磷和镓只有在真空和高温条件下才会发生反应；其次，研究经费有限，制备磷化镓多晶体所需的装置必须自制。实际上，即使研究经费充足，为防止技术参数等研发信息外泄，公司也不主张外购。结果，中村只能发挥学生时代习得的本领，自制两温区电热炉等实验设备。由于反应室必须使用价格昂贵的耐高温石英管制作，为节约经费，中村只好将用过的石英管再加以回收利用，以致用氢氧燃烧器一段一段地焊接起来的石英管常常因抗不住磷气化后所产生的高压而发生爆炸。经过不断的探索，中村在进入日亚后的第三年，终于掌握了制备磷化镓多晶体的技术诀窍。不过，这种产品1982年正式投放市场后，并没有达到预期效果。

1982年，中村又根据销售部门的建议，开始研制另一种含镓的化合物半导体材料——砷化镓（GaAs）结晶。这种结晶主要用于制作砷化铝镓（GaAlAs）外延生长基板以及红外发光二极管。尽管制备砷化镓多晶体和制备磷化镓多晶体使用的都是水平布里奇曼法，但砷和镓的反应温度要比磷和镓的高200摄氏度，也就是说，高温区的温度必须达到1200摄氏度。这样，不仅需要对先前制作的实验装置进行改进，而且还要更加注意防范石英管发生爆裂。在不断试错之后，中村总算掌握了砷和镓两种原料的配比以及各自最佳温控值，并解决了石英管爆裂等问题（中村修二，2014；溝渕裕三，2014）。之后，中村使用自制的水平布里奇曼法装置制备砷化镓单晶体也取得了成功。可惜的是，砷化镓结晶投放市场后，销售额同样没有达到预期目标。但是，中村在对石英管一次又一次地进行焊接密封操作时，练就了一手无与伦比的绝活（仲森智博，2014）。这对他后来的氮化镓结晶研究帮助甚大。

1985年日亚在与众多砷化镓用户交流时逐渐意识到，砷化铝镓单晶体薄膜，即砷化镓和砷化铝混晶薄膜更有市场前景，于是决定研制砷化铝镓单晶体薄膜。研制单晶体薄膜意味着现有的水平布里奇曼法装置已无用武之地，必须订购或研制新的装置。当时，制备单晶体薄膜多采用液相外延生长法。问题是液相外延生长装置虽然可以订购，但交货周期长达一年，而且价格昂贵，于是日亚决定组织力量自行研制。在中村等人的努力下，液相外延生长装置只花了半年时间便大功告成（溝渕裕三，2014）。

使用液相外延生长装置制备砷化铝镓单晶体薄膜时，需要做大量实验才能逐步摸清溶液组成、加热温度、与基板接触时间的最佳值。而且，薄膜制成之后，还需要对其进行霍尔效应检测。薄膜检测设备当然也得自行研制。可是，当中村等人将历尽千辛万苦才制备出来的砷化铝镓单晶体薄膜交给客户时，客户却反馈说用这种薄膜制成的发光二极管性能不够理想。这使中村意识到，若不掌握将单晶体薄膜进一步加工成发光二极管的技术，很难开发出理想的砷化铝镓单晶体薄膜。因此，他说服小川总裁添置了一批加工和检测发光二极管的设备，并于 1988 年成功地解决了制备高质量的砷化铝镓单晶体薄膜，以及使用其制作红外或红色发光二极管等技术难题。

尽管中村修二进入日亚的最初九年，先后开发出了三种含镓化合物：磷化镓、砷化镓和砷化铝镓半导体材料，但它们对日亚销售额的贡献并不大。对于公司研发人员来讲，产品开发出来后，若销路不好，很难获得公司的好评。问题是，在小公司开发新产品，即使起步比较早，也难保不被大公司迎头赶上乃至全面超越。因此，小公司开发绝对不能跟风、模仿，必须另辟蹊径、独树一帜。只有干大公司不愿干、不会干、没有干的苦活，小公司才有可能开辟出一片属于自己的发展空间。这意味着小公司的研发人员不能只作销售部门的应声虫，不能跟在其他企业后面亦步亦趋，而应根据技术发展的大势明确地做出自己的判断（中村修二，2014）。

基于上述认识，中村认为日亚有必要启动蓝色发光二极管研究。因为蓝色发光二极管的应用前景广阔、市场规模庞大。另外，在研制磷化镓多晶体、砷化镓单晶体、砷化铝镓红色发光二极管过程中，日亚在开发含镓化合物半导体二极管方面已形成了一定的技术积累。问题是要不要打破常规，越级汇报。经过一番思想挣扎之后，中村直接向小川信雄总裁表达了日亚接下来有必要研制蓝色发光二极管的看法。令中村感到意外的是，小川总裁当即表示同意，并答应为此项目提供 3 亿日元研发经费（中村修二，2014）。这在年销售额不到 200 亿日元的 1988 年称得上是一笔巨额投入（溝渕裕三，2014）。

四、决定用 MOVPE 法制备氮化镓薄膜

1988 年前后，有望被用来制作蓝色发光二极管的化合物半导体材料主要有三种：碳化硅、硒化锌和氮化镓。德国西门子公司和日本三洋公司虽然很早就使用碳化硅制成了蓝色发光二极管，但一直无法解决发光效率过低的难题。1988 年年初，东京工业大学和东京大学使用硒化锌制成了一些蓝色发光二极管样品，但发光效率仍然不高，而且寿命很短。美国 RCA 公司和日本松下技研虽然很早就尝试着使用氮化镓研制蓝色发光二极管，但一直进展不大，以致当时仍然坚持研制氮化镓蓝色发光二极管的几乎只剩下由松下技研转到名古屋大学的赤崎勇等少数人（小山稔，2003）。

由于碳化硅属于间接迁移型半导体，不适合制作高亮度蓝色发光二极管，故中村修二一开始就将其排除掉了。问题是，不论是硒化锌，还是氮化镓，加热后都像樟脑丸一样直接气化，无法使用现有的液相外延生长装置制备其单晶体薄膜。这意味着，如果使用可反应形成这两种化合物的气体来生成其单晶体薄膜，必须订购或研制气相外延生长装置。当时，气相外延生长主要有两种方式，一是分子束气相外延生长（MBE）法；二是金属有机化合物气相外延生长（MOVPE）法。MBE 法外延生长效率太低，而且装置价格昂贵，用来在研究室里做些实验还可以，用于工业化生产显然不合适。这样，可供中村选择的实际上只有一种，即 MOVPE 法。这种方法对中村来讲，无疑是一个需要从头开始学习的全新领域（中村修二，2014）。

恰巧，德岛大学的酒井士郎副教授此前访问日亚时提过，气相外延生长法比液相外延生长法更适合制作化合物半导体薄膜。他将接受邀请赴美国佛罗里达州立大学工学院开展 MOVPE 法研究。如果日亚觉得有必要，可以派遣一人同自己一道去佛罗里达州立大学。日亚公司认为这是一个非常难得的学习机会，于是开始考察适合派遣到美国的人选。最终，中村得以脱颖而出，以日亚派遣的方式于 1988 年 4 月赴佛罗里达州立大学工学院学习一年。与此同时，日亚在酒井的指导下向美国有关厂家发出了购置 MOVPE 装置及其相关设备的订单，并开始在新落成的研发大楼里筹建 MOVPE 实验室（酒井士郎，1995；テーミス編集部，2004）。

中村修二以研制砷化镓红外 LED 为名赴美国学习 MOVPE 法时，因没有

获得过博士学位也没有发表过学术论文，遇到了很多困难。对年龄快满35岁的他来讲，没有受到应有的尊重倒是次要的，最令他烦恼的是，实验室的MOVPE装置已各有其主，唯一一台没有被占用的还被拆解得面目全非。在这种情况下，中村只好以这些零部件为基础，自行搭建MOVPE装置。这样来美国后的最初九个月和他在日亚时一样，几乎每天都在从事焊接、配管等作业。

在搭建MOVPE装置期间，中村还使用实验室里的液相外延生长装置开展了若干研究，并尝试着写了一篇研究论文。这是他硕士毕业后写的第一篇论文。而且，他还破天荒地参加了一些学会活动，积累了和学界打交道的经验。在此过程中，中村看到了自己的比较优势，增加了开展实验研究的自信。因为和他同在一个实验室的众多拥有博士学位的韩国和中国留学生，不仅连电热炉之类简单的实验设备都不会制作，甚至在实验设备出现故障时都不知道如何检查、修理。实验时遇到很小的挫折就说行不通，进而放弃当初的研究计划。在中村看来，和这些动手能力不强的留学生相比，自己理应有更大的作为。但是，当他搭建好MOVPE装置，在美国的时间只剩下三个月了。因此，他如饥似渴地使用磷化镓和砷化镓做了十余次气相外延生长薄膜实验。尽管没有来得及做更多的实验，但在搭建MOVPE装置过程中积累起来的经验对其后来改造外购的MOVPE装置、研制氮化镓薄膜产生了非常重要的影响（中村修二，2014）。

在美国访问研究期间，中村就开始在思考究竟是优先选择硒化锌，还是氮化镓来制作蓝色发光二极管。他在参加学术会议时发现，大多数学者认为使用硒化锌制作蓝色发光二极管更有前途，而仍在执着地使用氮化镓来研制蓝色发光二极管的学者已为极少数。其中一个非常重要的原因是，找不到一个适合用来外延生长氮化镓单晶体薄膜的基板，或叫做衬底。用外延生长法沉积制作单晶体薄膜时，基板的原子间隔，即晶格大小最好能与半导体结晶材料的晶格大小一致，晶格大小相差越大，沉积出来的半导体结晶薄膜中的晶格缺陷越多，就像在高尔夫球或网球上堆乒乓球比在乒乓球上堆乒乓球更难堆齐一样。由于氮化镓的反应温度超过1000摄氏度，而且反应气体之一氨具有很强的腐蚀性，因此，当时只能选用碳化硅或蓝宝石基板。可是，碳化硅、蓝宝石与氮化镓的晶格常数相差5%乃至15%，以致人们长期无法解决氮化镓结晶薄膜晶格缺陷过多的难题。而使用砷化镓基板制作硒化锌结晶薄膜，晶格缺陷要少很多（中村修二，2014）。

但是，中村在回国之前决定采用氮化镓制作蓝色发光二极管。因为过去的经验告诉他，如果跟在别人后面亦步亦趋，即使掌握了使用砷化锌制作蓝色发光二极管技术，也很难绕开众多学者先前发明的专利，更何况美国和日本的一些大公司已经涉足这个领域，以日亚的实力根本拼不过他们（中村修二，2014）。而氮化镓蓝色发光二极管则不然，众多欧美公司已从这一领域撤退，目前仍在从事这项技术开发的基本上只剩下名古屋大学的赤崎勇教授（中島彰，2014）。尽管中村本人没有提及，实际上赤崎团队 1985 年使用 MOVPE 法制备氮化镓单晶体薄膜取得突破，以及此后令人意外地选择和一个从未涉足过化合物半导体领域的丰田合成公司联合开发蓝色发光二极管一事，也不可避免地影响到了中村的选择（赤崎勇，2013）。

简言之，对当年在产品营销上被大公司击败的教训记忆犹新的中村坚持走自己的路，最终选择了不被人看好的氮化镓来研制蓝色发光二极管。

五、高质量氮化镓单晶体薄膜的研制

1989 年 3 月，中村修二从佛罗里达州立大学回国后不久，日亚在美国订购的 MOVPE 装置就到货了。在公司安排的数名研究助手的协作下，中村开始安装、调试这套高 2 米、长 4 米、宽 1 米的大型装置。为订购这套装置，日亚花掉了近 2 亿日元，这在日亚的历史上是前所未有的，此举对中村的研究构成的压力可想而知。尽管该月小川信雄已退居二线，公司总裁已由其女婿小川英治接任，但因研制蓝色发光二极管是他们当年在担任正、副总裁时共同做出的决定，故中村在研究经费一事上并没有受到任何制肘（中村修二，2014）。

安装、调试完毕之后，中村便开始使用这套装置试制氮化镓单晶体薄膜。在装置允许的限度范围内试制三个多月后，中村仍没有取得任何进展。其实，这并不奇怪。如果使用现成的装置就能制成氮化镓单晶体薄膜，那么氮化镓蓝色发光二极管的研制也就不会成为世界性的难题了，更何况这套装置当初还是按照研制砷化镓红外发光二极管的要求定制的。这意味着必须对订购的 MOVPE 装置进行改造。如果提出技术要求后，由专业公司来改造，一个来回至少要花三个月的时间，这显然是中村不能接受的。由于此前已练就一手焊接石英管、改造配管的绝活，而且还亲手搭建过 MOVPE 装置，故中村决定自己动手改造 MOVPE 装置（中村修二，2014）。

使用气相外延生长法制作氮化镓单晶体薄膜时，反应气体通常选用的是三甲基镓（TMGa）和氨，运载气体选用的是氮气或（和）氢气。由于氨具有强腐蚀性，致使反应室中基板下的加热器在高温条件下很容易受到腐蚀而断路。因此，最初的改造是围绕加热器展开的（仲森智博，1995）。解决加热器在高温、强腐蚀工况下的断路难题看似很小，实际上耗费了中村很多时间。如同哈伯·博施当年很巧妙地解决了合成氨反应室中的金属内壁遭腐蚀发生爆炸问题一样（周程和周雁翎，2011），中村最终很好地解决了加热器的断路难题。日亚没有为这项技术申请专利，而是将其作为技术诀窍严加保密。

在中村之前研制氮化镓单晶体薄膜的团队都使用高频电磁场给反应室加热。由于这种情况下金属线圈绕在反应室周围不接触里面的氨，所以无需解决腐蚀问题。但这样会导致另外一个问题，即反应室中的配管等不能使用容易在磁场中发热的金属材料制作。由于配管和喷嘴只能使用石英之类材料制作，故要根据成膜条件改变配管方式和喷嘴结构非常困难，以致试制氮化镓单晶体薄膜时受到很多限制，而且这类装置也很难满足工业化生产的苛刻需求（仲森智博，1995）。

除加热器外，中村还根据制备氮化镓单晶体薄膜的需要对反应室中的配管和喷嘴等进行了一系列改造。1990 年元旦前后，中村几乎每天上午都在干些打开真空容器、取出零部件、弯曲金属管道、重新配置线路、焊接石英管、改变喷嘴形状、调整喷嘴高度和角度之类的技术活，下午则使用刚进行过改造的装置试制氮化镓单晶体薄膜，晚上回家后则在思考明天上午如何进一步改造装置以制备出氮化镓单晶体薄膜。经历过无数次失败之后，中村终于在 1990 年 2 月产生了灵感（中村修二，2014）。以单气流的方式，亦即将反应气体和运载气体同时由水平方向喷向基板时，气体会在高温基板上方形成对流，因而难以在基板上沉积出薄膜，必须改变气流的喷入方式，以克服对流的干扰。1990 年 8 月 27 日的实验记录表明，中村尝试着进行了四种喷气方案的实验。之后，中村意识到，如果让反应气体和运载气体由水平方向喷向基板，同时让另一股惰性气体自上而下喷向基板，则有可能起到有效抑制对流的效果。按照这一思路，中村又对实验装置进行了一系列改造，并于 1990 年 9 月在蓝宝石基板上试制出了氮化镓单晶体薄膜（仲森智博，1995）。

中村后来将上述这种制膜方式命名为 Two - Flow MOCVD 法（Nakamura，1991），并于 1990 年 10 月申请了发明专利。由于这项专利的编号为 2628404，故人们将其简称为 404 专利。不过，有研究表明，中村产生的这种双气流制膜想法受到了东北大学御子柴宣夫教授的影响。正是因为在参加 1990 年 3 月底召开的日本应用物理学会时听到了御子教授的有关报告，中村才获得了改造 MOVPE 装置的灵感。而且，当时在使用气相外延生长法制作化合物半导体薄膜时，已经有人采用双气流方式（松山遙和西本強，2014）。因此，双气流方式本身并没有特别的新颖之处（テーミス編集部，2004）。但是，中村使用 TF - MOVPE 法首次制成氮化镓单晶体薄膜则是无可争议的历史事实。

中村虽然使用 TF - MOVPE 法试制出了氮化镓单晶体薄膜，但它的质量并不高。糟糕的是，进入 10 月后，连这种质量不高的薄膜都再现不了。之后，中村一边改进装置，一边根据自己的经验和直觉调整反应温度和反应时间，终于在 1990 年年底掌握了氮化镓单晶体薄膜的再现条件。虽然此后制成的氮化镓单晶体薄膜，晶格缺陷明显减少，电子移动度等指标甚至达到了当时的世界最好水准，但薄膜表面仍凸凹不平。鉴于名古屋大学的赤崎勇团队 1985 年使用氮化铝制作低温缓冲层，成功地在蓝宝石基板上制作出了平面如镜的氮化镓单晶体薄膜（周程，2014），中村决定使用低温缓冲层来解决这一问题。不过，不愿意模仿别人的中村并没有选用氮化铝，而是选用了与制作薄膜相同的材料——氮化镓来制作低温缓冲层。一个月后，中村使用同质材料制作低温缓冲层取得了成功，并在此基础上于 1991 年 1 月底制备出了质量远高于竞争对手的氮化镓单晶体薄膜（Nakamuras，1991）。中村当然也为这项两步成膜法技术申请了发明专利（仲森智博，1995）。

六、氮化镓 P 型结晶制造技术的开发

研制出高质量的氮化镓单晶体薄膜后，接下来的难题是，如何掺杂使其变成 P 型半导体。因为制作高亮度蓝色发光二极管需要一个由 P 型半导体薄膜和 N 型半导体薄膜结合而成的 P - N 结来实现电光转换。氮化镓的 N 型结晶并不难制备。因为使用低温缓冲层技术制成的氮化镓单结晶薄膜中不可避免地会含有少量带有电子的杂质，因而呈 N 型结晶性质。但是，氮化镓

的 P 型结晶必须另行制备。制备氮化镓 P 型结晶难度极大，以致很长一段时期里在学术界，氮化镓不适合制作 P 型结晶成了定论。率先攻克这一难题的是名古屋大学的赤崎勇团队。当时赤崎的博士生天野浩非常偶然地发现，使用扫描电镜观测氮化镓掺锌结晶时，这种结晶电阻会减小，发光量会显著增大。受到启发后，赤崎勇团队使用低能电子束辐射，成功地于 1989 年制成了氮化镓掺镁 P 型结晶（周程，2014）。

使用低能电子束辐射方式制备氮化镓掺镁 P 型结晶效率太低，难以满足工业化生产的需求。因此，赤崎勇团队的天野浩曾尝试着使用加热处理的方式来制备氮化镓掺镁 P 型结晶，但没有成功，以致和赤崎团队联合研制高亮度蓝色发光二极管的丰田合成化学公司 1991 年推出蓝色发光二极管时采用的仍是 MIS（金属 - 绝缘层 - 半导体）结构，而不是 P - N 结型结构（小山稔，2003）。因此，中村在制定 1991 年的研究计划时明确写到："今年的目标：（1）P 型氮化镓膜的生长；（2）P - N 结型蓝色发光二极管的制作。"（仲森智博，1995）

日亚的氮化镓掺镁 P 型结晶的研制是从再现赤崎勇团队的实验开始的。这项工作主要由中村的研究助手妹尾雅之来实施。可是，妹尾使用扫描电子显微镜照射中村使用双气流 MOVPE 法和两步成膜法制成的氮化镓掺镁结晶后，未能再现天野浩当年的实验结果。于是，妹尾于 1991 年 2 月中旬试着改用实验室里的电子束蒸镀电极装置来辐射氮化镓掺镁结晶，没料到竟然获得了氮化镓掺镁 P 型结晶。由于蒸镀电极装置中的氮化镓掺镁结晶试样是在受辐射升温情况下转变为 P 型结晶的，故妹尾等人推断受热有可能是导致试样转化为 P 型结晶的关键。但是，使用这种电极蒸镀装置很难控制电子束的辐射量，故实验结果很不稳定。于是，中村专门订制了一台电子束辐射装置。在这台装置尚未到货期间，中村的另一名助手岩佐成人在解决氮化镓掺镁结晶基板弯曲变形问题时发现，无需进行电子束辐射，只要将氮化镓掺镁结晶加热到 600 摄氏度左右后进行退火处理，就可以获得 P 型结晶（テーミス編集部，2004）。

继妹尾雅之和岩佐成人的实验研究之后，中村围绕氮化镓掺镁 P 型结晶的形成机理问题做了一系列验证实验，并得出结论：氮化镓掺镁结晶在无氢情况下进行退火处理后就可以转化为 P 型结晶。他在 1992 年发表的论文中给出的解释是：氢原子具有很强的扩散渗透能力，容易与结晶薄膜中的镁或其他掺杂金属原子发生氢化反应，形成中性复合物（或络合物），从而使掺杂结晶的空穴减少、电阻率增大，但用低能电子束进行辐射处理，或在氮气环境下进行退火处理，可以解离氢原子，活化被钝化了的掺杂原子，从而使结晶薄膜的电阻率急速下降，导电性能大幅上升。如果此后再用氨气退火，那么氨气在高温下释放出来的氢又会同结晶中的掺杂金属原子发生氢化反应，致使结晶薄膜的电阻率恢复到高阻态（Nakamuras 等，1992）。按照这种解释，赤崎勇团队对掺镁结晶进行加热处理后仍无法获得 P 型结晶，和妹尾雅之用低能电子束对掺镁结晶进行辐射后仍无法获得 P 型结晶的原因是一样的，那就是他们都是在有氢环境下进行操作的。问题的关键是要把氨气换成氮气。1991 年年底，中村和岩佐成人、妹尾雅之联名为这项氮化镓 P 型结晶的制备技术申请了专利（小山稔，2003）。

用氮气退火的方式制备氮化镓 P 型结晶不仅经济、方便，而且薄膜的均匀性更好，光辐射效率更高。这项技术的发明，为日亚后来工业化生产高效率氮化镓基蓝色发光二极管奠定了重要的基础。

七、双异质结蓝色发光二极管正式投产

在妹尾雅之试制出氮化镓 P 型结晶后，中村就开始着手试制 P－N 结型蓝色发光二极管。由于使用双气流 MOVPE 装置制作氮化镓 N 型结晶比较容易，故中村 1991 年 3 月就研制出了 P－N 结型氮化镓蓝色发光二极管。不过，这种二极管通电后发出来的是青紫色的光，而且不是很亮。即便如此，它的性能仍大幅超过了碳化硅蓝色发光二极管（Nakamuras 等，1991）。虽说中村当时制作的 P－N 结型氮化镓蓝色发光二极管已达到了世界最高水准，但他研制氮化镓蓝色发光二极管的目的毕竟不是为了写论文，而是要制成产品、抢占市场，因此单项突破虽然重要，但更重要的还是把有竞争力的产品尽快推出来。

中村正在为氮化镓蓝色发光二极管的实用化苦苦努力之时，传来了美国 3M 公司使用硒化锌晶体实现了蓝绿色激光器振荡发光的消息。由于并不知道 3M 公司研制的激光器震荡发光时间还不到 1 秒，离实用化要求还差得很远，所以中村倍感失落。倘若 3M 公司实现了蓝绿色激光器长时间的振荡发光，那就意味着对手跑到自己前面去了，而且把自己远远地甩在了后头。这对中村乃至日亚的刺激都非常大。当时，日亚在蓝色发光二极管这个项目上

已投入数以亿计的资金，总裁都已经有点沉不住气了，故不断催促中村尽快把氮化镓蓝色发光二极管推向市场。是现在就把手上的这个技术并不成熟的P－N型氮化镓蓝色发光二极管推出去？还是继续改进，等颜色和亮度指标达到要求后再推出去？若匆忙把不成熟的产品推出去，大公司很有可能会通过逆向工程迅速赶上甚至超越日亚。权衡利弊得失之后，中村决定顶着压力继续研发，因为他觉得自己有把握在短期内使产品开发跃上一个新的台阶（中村修二，2014）。

当时，摆在中村面前的课题主要有两个：一是调整P－N结型氮化镓二极管的发光波长，使其发出蓝光，而不是青紫色的光；二是提高氮化镓二极管的发光效率，使其亮度更高、节能效果更好。这样一来，氮化铟镓（In-GaN）结晶和双异质结的制备便成了1992年的研究重点。

氮化铟镓是在氮化镓中添加同族元素铟制成的一种化合物。通常，氮化镓结晶通电后发紫外光，氮化铟结晶通电后发红光。因此，从理论上讲，人们可以通过往氮化镓中添加不同量的铟来制备蓝色发光晶体。往氮化镓中添加的铟越多，其结晶发出的光越接近红色；添加的铟越少，其结晶发出的光就越接近紫外。关键是加铟量的控制和掺杂结晶薄膜的生长。这样一来，中村此前研制的双气流MOVPE装置又有了新的用武之地。1992年3月至4月之间，日亚又投入巨资增设了两台双气流MOVPE装置，并进一步扩充了蓝色发光二极管的研制队伍。与双气流MOVPE装置格斗好几个月后，中村团队使用气相外延生长法终于试制出了氮化铟镓结晶薄膜。

掌握了氮化铟镓结晶薄膜的制备技术之后，中村便率领年轻的助手们向双异质结发起冲击。传统的LED结构下，给P－N结加载正向偏压时，注入的电子并非都能实现与空穴复合发光。由于相当大一部分的电子穿过P区，流出电极被浪费了，所以单P－N结发光效率不高。如果将这个P－N结发光层夹在能隙大于自己的半导体层之中，亦即采用双异质结，如N－P－N结构，便可将电子锁在发光层中，这样，电子在发光层中的复合概率便会相应地得到提高。使用双气流MOVPE装置以及刚刚掌握的氮化铟镓结晶薄膜制备技术，中村团队于1992年9月试制出了氮化镓/氮化铟镓双异质结发光二极管（仲森智博，1995）。尽管这是一个里程碑式的试制品，但其亮度仍然有限，而且发出的是青紫色光，尚需进一步完善（Nakamura等，1993）。

为获得更为明亮的蓝光，中村团队紧接着又围绕给氮化铟镓结晶掺杂问题展开了一系列的实验，并于1992年年底试制出了比人眼可见亮度提高了

4倍、波长扩大到450纳米的双异质结发光二极管（仲森智博，1995）。1993年2月，助手长滨慎一根据中村的建议将锌和硅掺入氮化铟镓中之后，获得了比只掺锌要亮数十倍的氮化铟镓掺杂结晶。使用这种氮化铟镓掺杂结晶制作的双异质结发光二极管亮度有了显著的提升。

在双异质结发光二极管的亮度突飞猛进的时候，日亚就开始紧锣密鼓地准备组织生产了。1992年11月，日亚将从松下电工退休的小林义知博士聘为半导体研究部门的顾问。1993年2月，日亚又将日本最大的发光二极管生产商史丹利电工的小山稔副所长请过来担任总工程师，负责组织实施蓝色发光二极管的工业化生产（テーミス編集部，2004）。根据小林的指示，中村等人使用日亚特有的双气流MOVPE装置只花了不到一个月的时间，也即在1993年3月底就将二极管的发光波长扩大到属于蓝光范围的460纳米，亮度进一步提高到2月初的20倍。于是，日亚决定自4月1日起成立N项目组，负责蓝色发光二极管的工业化生产。

N项目组最初只有17人，但到7月份，人员便增加到40人，其中有好几个人是从日本大公司招聘过来的设计制造经验丰富的技术骨干。在N项目组启动后的半年里，通过进一步调整结晶薄膜的外延生长条件，逐步提高结晶质量，中村团队研制的双异质结蓝色发光二极管在1993年10月亮度达到了1尼特。这个数值是美国科锐公司当时生产销售的碳化硅蓝色发光二极管的100倍。1993年11月30日，日亚召开产品发布会，正式宣布高效率蓝色发光二极管开始投产，并从即日起对外销售（小山稔，2003）。

21年后的2014年12月10日，中村修二因“发明高效率蓝色LED，带来节能明亮的白色光源”而成功登上设在斯德哥尔摩音乐厅的诺贝尔物理学奖领奖台，在科技史中书写了一篇小型家族企业的研发人员取得诺贝尔奖级重大科技突破的新篇章。

八、成功要因分析

通过上面的考察可以看出，中村修二中小学时代并没有受到过非常好的教育，本科生和硕士生阶段都是在经济不甚发达的四国岛上的一所普通国立大学中度过的，但他却取得了诺贝尔奖级的重大科技突破。由此看来，杰出科技人才的成长，尤其是实验研究能手型科技人才的成长与其早期所受的正规课程教育关系并不是很大。无独有偶，2002 年获得诺贝尔化学奖的田中耕一也是在普通中小学接受的教育，而且还是一名留过级的本科毕业生。荣获 2008 年诺贝尔化学奖的下村修更加特别，只读过三年专科，博士学位则是在名古屋大学进修期间获得的。因此，我们很难把这些人的成功归因于早期在学校所受的正规课程教育。学校的课程教育对杰出人才成长的重要性固然不容低估，但影响杰出人才成长的绝不仅仅是学校的课程教育，毕业后经受的历练和自身的努力有时显得更为重要。那么，中村修二取得成功的主要原因究竟何在？

笔者认为，自行改造乃至设计制作重要实验装置是中村修二得以率先研制出氮化镓基高效率蓝色发光二极管的关键。

中村修二受父亲的影响，从小就喜欢动手干些工匠活。在名不经传的德岛大学上学期间，中村遇到了一位不主张从市场上购买通用仪器设备开展实验研究的导师，因此开展研究时不得不自行设计制作一些实验仪器设备。在此过程中，中村逐渐掌握了电气焊接和机械加工等技能。这为其后来开展实验研究打下了良好的基础。

进入日亚公司的最初九年，中村修二先后研制出了三个产品：磷化镓、砷化镓和砷化铝镓。无论是试制磷化镓和砷化镓所需的水平布里奇曼法装置，还是试制砷化铝镓所需的液相外延生长法装置都是由中村或者由中村带着人研制出来的。在试制磷化镓和砷化镓过程中，为了节约研究经费，中村还常常使用焊接设备将已经使用过的石英管拼接起来继续使用，从而练就了一手焊接石英管的绝活。这对其后来改造气相外延生长装置、研制氮化镓半导体薄膜帮助甚大。

1988 年中村修二大胆向公司提出的研制蓝色发光二极管的建议获准通过后，被安排到美国佛罗里达州立大学进修一年，主要学习研制蓝色发光二极管时必须掌握的金属化合物气相外延生长法。由于学历和地位不高，中村不得不使用实验室里的一台已被拆解得面目全非的金属化合物气相外延生长装置零部件，自行搭建金属化合物气相外延生长装置。这样一来，在美国的最初九个月和他在日亚的最初九年一样，几乎每天都在从事焊接、配管等作业。如果没有这九个月的磨练，很难想象，他返回日亚后敢对花了近 2 亿日元从美国进口的金属化合物气相外延生长装置进行大幅改造。

中村修二在美国进修期间，就已决定使用只有赤崎勇团队还没有放弃的氮化镓来试制蓝色发光二极管。由于当时根本就没有现成的生长氮化镓半导体薄膜用的金属化合物气相外延生长装置，故日亚从美国订购的乃按照生长砷化镓半导体薄膜的要求进行设计的金属化合物气相外延生长装置。显然，用这套进口装置试制氮化镓半导体薄膜会遇到很多困难。

首先遇到的难题是，反应室内基板下的加热器容易受到反应气体之一氨的腐蚀而发生断路。使用该装置试制砷化镓半导体薄膜时不会遇到这种问题。而且，使用套在反应室外侧的电磁线圈给反应室加热时也不会遇到这种问题。这个难题后来被中村非常巧妙地解决了。这项改进意义重大。因为使用这种加热方式，反应室内的配管和喷嘴便可以使用金属材料来加工制作。使用金属材料制作的配管和喷嘴，可以根据需要随时加以改变。如果用电磁线圈在外侧给反应室加热，则只能使用石英之类非金属材料来制作配管和喷嘴。这对改进反应条件，譬如气体的喷入高度和角度极为不利。

其次遇到的难题是，以单气流的方式将氮化镓反应气体和运载气体一并喷向基板时，气体会在高温基板上方形成对流，因而难以在基板上沉积出高质量的半导体薄膜。赤崎勇 1985 年也遇到了类似难题，他后来决定将基板按 45 度倾角斜放，并大幅提高氮化镓反应气体自上而下的流速才基本解决了这一难题。中村受日本学界的研究启发，觉得让反应气体和运载气体由水平方向喷向基板，同时让另一股惰性气体自上而下喷向基板，有可能起到有效抑制对流的效果。按照这一思路，中村又对实验装置进行了一系列改造，并于 1990 年在蓝宝石基板上试制出了氮化镓单晶体薄膜。

正是因为在不断试错的基础上，于 1990 年研制出了上述这种加热器放置在反应室内的双气流式金属化合物气相外延生长装置，中村才能在比较短的时间内试制出了一批制备高效率蓝色发光二极管所需的半导体材料或器件。譬如，使用上述这种特殊装置，中村用氮化镓作低温缓冲层于 1991 年年初试制出了质量远高于竞争对手的氮化镓单晶体薄膜。而这种两步成膜的思路是由赤崎勇率先提出的，不仅如此，赤崎勇还让研究生使用氮化镓作低温缓冲层试制过氮化镓单晶体薄膜，只是因为没有合适的装置，未能取得成功。

上述这种双气流式特殊装置，也为中村修二开展氮化镓掺杂研究带来了很多便利。实际上，中村早在 1991 年 3 月就已试制出了 P－N 结型氮化镓发光二极管，只是这种二极管通电后发出来的光是青紫色的，而且不是很亮。为此，中村团队尝试着在氮化镓中添加少许铟，以改变发光波长。使用上述双气流式特殊装置，中村团队很快就掌握了能发蓝光的氮化铟镓结晶薄膜的制备诀窍。

此后，中村便开始向双异质结发起冲击，因为采用双异质结，可提高电子在发光层中的复合概率，从而提高发光效率。使用上述双气流式特殊装置和刚刚掌握的氮化铟镓结晶薄膜制备技术，中村团队于 1992 年 9 月成功地试制出了氮化镓/氮化铟镓双异质结发光二极管。1993 年 2 月，又通过给氮化铟镓掺少许锌和硅，获得了发光亮度更高的氮化铟镓掺杂结晶。一个月后，中村等人又使用上述双气流式特殊装置，将采用氮化铟镓掺杂结晶制成的双异质结发光二极管的发光波长扩大到蓝光范围，并进一步提高了亮度，为当年正式投产氮化镓基双异质结型高效率蓝色发光二极管奠定了基础。

要而言之，如果没有双气流式金属化合物气相外延生长装置，很难想象中村修二团队在 1993 年就能实现高效率蓝色发光二极管的批量生产。换言之，正是因为中村能够设计制作出全球唯一的先进实验装置，他的团队才能率先开发出全球第一个高效率蓝色发光二极管。

毫无疑问，令中村修二团队率先开发出高效率蓝色发光二极管的原因还有很多。譬如，妹尾雅之和岩佐成人的意外发现为中村团队发明用氮气退火制备氮化镓 P 型结晶的方法创造了重要条件。正是因为掌握了这项技术，批量生产高效率氮化镓蓝色发光二极管才成为可能。但是囿于篇幅，这些成功要因只能容日后再行文分析。

九、结　语

在科学日益技术化、技术日益科学化的今日，自行改造或设计制作实验装置，确保其先进性和唯一性，几乎成为开拓研究领域、催生源头创新、推动前沿突破的必要条件之一。使用别人已经使用过的实验装置开展研究，无异于跟在别人后面去海边拾贝壳，虽然偶尔也能够获得一些意外的发现，但是这种概率远小于先行者。因此，对于从事实验研究的科研人员来讲，没有什么事比获得最先进的实验装置更令人高兴的了。问题是，最先进的实验装置靠金钱是很难买得到的，即使买得到，也需要花费很多时间、金钱。所以，能否自行改造或设计制作所需实验装置，对那些希望在重要科技领域作出原始性创新贡献的中国科研人员来讲，尤为重要。为此，高等院校乃至中小学都有必要把动手能力和工匠精神的培养放到更加突出的位置上。

参考文献

[1] The class for physics of the royal Swedish academy of sciences. Scientific background on the Nobel Prize in physics: efficient blue light – emitting diodes leading to bright and energy – saving white light sources [EB/OL]. (2014 – 10 – 07) [2016 – 06 – 12]. http://www.nobelprize.org/nobel_prizes/physics/laureates/2014/advanced – physicsprize2014_2.pdf.

[2] The royal Swedish academy of sciences. The Nobel Prize in physics 2014 [EB/OL]. (2014 – 10 – 07) [2016 – 06 – 12]. http://www.nobelprize.org/nobel_prizes/physics/laureates/2014/press.pdf.

[3] 中村修二.「バカになれる男」が勝つ! [M]. 东京：三笠书房，2004：33 – 35.

[4] 大下淳一.ノーベル賞の原点は「親父の日曜大工」と中村氏の実兄 [OL]. 日経テクノロジーオンライン，(2014 – 10 – 10) [2014 – 11 – 11]. http://www.nikkei.com/article/DGXMZO78252740Q4A011C1000000/.

[5] 中村修二.怒りのブレイクスルー [M]. 集英社文庫，2014.

[6] 溝渕裕三.青色発光ダイオード・半導体レーザの実用化 [R/OL]. 武田财团调查报告书，[2014 – 11 – 11]. http://www.takeda – foundation.jp/reports/pdf/ant0101.pdf.

[7] 仲森智博.高輝度青色発光ダイオードの開発 [EB/OL]. 日経テクノロジーオンライン，[2014 – 11 – 11]. http://techon.nikkeibp.co.jp/article/FEATURE/20090601/171076/.

[8] テーミス編集部.青色発光ダイオード——日亜化学と若い技術者たちが創った [M]. 东京：テーミス，2004.

[9] 小山稔.青の奇跡——日亜化学はいかにして世界一になったか [M]. 东京：白日社，2003.

[10] 中島彰.青色の研究職人 (1) ——半導体技術者中村修二氏 [EB/OL]. 日本经济新闻，[2014 – 11 – 11]. http://www.nikkei.com/article/NIRKDB19970224NKE0324/.

[11] 赤崎勇.青い光に魅せられて——青色 LED 開発物語 [M]. 东京：日本经济新闻出版社，2013.

［12］仲森智博．高輝度青色発光ダイオード開発物語（2）［J］．日経エレクトロニクス，1995 年 2 月 13 日号：139 – 143.

［13］周程．周雁翎．战略性新兴产业是如何育成的：哈伯·博施成氨法的发明与应用过程考察［J］．科学技术哲学研究，2011（1）：84 – 94.

［14］NAKAMURA S. Novel metalorganic chemical vapor deposition system for GaN growth［J］. APL. 1991，58（18）：2021 – 2023.

［15］松山遙，西本強．職務発明訴訟における構造的な問題——「青色発光ダイオード訴訟」を例として［EB/OL］．日経 B 知財［2014 – 11 – 18］．Awareness，http：//chizai. nikkeibp. co. jp/chizai/manufacture/jinvent20040628. html.

［16］周程．个人兴趣与社会需求共同驱动型科技突破——赤崎勇何以能获得 2014 年诺贝尔物理学奖［J］．科学与管理，2014，34（5）：3 – 9.

［17］NAKAMURAS. GaN growth using GaN buffer layer［J］. Japanese journal of applied physics，1991，30（10A）：L1705 – L1707.

［18］仲森智博．高輝度青色発光ダイオード開発物語（3）［J］．日経エレクトロニクス，1995 年 2 月 27 日号：123 – 127.

［19］アントレプレナー列伝 2 天野浩［R/OL］．武田财团调查报告书，［2014 – 11 – 19］．http：//www. takeda – foundation. jp/reports/.

［20］NAKAMURAS，IWASAN，SENOHM，et al. Hole compensation mechanism of p – type GaN films［J］．Japanese journal of applied physics，1992，31（5A）：1258 – 1266；NAKAMURAS，MUKAIT，SENOH M& IWASAN. Thermal annealing effects on p – type Mg – doped GaN films［J］．Japanese Journal of Applied Physics. pt Letters，1992，31（2B）：L139 – L142.

［21］NAKAMURAS，MUKAI T，SENOHM. High – power GaN P – N junction blue – light – emitting diodes［J］．Japanese Journal of Applied Physics. pt Letters，1991，30（12A）：L1998 – L2001.

［22］仲森智博．高輝度青色発光ダイオード開発物語（4）［J］．日経エレクトロニクス，1995 年 3 月 13 日号：169 – 173.

［23］NAKAMURA S. The roles of structural imperfections in InGaN – based blue light – emitting diodes and laser diodes［J］．Science，1998，281（5379）：956 – 961.

[24] NAKAMURA S, PEARTON S, FASOL G. The blue laser diode: the complete story [M]. New York: Springer - Verlag Berlin Heidelberg, 2000.
[25] 中村修二. 好きなことだけやればいい [M]. 东京: バジリコ, 2002 年.
[26] 中村修二. 負けてたまるか! ——青色発光ダイオード開発者の言い分 [M]. 东京: 朝日新聞出版, 2004 年.
[27] 中村修二. ごめん! ——青色 LED 開発者最後の独白 [M]. 东京: ダイヤモンド社, 2005 年.

(作者: 周程, 北京大学科学与社会研究中心)

后 记

2016 年 7 月 9—10 日，第七届中国技术未来分析论坛在北京工业大学国际交流中心举行。本次论坛依托北京工业大学黄鲁成教授主持的国家社会科学基金重大项目、北京工业大学学科建设项目和北京现代制造业发展研究基地开展。

本次论坛的主题是“数据驱动的技术创新管理与产业发展”。与会者有来自清华大学、北京大学、中国人民大学、北京航空航天大学、哈尔滨工程大学、南京理工大学等多所高校的学者和学生，有来自中国船舶重工集团公司、中国国际航空股份有限公司、中国联合网络通信集团有限公司、青岛海尔股份有限公司、上海电气集团股份有限公司、中关村发展集团股份有限公司等企业界的领导和专家，有来自中国科协创新战略研究院创新评估研究所、中国科学技术发展战略研究院、国家科技部科技评估中心、中国科学院科技政策与管理科学研究所、中国科学技术信息研究所等研究机构的专家，共计近 200 人。

黄鲁成教授致开幕词，并播放了回顾前六届技术未来分析论坛的精彩片段。清华大学杨德林教授、南京理工大学戚湧教授、哈尔滨工程大学孙冰和陈伟教授共同主持了学术报告。中国科协创新战略研究院创新评估研究所陈锐所长作了题为《面向感知社会的技术预见理论、方法与实证》的报告，中国科学技术发展战略研究院武夷山副院长和杜建博士作了题为《如何识别睡美人文献和王子文献》的报告，北京航空航天大学陈向东教授作了题为《经济学视角观测专利质量》的报告，海尔开放式创新中心首席科学家李刚作了题为《海尔在数据时代的开放式创新》的报告，中国科学院科技政策与管理科学研究所余江研究员作了题为《数字化时代平台与体系创新机制思考》的报告，中国人民大学保建云教授作了题为《基于大数据的风险评估方法研究》的报告，中国科学技术信息研究所徐硕副研究员作了题为《基于论文和专利资源的技术机会发现研究》的报告。作为东道主的北京工业大学黄鲁成教授及团队部分成员也在大会作了报告，其中黄鲁成教授以《面向超前研发的技术未来分析——数据驱动的范式》为题作了报告，翟东升教授作了题为《技术融合轨道监测预测系统研究》的报告，吴菲菲教授作了题为《企业研发合作伙伴识别与选择》的报告，苗红副教授作了题为《福祉技术创新现状与展望》的报告。他们的报告引起了与会学者的关注和兴趣。

论坛现场研讨气氛热烈，与会者围绕会议主题进行了广泛深入的交流与知识分享。从宏观到微观、从企业到产业、从技术领域到市场活动、从管理理论到管理实践等方面，全面展现了数据驱动创新的多元化发展，同时也涌现出了许多新方法、新思想、新成果，有力地促进了国内该领域学者的深入交流，与会者对此次论坛给予了充分肯定和高度评价。

这次论坛的成功举办与我们团队的老师和许多博士研究生、硕士研究生的辛勤劳动是分不开的，他们是：吴菲菲，苗红，李欣，罗晓梅，黄斌，杨早立，成雨，石媛嫄，栾静静，滕旭东，杨培培，刘玉敏，韩旺，张送杰，王小丽，邓颖，赵昀芃，陈笑，陶燕萍，蒋林杉，米兰，张二涛，宋昱晓，李睿毓，张俊哲，陈安奇，谢前前，张亚茹，刘春文，黄文辉，张璐，王雪婷。

黄鲁成（研究团队）

2016年12月